テクノロジー経営入門

……………………………………
デジタル技術とIoTの進化が
企業経営に与える影響とは何か

Matsuzaki Kazuhisa
松崎 和久 著

はじめに

　最近，巷では，「グローバル人材」の育成に熱い注目が寄せられている。日本企業のなかで，とりわけ国際化が進んだ企業では，世界的に標準化されたビジネスやマーケットを背景にグローバル・センスやスキルを身に着けた「グローバル人材」の養成が最重要課題として，浮上したからである。そのため，文部科学省は，大学の国際競争力を高めるため，重点的に財政支援する「スーパーグローバル大学構想」を打ち出した。その結果，多くの大学では「グローバル教養学部」のような国際的な教養を身に着ける学部計画が策定され，あるいは民間企業では，外国人採用枠の拡大や英語の社内公用語化を導入するなど，産官学あげてグローバル人材を養成する取り組みが活発化している。

　一方，科学や技術そして数学など「理系人材」の養成もまた急務な課題として，話題を呼んでいる。天然資源に乏しい我が国が今後ともモノづくりやイノベーションによって国力を維持していくためには，科学や技術に関心を持つ優れた人材をどう育て，若者の理工系離れを食い止める必要に迫られているからである。文科省は，2015年，全国立大学法人等に対し，「国立大学法人等の組織及び業務全般の見直しについて」を通知した。そのなかで，教員養成系・人文社会科学系の組織の"廃止"や社会的要請の高い分野への"転換"などの見直しが指示されたが，その趣旨は，「理系人材」を質量ともに充実を図る狙いが隠されており，この意向を受けて，実際に滋賀大学などでは，新学部構想としてビッグデータなどを深く研究する「データ・サイエンス学部」の設置を打ち出している。また，「理系人材」の育成の波は，すでに小学校レベルまで押し寄せてきている。米国や英国そしてロシアの小学校では，プログラミング教育のみならず，数学やアルゴリズムの素養が含まれるコンピュータ・サイエンス（計算機科学）まで必修化が進んでおり，こうした理系重視の姿勢は，国際的な流れであることが分かる。

　「グローバル人材」や「理系人材」の育成・強化は，共に国家が掲げた「世

界一技術革新に適した国を目指す」という方向性に沿うものであり，きわめて重要な取り組みであることに間違いない。そのなかでも「理系人材」については，最先端のハイテク技術の担い手だけでなく，数千年前から脈々と継承されてきた伝統工芸やモノづくりの現場で蓄積された暗黙知を培った熟練工や職人など，ローテク人材に至るまで幅広い層の人材育成が必要である。併せて，全大学生の半分以上を占める「文科系人材」についても，科学技術の進歩に関する知識や生産現場に関する知識・ノウハウに精通していないと，指数関数的に進化を遂げる科学技術の進歩のスピードに乗り遅れてしまい，これでは求められるイノベーションを見極めるどころではなくなってしまう。今後とも製造科学立国として生きていく我が国にとって，ハイテクやローテクのそれぞれの知識に秀でた人材の確保と育成は，純粋な理系の人間だけの話ではなく，文系を志す人間にもまた，重要な課題である。

　こうした文系人材の理系学問嫌いをあざ笑うかのように，コンピュータ，人工知能，遺伝子工学，ナノテクノロジー，ロボティクス，バイオテクノロジーそしてバーチャル・リアリティ等のような科学技術は，ひたすら飛躍的な進歩を遂げている。なかでも，人工知能，ロボティクスそして3Dプリンターなどのデジタル技術の高度化は，我々の経済・社会だけでなく，従来からの企業経営のしかたにも強い影響を及ぼしている。たとえば，ビッグデータを活用した意思決定支援，きめ細かなマーケティング調査や革新的な市場戦略が可能になったのは，人工知能が大きく進歩した結果，膨大なデータを収集し分析できるようになったお陰である。また，「大量生産型の工場システム」から「パーソナル・ファブリケーション」や「デジタル・ファブリケーション」という生産革新が実現されようとしているのは，3Dスキャナーや3Dプリンターなど「デジタル工作機械」の開発が進展しているからである。さらに，人工知能を搭載した知的ロボットやヒト型ロボットそしてサービスロボットの進化と普及は，SF映画やアニメの世界で登場する人間の能力をはるかに超えたスーパーロボットの出現を危惧する声も囁かれるようになってきた。

　一方，今日のビジネスシーンにおいて注目を集めるのは，IoTというしくみ

である。「モノのインターネット」とも呼ばれるIoTとは，あらゆるモノがインターネットでつながることで，大量の情報を収集し，これを分析することで新しい価値を創造する概念である。そして，この背後には，言うまでもなく「インターネットの普及率」と「接続可能なモノの拡大」が潜んでいる。総務省が発表する「通信利用動向調査」によると，2014年のインターネットの利用者数は1億18万人。その割合は82.8％まで達しており，もはや我々の社会生活やビジネスシーンに欠くことのできないプラットフォームとなっている[1]。これに対し，「接続可能なモノの拡大」とは，従来のような「単体」として存在するモノから，ネットワークの中で存在する「接続可能」なモノへの移行である。たとえば，あらゆる電化製品がインターネットにつながる「スマート家電」，多数のセンサーを搭載しネットワークに接続された「コネクティッド・カー」，さらに，家の中の機器がインターネットや無線通信で接続され，外部からでもスマートフォンやタブレットを通じて遠隔操作できる「コネクティッド・ホーム」等の台頭は，IoTの動きを加速するその主要な原動力と言えるだろう。

　本書の内容は，人工知能，ロボティクスそして3Dプリンターなどのデジタル技術の進化がIoTという新しいやり方と相まって日本企業の特に「マネジメント」，「モノづくり」，「ビジネス（製品）」，「雇用」という4つの課題に対し，いかなるインパクトを及ぼし，どんな変革を求めているのかについて考察するものである（図表0-1）。それでは，これら4つの主な論点について触れてみよう。

　最初は，デジタル技術とIoTが企業の経営に与える影響である。まず，経験や勘に頼るマネジメントではなく，統計やデータに基づく科学的な意思決定をするため，大量のデジタル情報を経営に生かす「ビッグデータ」に注目が集まっている。同じく，膨大なデータを使いこなすため，統計的な分析を用いる「データ・アナリティクス」の重要性が，より一層強まっている。さらに，

---

[1] http://www.soumu.go.jp/johotsusintokei/statistics/data/150717_1.pdf

図表0-1　デジタル技術とIoTが企業経営に与える影響

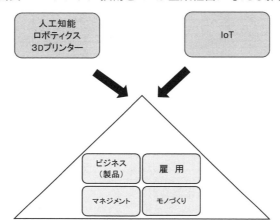

データ・マネジメントの担い手である「データ・サイエンティスト」の育成と強化が，欠くことのできない課題として浮上している。

　第2は，デジタル技術とIoTが企業のモノづくりに与える影響である。今日のモノづくりは，英国で生まれた産業革命から数えて「第4次産業革命」の時代を迎えようとしている。そのコンセプトは，個別大量生産とも呼べる「マス・カスタマイゼーション」とセンサーネットワークを駆使して工場内の設備のみならず，工場間まで連結してしまう「つながる工場」である。そして，その代表的なアプローチとして，現在ドイツが主導して取り組む「インダストリー4.0」が世界に及ぼした影響は極めて大きく，たとえば，日本でも「ロボット革命イニシアチブ協議会」や「インダストリアル・バリューチェーン・イニシアチブ」と命名された日本版インダストリー4.0が実際に動き出している。

　第3は，デジタル技術とIoTが企業のビジネスまたは製品に与える影響である。これまでの製造業の収益化モデルとは，高品質で高価格なモノを生産し，消費者へ大量に供給して儲けるやり方であった。ところが，近年は，モノを売った後にサービスやメンテナンスそしてソリューションによって儲けるやり

方が主流となりつつある。これは、「製造業のサービス化」、「サービス・ドミナント・ロジック」と呼ばれている。たとえば、世界を代表するコングロマリット企業であるGEでは、現在、「インダストリアル・インターネット」と呼ばれるサービス収益化モデルを展開し、総売上高に占める製造業とサービス業の割合が逆転する現象が生まれている。また、建設機械最大手のコマツでは、ドローンで工事現場を空中測量し、そのデータから3次元データを作成し、自動制御された油圧ショベルが作業する「スマート・コンストラクション」と名付けられた仕組みを開発する等、これまでにない新しいサービス・ソリューションが次々に誕生している。

　第4は、デジタル技術とIoTが企業の雇用に与える影響である。まず、これまでヒトが担ってきた仕事が随時、機械やロボットに代替され、その結果、「テクノロジー失業」という深刻な問題の発生が大きく懸念されている。その一方で、テクノロジーの進化を通じて、逆に新たな雇用が生まれる可能性を指す「テクノロジー雇用」の創造もまた、期待されている。

　本書は、急速な技術進歩が実際の企業経営へ与える影響を扱ったテクノロジー経営に関する入門書である。最初に、本書の執筆動機について触れておこう。第1の理由は、そもそもデジタル技術やIoTにそれほど関心のない学生や若いサラリーマンといえども、飛躍的に進化を遂げる技術のダイナミズムが実際の企業経営に及ぼすインパクト等について、ある程度の知識や興味を持つ必要があると感じたからである。ヒトの能力を上回る可能性を示し始めた人工知能のブレークスルー、感情を有するサービスロボットの実用化、大規模な工場を不要化し、個人工場を可能にする3Dプリンティングなど、近年、これら破壊的イノベーションやビジネスモデルが次々に開発され、我々に驚きと可能性を与えている。これからの時代を生きる学生やサラリーマンさらに起業家たちは、最新のテクノロジーの動向や知見を知らずして、自己実現はあり得ないことを肝に銘じるべきかもしれない。

　第2の理由は、本テーマの切り口であるデジタル技術とIoTは、主に理系の

分野に近いため，ビジネスを学ぶ文系の学生やサラリーマンには，内容が理解しづらいと感じたからである。もちろん，文系の人間でも，デジタル技術等に詳しく，興味関心のある方もいるだろうが，本書で対象とするのは，どちらかというと理系分野を得意としない方，デジタル技術の進歩に興味関心はあるが内容が難しくてわからない方，さらに，デジタル技術の進歩がビジネスやマネジメントにどんな影響を及ぼすのか知りたい方々にフォーカスしており，このため，できるだけ平易な言葉や表現方法で解説するよう心掛けたつもりである。

　第3の理由は，デジタル技術の進歩やIoTという概念が実際の企業経営にどんなインパクトを及ぼしているのかについて，今こそ，検証すべきタイミングはないと感じられたからである。最近，大きな書店に立ち寄ると，どこでも人工知能，ロボティクス，3DプリンターそしてIoTと銘打った書物が溢れている。なかには，特設コーナーまで設けられる場合もあり，注目の高さが見て取れる。つまり，世界中でデジタル技術の進歩に熱い関心が寄せられ，2020年以降の未来がどんな世の中になるのか。そして，新しい製品やビジネスが登場することで我々の生活の質がどう向上するのか。さらに企業組織や競争戦略がどのような変貌するか等について，今ほど，熱い注目が集まっている時代はなく，その意味では，まさに絶好のチャンスと思い，執筆を思い立った次第である。

　なお，本書のタイトルにおいて「技術」という言葉は使わず，あえて「テクノロジー」と記したその理由は，従来の技術経営（Management of Technology：MOT）がモノづくりや製品イノベーションをメインの話に取り上げる傾向が強いのに対し，今回の内容は，それに加え，IoT時代のマネジメントや雇用の問題まで触れており，この点が従来の技術経営の内容とは，微妙に異なることを強調したかったからである。また，3Dプリンティング（第4章）と雇用問題（第9章）に関しては，特に個人的な関心が強く，このため，その他の章の文量に比べると，かなりの紙面を割いたことを記しておきたい。

　最後に，株式会社同友館，出版部次長の佐藤文彦氏には，本書の企画段階か

ら出版に至るまで，大変お世話になりました。ここに記して深く感謝申し上げます。また，私の家族には心身ともに支えられています。妻の亜紀は，研究が行き詰った時の良き相談相手として，長男の文武は，休日の良き遊び相手として，仕事へ向かう活力を与えてくれます。いつもありがとう。

平成28年8月5日

松崎和久

◉目次◉

はじめに　*iii*

第1章　デジタル時代のイノベーション……………1

- 1-1　新しい時代の動き　*1*
- 1-2　シェアリング・エコノミー　*4*
  - 1-2-1　シェアリング・エコノミー・サービス　*4*
  - 1-2-2　シェアリング・エコノミー企業　*8*
  - 1-2-3　サービス普及の見通し　*10*
- 1-3　コンピュータの未来　*13*
- 1-4　DARPAによる非連続なイノベーション　*17*
  - 1-4-1　DARPAとは何か　*17*
  - 1-4-2　非連続なイノベーションの数々　*20*
  - 1-4-3　DARPAによるプロジェクトの進め方　*21*

第2章　人工知能……………25

- 2-1　人工知能の歴史　*25*
- 2-2　人工知能が切り開く明るい未来　*31*
- 2-3　自動運転車の開発　*36*
- 2-4　人工知能の進化がもたらす恐怖　*38*

第3章　ロボティクス……………42

- 3-1　産業用ロボット　*42*
- 3-2　産業用ロボット大国の没落　*44*
- 3-3　産業用ロボットのニューウェーブ　*49*

3-4　サービスロボットの進化　52
　　3-5　日本の少子高齢化現象とロボティクス　56

第4章　3Dプリンター　59

4-1　生産と消費の統合にフォーカスするアプローチ　59
　　4-1-1　プロシューマーの出現　59
　　4-1-2　ユーザー・イノベーション　60
　　4-1-3　コ・クリエーション（価値共創）　62
　　4-1-4　メイカームーブメント　63
4-2　3Dプリンターとは何か　64
　　4-2-1　3Dプリンターの登場　64
　　4-2-2　3Dプリンターを巡る見解　68
　　4-2-3　3Dプリンターの特徴　71
　　4-2-4　3Dプリンターによる実物の作り方　74
　　4-2-5　日本における3Dプリンターの意義　77
4-3　3Dプリンターの実力　79
4-4　デジタル・ファブリケーションのインパクト　81

第5章　IoT時代の到来　85

5-1　IoTとは何か　85
5-2　IoTを巡る議論　87
5-3　IoTのダイナミズム　89
5-4　IoTの残された課題　93

第6章　マネジメントに与える影響　96

6-1　直観力vs分析力　96
6-2　ビッグデータとは何か　99

6-3　アナリティクス3.0　*101*
6-4　アナリティクスで競争する企業への発展段階　*105*
6-5　アナリティクスを武器にする日本企業　*107*
6-6　スポーツの世界で広がりを見せるアナリティクス　*111*
6-7　データ・サイエンティスト　*116*

第7章　モノづくりに与える影響 ……………………………… *121*

7-1　第4次産業革命　*121*
7-2　インダストリー4.0とは何か　*124*
7-3　インダストリー4.0の事例　*126*
7-4　インダストリー4.0の課題　*128*
7-5　各国におけるモノづくり革新　*132*

第8章　ビジネス（製品）に与える影響 ………………………… *136*

8-1　スマート・コネクティッド製品　*136*
8-2　スマート・コネクティッド製品が切り開く可能性　*138*
8-3　スマート・コネクティッド製品のための新しい組織構造　*140*
8-4　スマートなビジネスモデルの登場　*142*
　8-4-1　コマツのスマート・コンストラクション　*142*
　8-4-2　GEのインダストリアル・インターネット　*145*
　8-4-3　パナソニックのスマート・ライフスタイル　*149*

第9章　雇用に与える影響 ………………………………………… *151*

9-1　現代の雇用の変化　*151*
　9-1-1　正規社員中心主義から非正規社員活用主義へ　*151*
　9-1-2　機械中心主義の到来　*157*
9-2　機械化を巡る日本と西洋の違い　*160*

9-2-1　抵抗感の低い日本　*160*
　　　9-2-2　抵抗感の高い西洋　*164*
　9-3　テクノロジーによる雇用崩壊　*165*
　　　9-3-1　3つの波　*165*
　　　9-3-2　テクノロジー失業に関する見解　*168*
　　　9-3-3　U字曲線モデル　*175*
　　　9-3-4　テクノロジー失業の未来　*179*
　9-4　テクノロジーによる雇用創造　*180*
　　　9-4-1　雇用創造のしくみ　*180*
　　　9-4-2　テクノロジー雇用に関する国別比較　*183*
　　　9-4-3　テクノロジー雇用のための条件　*186*
　9-5　テクノロジーによる失業と雇用のバランス　*188*

第10章　テクノロジー経営の現状と可能性 …………… *190*

　10-1　デジタル技術とIoT　*190*
　10-2　企業経営に与えるインパクト　*196*
　10-3　テクノロジー経営の未来　*204*

参考文献　*207*
索　　引　*225*

第1章 デジタル時代のイノベーション

1-1　新しい時代の動き

　近年，世界の著名な有識者や国際的な研究機関では，将来的に革新をもたらす画期的な技術とは何かについて，それぞれの立場から指摘がなされている。たとえば，未来学者のKurzweil（2005）は，21世紀前半に主に3つの革命が同時に進行していると分析している。それは，遺伝子（G），ナノテクノロジー（N），ロボット工学（R）であり，これらは，頭文字を取って「GNR」と呼ばれている。国連機関である世界知的所有権機関（World Intellectual Property Organization：WIPO）もまた，将来の経済成長を牽引する潜在能力を持った3つの最先端技術として「3Dプリンター」，「ナノテクノロジー」，「ロボティクス」をリストアップしている。さらに，米国国家情報会議（National Intelligence Council：NIC）が取りまとめた「グローバル・トレンド2030」によると，2030年に向けた重要な機械化として「ロボット」，「自動運転技術」，「3Dプリンティング」をあげながら，次のように説明している。まず，「ロボット」は，2030年になると単純労働者の仕事を奪い取るだけでなく，サービスロボットの活用が進展する。「自動運転技術」は，無人偵察機のドローンが本格化され飛び回る。そして，「3Dプリンティング」によって作られた製品がマーケットに出回ると具体的に予想している。最後に，日本の大手電機メーカーであるオムロンや大手電気通信事業者であるソフトバンクは，今後，重視する技術分野として，IT（IoT，ビッグデータ），ロボティクス，人工知能を高らかに掲げている。

　一方，将来有望なこれらデジタル技術を獲得するため，このところ，異業種

企業によるクロスボーダーM&Aが活発化してきている。なぜなら、ロボットや人工知能とは無縁な企業がデジタル技術の分野へスムーズに参入し、成功するには、社外資源を積極的に取り入れ、社内資源と融合を図るオープン・イノベーションを活用した方がコストパフォーマンスやリスク低減さらに新製品開発のスピード競争において競争優位性を手に入れることができるからである。たとえば、インターネット広告サービスを提供するグーグル（Google）では、本業のネットビジネスに注力するより、自動運転車や人工知能そしてロボティクスのような新分野へ本格的に進出するため、近年、シリコンバレーのハイテクベンチャーや海外企業を立て続けに買収している。米国のデータ調査会社であるCB Insightsによると、2001年から2015年までにグーグルが買収した企業の数は、およそ200社以上にも及び、多い時には月に2,3社ペースで企業買収を繰り返している。特に、グーグルでは、2010年以降、企業買収をより一層活発化させており、なかでも、2013年、東大発ベンチャー企業のシャフト（Shaft）を含む国内外のロボット関連企業（ヒューマノイド・ロボット、ロボットアーム、ロボットカメラなど）を7社、人工知能および関連企業を2社、あわせて計9社の買収は、世間に大きなインパクトを与えた。また、翌年の2014年には、人工知能および関連企業を計3社買収するなど、この年だけでIoT関連企業を中心に合計35社にも及ぶすさまじい買収政策を断行しており、今後とも、その動向に注目が集まっている。

　シーメンス（Siemens）もまた、国内外にある名立たるソフトウエア企業の買収に余念がない。というのも、生産分野でリアルとバーチャルを融合するスマート工場を実現するには、ソフトウエアの技術が何よりも不可欠だからである。そこで、同社では、2000年以降、計14社のソフトウエア企業を買収した。すでに2007年からの買収金額は、40億ドル以上にも膨らんでいる。たとえば、2007年、米国のソフトウエアメーカーであるUGSを35億ドルで買収した。その主な理由とは、シーメンスが持つ製造ノウハウとUGSの持つ工場の設備シミュレーション・システムなどのプロダクト・ライフサイクル・マネジメント（Product Lifecycle Management：PLM）を融合し、工場のデジタル化を

進める狙いからである。また，2014年，ものづくりのデジタル化を推進する目的から，エンタープライズ向け製造実行システム（Manufacturing Execution System：MES）を手掛ける米国のCAMSTARを買収するなど[2]，グーグルと同様に企業買収を加速させている。

　日本でも，異業種企業が人工知能やロボティクスの分野へ積極的に投資するケースが拡大している。たとえば，トヨタ自動車は，人工知能技術の研究・開発を行う新会社トヨタ・リサーチ・インスティテュート（Toyota Research Institute：TRI）を米国のシリコンバレーに設立した。TRIの体制は，人工知能やロボティクスに関わる世界一流の研究者らによって構成され，5年間で10億ドル（約1,200億円）の資金を投じて「安全性，アクセシビリティ（ハンディを持つ人に対する利用のしやすさ），ロボット」の開発に取り組む計画である。また，モバイル企業として有名なソフトバンクは，ペッパー（Pepper）と名付けられたヒューマノイド・ロボットを開発し，すでに1万台の販売を超えるヒットを記録している。ペッパーは，ソフトバンクが出資するフランスのロボットベンチャー企業であるアルデバラン・ロボティクス社が開発し，それを世界最大の電子機器受託製造サービスである台湾の鴻海精密工業が生産している。今後の計画では，米国のIBMが開発した人工知能「ワトソン」とつなげ，銀行や店舗における接客サービスに利用する計画である。最後に，建築や住宅の大手メーカーである大和ハウス工業もまた，近年，医療や介護の分野を対象にロボット事業の強化を図っている。たとえば，筑波大学のベンチャー企業であるサイバーダイン株式会社へ出資して大株主となり，同社が開発した運動機能回復支援ロボット・スーツ「HAL」を取り扱うなど，今後とも，ロボット事業の幅を広げる計画である。

　ところで，最近，足るを知る思想の高まりや過剰な消費を避ける嫌消費文化が浮き彫りとなるなかで，新しい経済のしくみとしてシェアリング・エコノ

2　https://www.plm.automation.siemens.com/

ミーという考え方が世界中で注目を集めている[3]。これは「共有型経済」と訳され，個人が保有する遊休資産（無形資産も含む）を他人へ貸出し，利益を得るやり方であり，これまでの伝統的な私有や独占を前提とした「所有型経済」とは，性格を異にするものである。たとえば，ビジネス・コンサルタントのBotsmanとアントレプレナーのRogers（2010）は，これまでの占有や所有を前提とするハイパー消費から，これからは受けたサービス分，利用した分だけお金を支払うコラボレーション消費への転換が新しい価値基準になると言及している。それでは，次にシェアリング・エコノミーの内容について新たな節を設けて詳しく説明しよう。

1-2　シェアリング・エコノミー

1-2-1　シェアリング・エコノミー・サービス

シェアリング・エコノミー（Sharing Economy）は，一言でいうと，遊休資産や余力を持つ提供者とそれを使いたい利用者を仲介するサービス（シェアリング・サービス）によって成り立つ経済のように定義される。主なシェアリング・エコノミー・サービスには，民泊（住宅，別荘），自動車（ライドシェア，カーシェア，貨物運搬シェア），駐車場，施設（会議室・イベントスペース），機器（印刷機等），労働力（家事，保育，ウェブ制作，アプリ開発，ロゴデザイン等），資金（クラウドファンディング），ビジネス知識・スキル，農園など幅広くあげられる。

シェアリング・エコノミー・サービス（Sharing Economy Service）は，伝統的なレンタル・サービスと似ているが，実は，その実態は次のような点で異なる。それは，シェアリング・エコノミー・サービスの管理を運営する会社ではなく，当事者である提供者や利用者に委ねられる個人間（Peer to Peer）の取引であることだ。図表1-1は，シェアリング・エコノミーの基本的な仕組み

---

[3]　日本では，昨年末，ベンチャー企業6社によって「シェアリング・エコノミー協会」が設立された。

図表1-1　シェアリング・エコノミー・サービスの基本的な仕組み

をトレースしたものである。まず，提供者は，遊休資産や空きスペースを運営会社へ登録する。次に，運営会社は関心を持つ利用者との間を仲介し，取引をまとめる。利用者が支払った代金は，運営会社が仲介手数料として受け取り，残りの代金は提供者に支払われる。最後に，提供者と利用者がSNSを通じてお互いに評価し合うという流れである。このようにシェアリング・エコノミー・サービスでは，仲介プラットフォーマーである運営会社の役割はかなり限定的であり，反対に，サービスの当事者である提供者と利用者が主体となる仕組みであることが分かる。

　シェアリング・エコノミー・サービスの市場規模は，すでに国内外から調査結果が発表されているが，いずれの調査データからも，今後ますます拡大する方向性が予想されている。たとえば，英国のコンサルティング・ファームであるプライスウォーターハウスクーパース（PwC）の試算によると，シェアリング・エコノミー・サービスの市場規模は，2013年，約150億ドルであったものが，2025年には，約3,350億ドル（約41兆円）と飛躍的に成長が見込まれている[4]。一方，大手調査会社である矢野経済研究所が発表した調査によれば，国内のシェアリング・エコノミー・サービス市場規模は，2014年度，23,276百万円であったものが，2018年度には46,200百万円と約2倍に成長すると予想されている。

　ところが，このような市場爆発の予測とは対照的に国内におけるシェアリン

4　PwC「The sharing economy-sizing the revenue opportunity」.
　 http://www.pwc.co.uk/issues/megatrends/collisions/sharingeconomy/the-sharing-economy-sizing-the-revenue-opportunity.html

グ・エコノミー・サービスの認知度は，残念ながら相当低いのが現状のようだ。2015年，JTB総合研究所が取りまとめたアンケート調査結果によると，空き部屋に関するシェアリング・エコノミー・サービスを知らない（聞いたことがある程度を含む）と答えた割合は，96.3％にも達する反面，形はどうあれ，利用した経験があると回答した割合は，わずか1.5％に過ぎないという結果が得られている。

このように世間の認知度がきわめて低いなか，シェアリング・エコノミー・サービスの将来展望は，大変明るいと国内外の調査結果が得られた，その主な背景には，どんな事由があげられるのか。第1は，何といってもインターネット，スマートフォンそしてSNS（ソーシャル・ネットワーキング・サービス）の普及である。周知のとおり，インターネットは，提供者と利用者そして運営会社から構成されたシェアリング・エコノミー・サービスを成立させる重要なビジネス基盤である。スマートフォンは，シェアリング・エコノミー・サービスを手軽に利用するための重要なデジタル端末として，その普及と拡大に一役買っている。登録された利用者同士が交流できるWebサイトの会員制サービスを意味するSNSは，情報発信（及び受信）を通じて，提供者と利用者のマッチングや相互評価等を実施する重要なツールとなっている。

第2は，希少資源の有効利用である。たとえば，使わない自宅の部屋や空きスペース，田舎の古民家などの空き家，休日ドライバーのため稼働率の低い自動車など，我々の周りには，数多くの遊休資産が存在し，その有効利用が強く求められている。また，我々のライフスタイルは，多額支払いモノやサービスを購入しても，すぐに飽きてしまい，再び，新たなモノやサービスに手をだしてしまう傾向が強い。こうした行動が商品ライフサイクルを短命化し，大量の廃棄物や環境負荷にも悪影響を与えている。シェアリング・エコノミー・サービスは，希少な資源や余剰な資産を有効に活用する効果的手段のひとつなのである。

第3は，インバウンドによる効果である。JTB総合研究所によると，訪日外国人総数は，2000年4,757,146人だったものが，2015年は，過去最大の

19,737,409人と約4倍以上の増加を記録し，しかも，2020年には東京オリンピックが開催予定のため，これからもより多くの外国人の訪日が期待されている[5]。そして，彼ら訪日外国人は，高いお金を払ってタクシーを使ったり，シティホテルに宿泊せず，海外ではすでに主流となっているライドシェアや空き部屋仲介サービスなど，シェアリング・エコノミー・サービスを気軽に利用する可能性が高い。これが国内において当該サービスの普及と拡大を促進する強い原動力として作用するものと考えられる。

　第4は，都会への人口集中化による影響である。海外のシェアリング・エコノミーに精通する宮﨑（2015）によると，都市部への人口集中がシェアリング・エコノミー・サービスの呼び水になっていくという。国内を例に考えると，都会への人口移動と集中化に伴い，地域の過疎化が深刻の度合いを増している。こうしたなか，都市部では，土地や建物の価格が高騰する一方で，生活者は仕事で多忙な場合が多く，自分の部屋を不在とするケースも少なくない。こうした時，空き部屋を他人へ貸し出し，少額の収入を稼ぐ対応もひとつの考え方である。また，4年後のオリンピック開催を迎え，宿泊施設や公共機関を建設する短期的な需要に対しても，シェアリング・エコノミー・サービスを導入すれば，効率的に対処できるのみならず，巨額な建設投資費用を回避することもできる。

　それでは，今後，シェアリング・エコノミー・サービスが広く普及して生活の中に定着するために必要な課題とは何か。ひとつは，規制緩和を含む法的ルールの整備が何よりも必要である。たとえば，旅館業法，建築基準法，消防法そして道路運送法など，現行の諸法律を部分的に見直す必要があるだろう。同時にまた，シェアリング・エコノミー・サービスを促進する法律等が定まると，逆に大きな事故や事件が発生しないよう新たな規制を設ける必要もあるかもしれない。もうひとつは，世の中でシェアリング・エコノミー・サービスが真に信頼を勝ち得るかどうかである。たとえば，知らない他人が自分の部屋へ

5　http://www.tourism.jp/tourism-database/statistics/inbound/

宿泊したり，他人のクルマに素性の知らない他人と平気で相乗りできるような感性を持ち得ることは，若者だけならいざ知らず，子供や女性そしてシニア世代など国民全体まで広く浸透するとは考えにくい。また，いかに優れたビジネスモデルでも，その隙間をぬって必ず悪用する人物が登場する。その行為をどう抑止するのかについても，ビジネスモデルを定着させるために必要な重要課題である。たとえば，総務省が実施したインターネット調査でも，国内におけるシェアリング・エコノミー型サービスを利用したくない理由として「事故やトラブル時の対応に不安がある」とする回答が大勢を占めている[6]。このため，提供者と利用者の人物チェック，評価制度の導入などシェアリング・サービス企業の自助努力，国や業界による法規制化の適用など，犯罪行為の中長期的な防止に努める必要があるだろう。

　最後に，シェアリング・エコノミー・サービスを戦略論という鏡を通して見ると，どのように映し出されるだろうか。結論から言うと，同ビジネスモデルとは，過去に提唱された戦略論で十分に説明できる概念だと言える。たとえば，相対する側にある個人と個人を仲介する基盤を運営し，手数料収入を得るようなやり方は，プラットフォーム戦略の中のマルチサイド・プラットフォーム（Multiside Platform）という概念で十分説明ができる。また，既存業界のやり方やルール内で競争するルール順守者（Rule Keeper）に対し，既存業界のやり方やルールを打ち破り，全く新しいやり方で対応するルール破壊者（Rule Breaker）ないしゲーム変革者（Game Changer）というブルーオーシャン（Blue Ocean）戦略の切り口からも考察は可能だろう。

1-2-2　シェアリング・エコノミー企業

　それでは，世界の代表的なシェアリング・エコノミー企業として，本や雑誌

6　総務省『情報通信白書』平成27年版。
http://www.soumu.go.jp/johotsusintokei/whitepaper/ja/h27/html/nc242120.html

図表1-2 Airbnbのシェアリング・エコノミー・サービスのしくみ

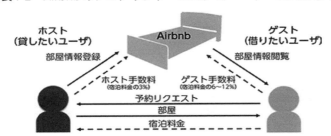

出所）総務省（2015）

に必ず取り上げられるAirbnbとUberについて触れてみよう[7]。

2008年カリフォルニア州サンフランシスコで創業したAirbnbは，現在，世界190ヶ国，34,000以上の都市でサービスを展開している。直近の売上高は9億ドル。企業価値は250億ドルを記録する世界最大の民泊シェアリング・エコノミー企業である。Airbnbの儲けるしくみとは，世界中のユニークな宿泊施設をネットや携帯そしてタブレットで掲載・発見・予約できる信頼性の高いコミュニティー・マーケットプレイスの運営であり，これまでの通算ゲスト数は7,000万人。部屋数は200万室を記録している。Airbnbという社名は，ジョー・ゲビア（Joe Gebbia），ブライアン・チェスキー（Brian Chesky）そしてネイサン・ブレチャージク（Nathan Blecharczyk）という3人の創業者が自宅の空き部屋を使い，宿泊者にエアベット（Airbed）と手作りの朝食（Breakfast）を振舞ったことに由来する。図表1-2は，Airbnbのシェアリング・エコノミー・サービスのしくみを表したものである。まず，ゲスト側は，スマホのアプリをダウンロードして必要な項目に入力する。ホスト側は，自宅の空き部屋情報をAirbnbへ登録する。そこでマッチングがうまくいけば，ゲストはホス

---

7 それ以外にも，DeNAが提供する個人オーナーが所有するクルマを使っていない時間に有償でレンタルする「エニカ」，同じ園や学校に通うママ・パパ友だちや顔見知りの友だちとつながって子どもの送迎や託児を頼り合う子育てシェアの仕組みである「アズママ」など，多様なビジネスが立ち上がりつつある。

図表1-3　Uberのシェアリング・エコノミー・サービスのしくみ

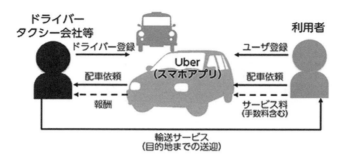

出所）総務省（2015）

トに向けて予約リクエストを送信し，ゲストの情報をチェックしてホストが承諾すれば，宿泊予約が決定されるしくみである。

　一方，2009年に設立された米国のウーバー・テクノロジーズ（Uber Technologies）が運営するUberは，わずか6年足らずで企業価値646億ドル（約8兆円）に達する企業へ大化けした。現在，世界70カ国，361都市でサービスを展開する世界最大のライドシェアリング・エコノミー企業である。図表1-3は，Uberのシェアリング・エコノミー・サービスのしくみを図で表したものである。まず，利用者は，スマホのアプリをダウンロードしてユーザー登録する。ドライバーもまた，Uberにドライバー登録する。そして，利用者が配車の依頼を行うと，近所にいるドライバーのアプリへ連絡が入り，配車が確定されるしくみである。

1-2-3　サービス普及の見通し

　最後に，今後のシェアリング・エコノミー・サービスの普及の見通しについて触れてみよう。まず，シェアリング・エコノミー・サービスの震源地である米国では，ルールの整備など課題は山積しているものの，民間による法律と規制のグレーゾーンに対する取り組みは，今後とも活発に展開されるだろう。また，欧州では，エコロジーの視点から，行政機関が主導してその促進がより一

層図られる可能性が高いだろう[8]。このような欧米諸国の動向に対し，将来的にシェアリング・エコノミー・サービスの拡大が有望視されるのは，新興国であるという調査結果がすでに得られている。視聴率調査で有名なニールセン社によると，他人が提供する製品やサービスを利用することに積極的な消費者が多いのは，上から順に中国（94％），インドネシア（87％），スロベニア（86％），フィリピン（85％），タイ（84％），ブルガリア（79％），メキシコ（79％），ブラジル（78％），香港（78％），インド（78％），エジプト（77％），そしてベトナム（76％）などの新興国によって占められている[9]。

これに対し，日本国内におけるシェアリング・エコノミー・サービスの見通しは，どうだろうか。私見では，あまり楽観的ではないと予想している。おそらく，日本へ来日する外国人や多縁を求める一部の若年層の日本人を除き，それ以外の日本人の間では，残念ながら，普及または拡大する可能性は非常に少ないと考えられる。それでは日本国内において，シェアリング・エコノミー・サービスが苦戦を強いられるだろうその主な要因について触れてみよう。

第1に，基本的に副業が禁止されている日本のサラリーマンがシェアリング・サービスに取り組む可能性の低さがあげられる。仮に副業を認めた場合，公私混同が起こり，これを放置すれば，深刻な社会問題にも発展しかねない。また，シェアリング・サービスの流行に伴い，これを本業とする個人事業主が増加した場合，低収入や雇用問題が新たに活発化する危険性も懸念される。

第2に，資源の有効利用という大義名分だけで，シェアリング・サービスが活発化するとは思えない。シェアリング・サービスの実現には，自宅の空き部屋や自家用車を個人の「私有物」ではなく，万民の「共有物」のように捉える必要がある。しかし，このようなドラスティックなパラダイムシフト（大転換）を我々日本人が素直に受け入れ，積極的に行動できるとは考えにくい。

第3に，総じて社交的な欧米人とは異なり，「他人を信じない」，「ウチとソ

---

[8] 宮﨑（2015）。
[9] ニールセン「シェアリング・エコノミーの期待」2014年5月。
 http://www.nielsen.com/content/dam/nielsenglobal/jp/docs/report/2014/JP

トを分ける」,「危うきに近寄らず」など,古来より育まれた日本人の保守性が意味するとおり,いくら空き部屋問題が深刻化しているとはいえ,部屋を他人へ貸し出したり,あるいは車の後部座席に見ず知らずの他人を乗せる行為を日本人の多くが平気で行えるだろうか。また,バブル時代,「白タク」が流行った時期があったものの,バブルの崩壊と共に,すっかり消え失せてしまった事実から判断しても,シェアリング・サービスは,短期的には,受け入れられるかもしれないが,長期的に収益化が見込めるビジネスモデルであると断言はできない。

　第4に,シェアリング・エコノミー・サービスが全体の富を押し上げる経済効果として期待できるとは思えない。たとえば,Uberのライドシェア・サービスとは,既存のタクシー業界に対する新たなビジネスモデルの提供を意味する。あるいは,Airbnbによる空き部屋を宿泊施設として貸し出すサービスは,旅館やホテルのような伝統的なやり方と共存できる面もあるだろうが,真っ向から対立する部分の方が多いように思われる。というのも,シェアリング・エコノミー・サービスとは,価格競争や限られた顧客の奪い合いを促進してしまうため,ゼロサム・ゲームに陥りやすく,富や価値の相殺を引き起こす可能性が高い。もちろん,一部の議論では,通常サービスとシェアリング・サービスのターゲット顧客は,それぞれ異なるため,Win-Winゲームが成立し,全体のパイを押し上げる効果が期待できるような見方もなされているが,果たして,そう易々と話が進むのか,今の段階で積極的な賛成を表明するのは難しい。

　第5に,シェアリング・エコノミー・サービスは,すでに日本国内で陰ながら実践されており,その効果測定について検証可能な点である。たとえば,日本最大級の長距離ライドシェア(相乗り)サービスを提供するnotteco(のってこ!)は,2008年にサービスを開始し,現在,15,000人以上の会員を有している[10]。ところが,これまで新聞紙上等で取り上げられた頻度は低く,おそらく,ほとんどの日本人は認知していない可能性が高い。また,想像するとこ

10　http://notteco.jp/

ろ，15,000人以上の会員の中味は，そのほとんどが一部の若者やマニアそしてリピーターによって占められているように思われる。仮に，そうだとすれば，シェアリング・サービスとは，大衆的サービスのレベルの域までいまだ達しておらず，今後，ビックビジネスに大化けすることを立証する材料等も乏しいことからも，ニッチな事業にとどまる可能性も否定できない。

1-3　コンピュータの未来

　デジタル技術の進歩は，直線的な線形進歩と指数関数的な曲線進歩に分けられる。まず，直線的な進歩とは，たとえば，1年ごとに倍のペースで進むことを意味する。つまり，1年後は1倍，2年後は2倍，3年後は3倍と続くため，緩やかな右上がりの線形となるのである。これに対し，指数関数的な進歩とは，1年ごとに倍増して進むことである。つまり，1年後は2倍，2年後は4倍（2^2），3年後は8倍（2^3），4年後は16倍（2^4），5年後は32倍（2^5），6年後は64倍（2^6），7年後は128倍（2^7），8年後は256倍（2^8），9年後は512倍（2^8），10年後は1024倍（2^{10}）となるため，これらをグラフで示すと，線形ではなく曲線のように描き出せる（図表1-4）。しかも，その曲線の形は，当初，なだらかに推移するが，折れ曲がり地点を通過した後，突然，爆発的に急上昇するような形をとる。さらに言うと，指数関数的な進歩は，最初に遅い成長から始まり，曲がり角に差し掛かると一気に急上昇し，やがて横ばいに落ち着くという，いわば「S字曲線」を描くことが分かっている。

　それでは，コンピュータ（半導体）の性能は，直線的進歩あるいは指数関数的進歩のどちらだろうか。結論を先取りすれば，指数関数的な進歩を辿ることがすでに分かっている。1965年，米インテルの共同創設者であるゴードン・ムーア（Gordon Moore）が提唱した経験則は，一般にムーアの法則（Moore's law）と呼ばれている。「ムーアの法則」とは，半導体の集積密度が18〜24カ月で倍増するという法則であり，換言すると，これは指数関数的な進歩そのものである。

　周知のとおり，我々の身近にあるデジタル製品には，必ずと言ってよいほど

図表1-4　直線的な線形進歩と指数関数的な曲線進歩

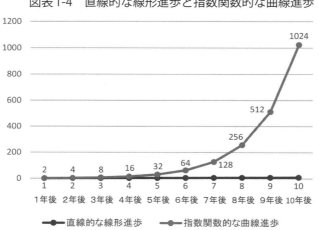

　半導体から作られたCPU（中央演算処理装置）が搭載されている。図表1-5は，CPUの処理速度の推移を示したものだが，これを見ても分かる通り，総じて指数関数的な進歩を歩むことが分かる。

　このようにデジタル技術の進歩が直線的ではなく，指数関数的に変化するとしたら，ある段階でデジタル技術のレベルがヒトの能力に追い付き，追い越してしまうことが懸念されるが，この点について，世界的に著名な未来学者のKurzweil（2005）は，デジタル技術が人類の知性に達する段階を技術的特異点（Singularity）と呼んでいる[11]。技術的特異点という言葉は，もともとデジタル技術が加速度的に進歩するので，人類が破滅する危険性を指す概念であった。ところが，Kurzweilは，人類に明るい未来を与え，希望や向上をもたらす逆の概念としてとらえている。たとえば，テクノロジーの進歩によって，地球温暖化問題が解決され，ヒトの寿命が伸ばせるように考えている[12]。つまり，Kurzweilは，技術的特異点を迎えると，機械と生物の区別がなくなり，人間

11　収穫加速の法則（Law of Accelerating Returns：LOAR）とも呼ばれている。
12　Kurzweilの予言を支持する信者たちは，"シンギュラリタリアン"とも呼ばれている。

図表1-5　CPUの処理速度の推移

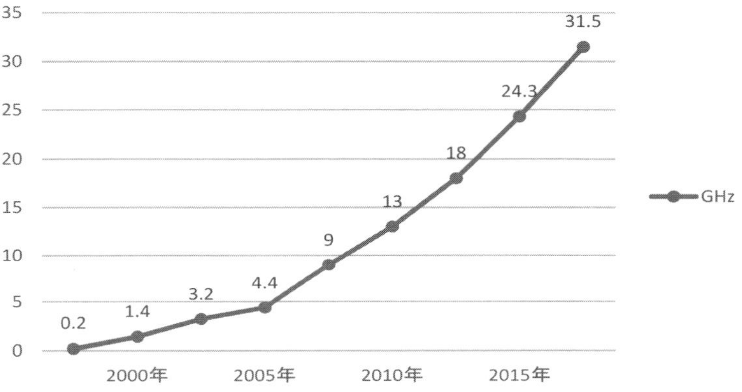

年	GHz
2000年	0.2
	1.4
	3.2
2005年	4.4
	9
2010年	13
	18
2015年	24.3
	31.5

資料）総務省（2015）をもとに作成

の感性と人工知能が融合することで，積極的で幸福な時代がやってくるように解釈しているのである[13]。

　Kurzweilによると，デジタル技術は，最初はゆるやかに成長し，曲線の折れ曲がりである技術的特異点を過ぎた途端，爆発的な上昇を見せ，人類が有する思考や存在を超えてしまう。図表1-6は，コンピューティングの指数関数的成長を表した図である。縦軸に1,000ドルで購入できる1秒当たりの計算量，横軸に1900年（過去）から2100年（未来）までの時間軸をとると，コンピューティングは直線的（Linear）ではなく，指数関数的（Exponential）に成長することがわかる。そして，成長曲線の変化を見ると，2029年頃，コンピュータが一人の人間の脳レベルに達し，2045年には，すべての人間の脳レベルを上回る可能性が高いと予測している。もしもこのようなKurzweilの予言が正しければ，2016年を基準にした場合，コンピュータが1人の人間の脳レベルに到達するまであと約13年，人類の脳レベルに追いつくまで29年足らずで，コンピュータと人間の立ち位置が逆転するという新しい世界が到来する

13　Barrat (2013).

図表1-6　コンピューティングの指数関数的な成長

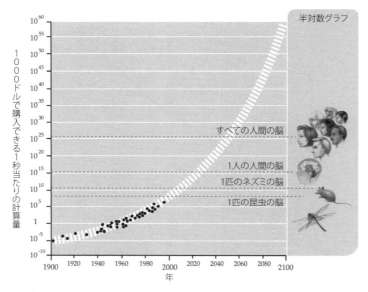

出所）Kurzweil (2005)

ことになる。

　Kurzweilは，人間の脳をスキャンする技術もまた加速度的に成長しているという。これは，脳のリバースエンジニアリング（Reverse Engineering the Brain）と呼ばれている。脳の構造を詳しくスキャンして無数の神経回路を解明するブレイン・リバースエンジニアリングは，2020年代に脳全体をモデル化してシミュレートしたり，ナノボットと呼ばれる微細ロボットを脳の神経細胞に送り込み，データを収集できるようになり，さらに，近い将来，人間の脳をコンピュータへアップロードできるようになるとも予測している。また，インペリアル・カレッジ・ロンドン大学のShanahan（2015）は，ブレイン・リバースエンジニアリングを全脳エミュレーション（Whole Brain Emulation）と呼びながら，その作業プロセスとして，「マッピング」，「シミュレーション」，「身体化」という3段階に分けている。まず，第1段階の「マッピング」は，

脳の構造を精巧に描き出すことである。第2段階の「シミュレーション」は，マッピングの結果，浮き彫りにされた青写真を用いて，すべてのニューロンをモデル化して再現することである。そして，第3段階の「身体化」は，シミュレートされた脳をロボットへ橋渡しするインターフェイスを作成することである。

1-4　DARPAによる非連続なイノベーション
1-4-1　DARPAとは何か

　イノベーションには，過去の事象を積み重ねた「経路依存的なイノベーション」と過去を分断し突然変異のように現れる「非連続なイノベーション」という，主にふたつのタイプに分けられる。そして，後者の「非連続なイノベーション」は，クリエイティブな創造力，大胆な発想の転換等が伴う，いわゆる「ハイリスク・ハイペイオフ」，「ハイリスク・ハイリターン」そして「ハイリスク・ハイインパクト」な性格を帯びているため，通常は民間ではなく，国家によって取り組まれる場合が多い。このように新しい産業を生み出す画期的なイノベーションは，企業やベンチャーキャピタルではなく，国家または政府がイノベーションの育成者なのである。サセックス大学のMazzucato（2013）は，国家とは，民間セクターのキーパートナーであり，それは民間が取らないリスクを取るパートナーのような存在であると指摘している。なぜなら，鉄道，インターネット，ナノテクノロジーなど，常識外れの画期的なイノベーションはどれも民間からではなく，企業家としての国家（Entrepreneurial State）によるイニシアチブから誕生したのであり，今後とも国家がイノベーションを主導する役割を果たすことは，ことさら重要であると結論づけている。

　米国において非連続なイノベーション（Disruptive Innovation）の生起に焦点をあてた政府組織として，DARPAがあげられる。DARPA（Defense Advanced Research Projects Agency）は，国家の安全保障を担当する国防総省（Department of Defense：DOD）の傘下にあり，通称，「国防高等研究計画局」と訳されている。1958年に設立されたDARPAのミッションは，米軍の技術

優位性の維持と技術サプライズの防止とされ，その背景には，米国に先駆けてソ連が人工衛星「スプートニク」の打ち上げに成功したプレッシャーがきっかけになったとされている。DARPAは，もともと国軍のイノベーションに貢献するため設立されたが，今では，既存産業におけるグレードアップのみならず，新規産業の創出にも強い影響を与えるなど，アメリカの産業競争力強化に不可欠な研究開発組織として位置付けられるようになった。そして，このような軍事用にも民生用にも使用できる技術開発は，軍民両用研究（Dual Use Research）と呼ばれている。なお，DARPAという名称は，これまで数回にわたり変化してきている。歴史を紐解くと，1958年の創設期，アイゼンハワー大統領の時代は「ARPA」，1972年，ニクソン大統領の時代は「DARPA」，1993年，クリントン大統領の時代は「ARPA」，1996年，ブッシュ大統領の時代以降は「DARPA」のようにたびたび名称変更がなされたが，しかし，その違いとは，ただ冒頭の頭文字に国防を意味する"D"（Defense）を加えるか外すかの違いに過ぎないものである。

　2015年度のDARPAの予算は，29億ドル（約2,900億円）。これは，米国防総省・研究開発予算（635億ドル）の約5％の割合を占めている。しかし，2015年度におけるトヨタ自動車1社の研究開発投資が1兆500億円，ソニーが4,900億円，日立製作所が3,550億円であることからすると，DARPAの予算額は，決して巨額とは言えず，むしろ，控えめな予算である。DARPAの予算の内訳は，おおよそ基礎研究12％，応用研究39％，先端技術開発46％，管理支援2％であり，応用研究と先端技術開発が合わせて85％を占めている。DARPAの組織体制を見ると，約220名の政府職員のうち，上級技術マネジャーは約20名。実際にプロジェクトに取り組む技術プログラム・マネジャー（PM）は約100名。財務，契約，人事，セキュリティ，法務などを担当する支援スタッフは約100名によって構成されている。

　DARPAの組織構造は，きわめてフラットであり，組織を統括する局長（Agency Director）のもと，7名の室長（Office Director）と約100名のPM（Program Manager）から構成されたリーンな階層構造を形成している。局長

は，DARPAの活動の全責任を負う。具体的には，ビジョンの策定，室長の採用，組織全体の見直し，議会や国防総省等に対する説明，組織全体の研究開発のポートフォリオ・マネジメントなど，重要な役割を果たしている。室長は，各室の研究開発プログラムについて責任を負っている。具体的には，PMの採用と助言，各室の運営やマネジメントなどを担っている。最後に，PMは，自分が担当する研究開発プログラムについて責任を負う。PMは，DARPAが掲げるビジョンに沿って，自身の研究開発プログラムを作成・立案すると共に，専門チームの編成やそのマネジメントを行う。また，大学，研究機関，軍，企業等からプログラムを推進するうえで必要な関係者を集め，コミュニティを運営・管理する役割もまた担っている。

　DARPAでは，2014年8月時点で年間175件ものプログラムに取り組んでいる。軍への実装，技術移転を研究する適応実行オフィス（Adaptive Execution Office：AEO）では，4名のPMにより1プログラムが実施されている。生物科学に取り組む生物技術オフィス（Biological Technologies Office：BTO）では，7名のPMによって25プログラムが運営されている。基礎，数学，材料について研究する防衛科学オフィス（Defense Sciences Office：DSO）では，12名のPMの手で28プログラムが運営されている。情報・サイバーを研究する情報イノベーションオフィス（Information Innovation Office：I2O）では，21名のPMによって39プログラムが運営されている。エレクトロニクス，フォトニクスそしてMEMS（微小電気機械システム）[14]を研究するマイクロシステム技術オフィス（Microsystems Technology Office：MTO）では，11名のPMの手で33プログラムが運営されている。センサー，通信，エネルギーなどに取り組む戦略的技術オフィス（Strategic Technology Office：STO）では，19名のPMによって25プログラムが運営されている。最後に，兵器・宇宙に取り組む戦術技術オフィス（Tactical Technology Office：TTO）では，19名のPMによって24プログラムが運営されている。

14　MEMS（Micro-Electro-Mechanical Systems）

約100名いるPMは，平均30代から40代前半の博士号を有する秀才たちであり，担当するプロジェクトに関する権限と責任を持ち合わせる等，高い裁量権が付与されている。PMは，企業の研究者，軍に所属する科学者そして大学の研究者ら産官学から選出され，各専門分野で優秀な研究を収めた人物だが，チームを束ねる力（Orchestrating），仕事を推進する力，世界を変えようと試みる意欲の力，才能を引き出す力など，数々の資質が要求される。このようなPMは，3年から5年の任期付き採用であり，新しいアイデアを取り入れる目的から，毎年，約25％が交代するという。

ところで，日本でも，DARPAの研究開発モデルを模倣した国家プログラムが2014年から動き出した。それは，革新的研究開発推進プログラム（Impulsing Paradigm Change Through Disruptive Technologies：ImPACT）と命名された制度である。ImPACTは，5年間で計500億円を投入する大型プロジェクトである。2014年時点，承認された12の計画テーマに対し，総合科学技術・イノベーション会議（CSTI）が選んだ技術プログラム・マネジャーが責任をもって優秀な人材を集め，自分の権限と責任のもと，プログラムの推進とそのマネジメントを行う取り組みである。

1-4-2　非連続なイノベーションの数々

周知のとおり，DARPAの予算は，日本のトップ企業の研究開発投資に比べ，控えめな金額であるにもかかわらず，PMの卓越したリーダーシップ，スピーディな意思決定，型破りなやり方によって，これまで数々のブレークスルーをこの世に生み出してきた。そこで，DARPAが開発した代表的な画期的なイノベーションを取り上げてみよう。

まず，2015年，世界の利用者数が地球上の約半分の人間に相当する31億7千万人にも達したインターネット（Internet）は，1969年，DARPAが開発したARPANET（Advanced Research Projects Agency Network）がその起源だとされている。「全地球測位システム」と訳されるGPS（Global Positioning Systems）もまた，DARPAが開発した技術である。これは，人工衛星を利用

して軍隊，航空機，船舶等の位置情報をリアルタイムに把握する技術として生み出され，その後，自動車や建機等の車両ナビゲーション，iPhoneのようなパーソナル・ナビゲーションにも導入がなされ，今日，活用範囲の幅は，拡大の一途を遂げている。アップルがiPhoneへ搭載している「発話解析・認識インターフェイス」機能とも呼ばれるSiri（Speech Interpretation and Recognition Interface）の開発は，もとはDARPAの助成によってSRIインターナショナルが実施したCALO（Cognitive Assistant that Learns and Organizes）と呼ばれる人工知能プロジェクトまで遡ることができる。軍事兵器を敵のレーダーやセンサーから探知され難くする軍事技術であるステルス技術（Stealth Technology）や近年，総理官邸の屋上へ飛来して大きなショックを与えた無人飛行機（ドローン）もまた，DARPAが開発した技術である。「ダヴィンチ」という名前で病院等にて普及が進んでいる遠隔手術（Telepresence Surgery）ロボットは，もとは戦場において負傷者を治療する目的でDARPAが開発した技術である。世界累計台数が1,000万台を突破したアイロボット社のお掃除ロボット「ルンバ」もまた，もとはDARPAから補助金の供与を受けて生み出された技術である。

　上記で紹介した事例は，これまでDARPAがこの世に生み出してきた画期的なイノベーションのほんの一部に過ぎないが，これだけをとって見ても，DARPAによる世界レベルの技術革新と多大な貢献を窺い知ることができるだろう。

1-4-3　DARPAによるプロジェクトの進め方

　DARPAのDubois（2003）は，その技術開発の手法について，図表1-7のような比較を用いて説明している。まず，これまでの「伝統的アプローチ」は，個々の研究者が生み出したアイデアから，未来の新製品や新プロセスが創造されるという枠組みであった。これに対し，DARPAの技術開発とは，従来のやり方とは反対のアプローチであり，これを「エンドゲーム（大詰め）・アプローチ」と呼んでいる。

図表1-7　DARPAの技術開発手法

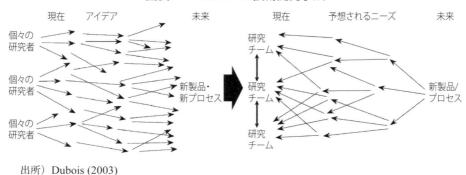

出所）Dubois (2003)

　「エンドゲーム（大詰め）・アプローチ」とは，具体的な目標から逆算してニーズや技術を分析し，研究計画を策定する手法である。つまり，最初にシナリオを作り，目標を達成するやり方ではなく，逆に最初にゴールを決めてから，それを実現するためのシナリオを描き出すアプローチであり，別名，逆算計画（Plan Backward）思考法とも呼ばれる[15]。このような2つのアプローチの違いは，伝統的なやり方のPMが単なる技術研究者であるのに対し，DARPAのPMは，非連続なイノベーションを生み出す強力な原動力である技術助産師（Technology Midwife）という役割を果たすことである。

　こうしたDARPAによる手法は，やみくもに基礎科学の世界に埋没するのではなく，常に実用化を念頭に置く取り組みである。プリンストン大学のStokes (1997) は，基礎的理解の追求（Quest for Fundamental Understanding）と実用化の検討（Consideration of Use）という2つの軸から，図表1-8のような4つの象限を浮き彫りにしている。まず，左下の象限は，基礎的理解の追求も実用化の検討もない「名称なし」である。左上の象限は，基礎的理解の追求はあ

15　逆算計画思考法の有効性は，至る所で見られる。たとえば，高業績企業で有名なファナックによる価格設定方式は，古典的なコストプラス法ではなく，最初に市場価格を決定し，それから約40％の利益を差し引いた残りを原価とするやり方を実施している。これにより，ファナックは高い利益率を確保でき，モノづくりの現場に対しては，強いコスト意識を持たせる効果があると言われている。

図表1-8　科学調査の象限モデル

	いいえ	はい
はい（基礎的理解の追求）	ボーア象限	パスツール象限
いいえ		エジソン象限

実用化の検討

出所）Stokes (1997)

るが，実用化の検討がない純粋な基礎研究を指し，原子物理学者のボーアにちなんで「ボーア象限」と命名されている。これに対し，右下の象限は，基礎的理解の追求は目を向けず，ひたすら実用化の検討を重視する純粋な応用研究であり，発明家のエジソンにちなんで「エジソン象限」と呼ばれている。最後に，右上の象限は，基礎的理解の追求と実用化の検討がともに重視された実用化志向の基礎研究であり，微生物学者のパスツールにちなんで「パスツール象限」と呼ばれている。そして，この中でDARPAが目指すのは，まさしくこの「パスツール象限」である。これまで「パスツール象限」に沿って基礎科学に取り組み，社会問題を解決する連続的な取り組みを重視してきたからこそ，数々の画期的なイノベーションを生み出すことができたのである。

最後に，DARPAでは，PMの研究開発プログラムを正しく評価する基準として，ハイルマイヤーの質問（Heilmeier Questions）を導入している。PMは，DARPAの元局長であったハイルマイヤー氏（George H. Heilmeier）が提案した問答集に則り，自身の研究開発プログラムについて，計9つからなる質問に対して回答しなければならない。その問答集の内容は，下記の通りである。

① 何を達成しようとしているのか？専門用語を一切利用せずに当該プロジェクトの目的を説明する。何が問題となるのか？何が困難なのか？
② 今日それをどうやって実践しているのか？現在の実践の限界とは何か？

③ あなたのアプローチの何が新しいのか？ そして，どうしてそれが成功すると思うのか？
④ 誰が関心を寄せるか？
⑤ もしあなたが成功した場合，どんな差異を生み出せるのか？ どうやってそれを測定するのか？
⑥ リスクとは何か，報酬とは何か？
⑦ コストはいくらかかるか？
⑧ それをするのにどのくらい期間が必要か？
⑨ 成功のためのチェックとして中間及び最終の評価をどうするか？ 進展の具合をいかに測定するのか？

第2章 人工知能

2-1 人工知能の歴史

　人工知能（Artificial Intelligence：AI）とは，その名の通り，「人工的に作られた知能」を指す。人工知能は，人間の頭脳に相当するものであり，コンピュータ単体として使用されるだけでなく，家電製品やロボットなどのマシンに搭載し活用される場合もある。たとえば，近年，人工知能を搭載したヒット商品を取り上げると，お掃除ロボット「ルンバ」は，国内では累計100万台，世界では累計1,000万台の売上げを記録している。また，ソフトバンクが人工知能を搭載した人間と対話する感情認識ロボット「Pepper」を実用化して注目を集めたのは，記憶に新しい。一方，人工知能は，企業のマネジメント効率をアップするためにも導入が進んでいる。たとえば，日立では，企業が使う業務システムに日々蓄積されるビッグデータから，需要変動や業務現場の改善活動を理解し，適切な業務指示を行う人工知能を開発し，物流業務で効率を8%向上させることに成功している[16]。

　こうした人工知能ブームを反映してか，たとえば，グーグル，フェイスブック，ドワンゴ，リクルート，トヨタ自動車などの企業では，人工知能研究所の開設が相次いでいる。また，人工知能やロボティクスの専門研究者のヘッドハンティングも活発化している。たとえば，第1章で紹介した自動運転タクシーの開発に取り組むオンライン配車サービスのウーバー・テクノロジーズは，カーネギーメロン大学の研究者や科学者計40人を大量に引き抜き採用した。

---

[16] http://www.hitachi.co.jp/New/cnews/month/2015/09/0904.html

トヨタ自動車もまた，シリコンバレーに人工知能センターを設立するにあたり，DARPAのプログラム・マネジャーとして従事した著名な研究者をトップへ抜擢した。

　こうした現状からも，人工知能の市場規模は，今後，大きく成長することが見込まれている。EY総合研究所が取りまとめた「人工知能が経営にもたらす「創造」と「破壊」～市場規模は2030年に86兆9,600億円に拡大～」によると，人工知能関連産業の市場は，2015年3兆7,450億円，2020年23兆638億円そして2030年には86兆9,620億円（その内訳は，自動運転車のような運輸分野35.1%，店舗管理システム，監視カメラ，オムニチャネルのような卸売・小売分野17.4%，産業用ロボット，IoT，インダストリアル・インターネットのような製造分野14.0%）にも達すると予測されている[17]。

　このように人工知能の可能性に大きな期待が集まるなか，これまでの人工知能の開発は，まさに山あり谷ありの苦難の道を歩んできた。人工知能の起源は，1956年，米国で開催されたダートマス会議の場で，著名なコンピュータ科学者であるジョン・マッカーシー（John McCarthy）が「人工知能」という言葉を初めて使用した時代まで遡ることができる[18]。そして，第1回目の人工知能ブームは，1950年代後半から1960年代にかけて起こったとされている。この段階では，人工知能の可能性に大きな期待が寄せられ多額の国家予算がつぎ込まれる一方で，その当時の研究者は，近い将来，人間の知的活動は機械（コンピュータ）に取って代わられるはずだときわめて楽観的に考えていた。コンピュータは人間とは異なり，飽きたり，疲れたりせず，黙って24時間働き続けるため，大きな期待が寄せられたのである。第1回目の人工知能ブームは，いわば，人間の知的活動を記号やルールを使ってコンピュータへ教え込むという技術段階であった。ところが，こうしたやり方は，すぐに躓きを見せ，うまくいかなかった。というのも，私たちの世界は，何事もルール通りには運

17　詳しくは，http://eyi.eyjapan.jp/knowledge/future-society-and-industry/pdf/2015-09-15.pdf
18　ジョン・マッカーシーの人となりについては，Williams（2002）に詳しい。

ばず，例外や微妙なニュアンスによって占められているからである[19]。このため，ルールベースにしか動かない人工知能は，問題を非常に単純化したおもちゃの問題（Toy Problem）しか解けないことが分かり，大きな失望と批判の声が巻き起こったのである。こうして人工知能の開発予算は，大幅に削られることになり，1970年代に入ると人工知能の研究は，いわゆる「冬の時代」に突入した。

　第2回目の人工知能ブームは，1980年代から再燃し始め，1990年代まで続いたが，その契機となった出来事は，「エキスパートシステム」の開発と言われている[20]。これは，専門家（エキスパート）が有する知識やスキルをコンピュータに取り込み，問題解決を図るプログラムであり，1982年当時，日本でも「第5世代コンピュータプロジェクト」という大規模な計画がスタートし，多額のプロジェクト予算がつぎ込まれた[21]。ところが，2000年代に入ると，人工知能ブームは再び下火となり，「冬の時代」へ突入した。コンピュータは，大量の知識を取り入れて賢くはなったが，入力された知識以上のことはできなかったからである。たとえば，1997年，IBMが開発した「ディープ・ブルー」は，チェコの世界チャンピオンであるガルリ・カスパロフに勝利し一躍注目を集めた。ところが，この結果は，皮肉にもコンピュータが思考できないことを逆に浮き彫りにしてしまった。すなわち，人工知能は，人間なら分かるようなあいまいな表現，一般的な常識まで深く理解できなかったのである。このように人工知能は，チェスには強いがIQテストのスコアはゼロである[22]ことが分かると，1995年頃から再び大きな失望感が生まれ，人間の頭脳を超えた能力を持つ人工知能の実現は，またしても頓挫してしまったのである。

　こうしてしばらくの間，冬の時代にあった人工知能ブームは，2010年以降，

19　小林（2015）。
20　小林（2013），松尾（2015a）。
21　1986年，人工知能学会が設立され，1990年，㈶人工知能研究振興財団が相次いで設立されるなど，この時期に人工知能研究は，一気に加速した。
22　Kaku（2011）。

再び息を吹き返し，近年，第3回目の人工知能ブームの波が押し寄せている[23]。その契機となった出来事は，コンピュータの計算能力の向上や誤認識率の低下，ビッグデータなどであるが，その最大の原動力は，「機械学習」と「ディープ・ラーニング」であると言われている[24]。

機械学習（Machine Learning）とは，人工知能そのものが学習して，人間と同じようにモノや音の認識や最適な判断をする技術である。たとえば，迷惑メールの防止機能や通販サイトにおけるおススメ商品の機能がこれに該当する。機械学習には，様々な方法があるが，なかでもニューラル・ネットワーク（Neural Network）は，ニューロン（神経細胞）とシナプス（接合部）から構成された人間の脳神経回路を工学的に真似て，コンピュータ内で再現する手法であり，もともと大きな期待が寄せられてきたが，なかなか満足ある成果を上げられず，研究は頓挫しまま長年，放置された状態にあった[25]。ところが，2006年になって画期的な研究成果が発表された。カナダ，トロント大学のジェフリー・ヒントン（Geoffrey Hinton）がニューラル・ネットワークの世界で大きなブレークスルーを起こしたのである。それは，人間の脳は階層的に情報を処理しているが，これをまねてニューラル・ネットワークを多層に重ねると音声や画像の認識率が大幅に高まり，人間が設計しなくても，コンピュータが自ら画像を識別したり，認識できる手法を開発したのである。このようなやり方は，ニューラル・ネットワークを多層に重ねるため，層が深くなるという意味から，ディープ・ラーニング（Deep Learning）[26]と名付けられ，日本語では「深層学習」とも訳されている。

機械学習とディープ・ラーニングの違いは，次のように説明できる。従来の機械学習では，人間が特徴や情報を見つけ，コンピュータに教え込む必要が

---

23 松尾（2015a）によると，3度目のブームの到来は，2013年以降と示している。
24 松尾（2015a）。
25 1957年，ニューラル・ネットワークの一種である「パーセプトロン」が提案されたが，結局のところ，うまく行かず失敗した。
26 ディープ・ラーニングは，ディープ・ニューラル・ネットワーク（Deep Neural Network）とも言い表すことが出来る。

図表2-1 ディープ・ラーニングの構造と特徴抽出のイメージ

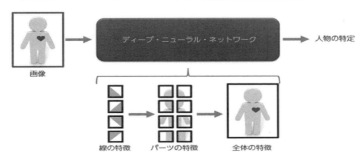

出所）総務省（2014）

あった。つまり，人間が画像データの特徴や情報を獲得し，コンピュータに教示しなければならなかった。このため，人間が所与の特徴や情報を取り出し正しく設計できれば，機械学習はうまく動くが，もしそうでなければうまく動かなかった。これに対し，ディープ・ラーニングは，図表2-1のとおり，膨大な画像データをもとに，コンピュータが自力で画像の特徴や情報を取り出し，人物等を特定できるまでになったのである[27]。

ディープ・ラーニングのレベルは，年々飛躍的な成長を遂げている。たとえば，人間の画像認識能力は誤認識率が約5.1％であるのに対し，2015年，マイクロソフトの北京チームが開発したコンピュータの誤認識率は4.94％とすでに人間の能力を人工知能が上回る段階まで到達している[28]。

このように画像認識の分野で飛躍的に向上しているディープ・ラーニングに関する具体的な事例をここで紹介しよう。最初に，マイクロソフトは，「スカイプ・トランスレーター」と呼ばれるインターネット通話の同時翻訳機能を開発した。これは，インターネット電話サービス「スカイプ」に搭載された新機

---

27 具体的には，「画像」→「線」→「輪郭」→「部分」→「物体」の順序で認識する。
28 最近，中国の百度（バイドゥ）の開発したコンピュータの誤認識率は，4.58％をクリアし，マイクロソフトの数値を上回ったと発表されている。詳しくは，https://news-witch.jp/p/649

能であり，使用言語の異なる相手同士の会話をリアルタイムで翻訳してくれる技術である。

「スカイプ・トランスレーター」は，音声認識，自動翻訳に加え，強力な学習機能を備えており，翻訳利用者が増えるほど，その言語の聞き取りや翻訳能力が向上する仕掛けになっている[29]。この仕組みを説明すると，まず，記録された何百万もの音声サンプルに基づいて，コンピュータ（ディープ・ニューラル・ラーニング）が会話を分析し文章に変換する。そして，変換された文章から余計な言葉を取り除き，適切な文章に修正する。修正された文章を英語からスペイン語，スペイン語から英語のように違う言語に翻訳する。こうして翻訳された文章を音声に変換し，最後に，ロボット音声で読み上げるという仕組みである[30]。

現在，「スカイプ・トランスレーター」は，中国語，英語，フランス語，ドイツ語，イタリア語，ポルトガル語，スペイン語の7カ国語が音声通話やビデオ通話に対応しているという。また，ちょっとしたメッセージの翻訳などは，すでに日本語を含む50カ国語に対応しているそうだ。

一方，グーグルは，写真にコンピュータが自動的に説明文（Caption）をつける技術を開発している。このシステムは，まず，画像認識エンジンが画像の被写体や被写体同士の関係性を英単語に変換する。続いて文章生成エンジンが，画像認識エンジンが生成した単語を組み合わせて文章を作り出すしくみである[31]。図表2-2のとおり，グーグルが開発した人工知能は，左側にある画像を人工知能が認識し，自力で文章にするシステムであり，すでに高い精度で画像内容を読み取り，文章へ変換できるレベルまで達しているという。

このように人工知能の研究は，過去，2回の厳しい冬の時代を経て，今日，第3次人工知能ブームが到来し，しかもその可能性は期待に満ち溢れている。それでは，次に人工知能が切り開く未来と題して，人工知能のユニークな活用

29　http://www.nikkei.com/article/DGXMZO82389920W5A120C1000000/
30　http://gigazine.net/news/20141216-skype-realtime-translator/
31　http://itpro.nikkeibp.co.jp/atcl/column/14/346926/120100119/

図表2-2　グーグルが開発した，画像の内容を解読する人工知能

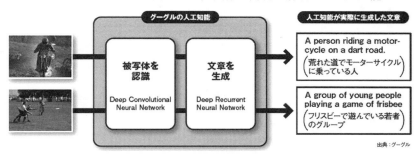

出所）http://itpro.nikkeibp.co.jp/atcl/column/14/346926/120100119/

事例について触れてみよう。

2-2　人工知能が切り開く明るい未来

　人工知能は我々に幸福を与え，国力の向上につながると好意的に解釈している議論から紹介しよう。東京大学の松尾（2015b）は，少子高齢化や人口減少に直面している日本において，人工知能に対するニーズは高まり，関連技術の育成もまた進むだろうと前向きな捉え方をしている。ソフトバンクグループが開催した「SoftBank World 2015」における基調講演のなかで，その代表を務める孫正義氏は，人工知能に関する楽観論を次のように述べている。人間のIQの平均値は100，アルベルト・アインシュタイン（190）やレオナルド・ダ・ヴィンチ（205）のような天才のIQスコアが200前後と言われるなか，人工知能は，今後30年ほどでIQのスコアが10,000にも達するかもしれない。そして，2040年になると，人工知能を搭載したロボットの数は100億台を記録し，もはやヒトの人口まで上回る世界が到来するかもしれない。こうした結果，将来的に人工知能を搭載した知的ロボットにヒトが担ってきたある種の仕事は，奪われる時代が来るかもしれないが，しかし，それ以上に人工知能が切

図表2-3 3つの知能から4つの知能へ

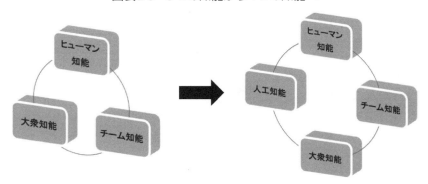

り開く未来とは,総じて明るいと言及している[32]。ロンドン・ビジネス・スクールのBirkinshaw (2016) によると,従来の企業に必要なインテリジェンス(知能)は,個人としてのヒトが価値を生み出すヒューマン知能 (Human Intelligence), 5〜6人の小さなグループメンバーが価値を生み出すチーム知能 (Team Intelligence), 無数の個人が形成する巨大なグループが価値を生み出す大衆知能 (Crowd Intelligence) という3タイプの知能であった。しかし,これからは,数多くのビジネス課題に対処するため,コンピュータ・システムを駆使して価値を生み出す人工知能 (Artificial Intelligence) が新たな知能として加わり,これら4つのタイプの知能を有効に利用することが企業には強く求められると指摘している (図表2-3)。

次に,人工知能 (AI) 研究の進歩が切り開く未来の可能性は,多岐にわたる。ここで取り上げる事例は,近年の示唆に富む活用事例の一コマである。

IBMは,ある人工知能プロジェクトに取り組んでいる。これは,ワトソン (Watson) と名付けられたIBMリサーチの開発した質問応答システムがクイズ番組「ジョパティ」に登場して2人のクイズ王に挑み,勝利する企画である。2011年,人工知能「ワトソン」は,2人のチャンピオンと対決し,見事勝利を

---

32 http://www.softbank.jp/corp/news/webcast/?wcid=r384o558

収めた[33]。その後，IBMでは，「ワトソン」の商用化に取り組み，膨大なデータの蓄積と質問に対して正解を探し出す機械学習を繰り返すことで精度の高い回答を導き出せるまで性能が向上した。その結果，現在では，医療分野で膨大な医学論文，検査データそして診察記録から，病名や治療法の探索と提示を行ったり，顧客の要望について問い合わせるコンタクト・センター業務への応用がなされるなど，活用の幅が広がっている。

　マイクロソフト，INGグループ，レンブラント博物館，デルフト工科大学の共同チームは，「The Next Rembrandt」プロジェクトを実施している。これは，17世紀のオランダを代表する画家であり，光の魔術師の異名を持つレンブラント（1606～1669年）の作風を再現する取り組みである。具体的には，全346作品を3Dスキャナーで読み取り，細部の凹凸まで完全にデジタル・データ化する一方で，色使い，タッチ，構図の特徴等について人工知能を用いて解析し，3Dプリンターを用いてレンブラントの作風を真似た新作を描くという試みであり，すでに驚くべき作品が展示されているそうだ。

　ところで，我が国では，「人工知能」対「将棋のプロ棋士」の戦いを主催するドワンゴによる「電王戦」が毎年，開催されてきた[34]。これまでの通算成績は，10勝5敗1引き分けとコンピュータ将棋ソフトがプロ棋士に勝ち越している。こうしたことから，2015年10月，トッププロ棋士に勝つコンピュータ将棋の実現を目指したプロジェクトを主催する一般社団法人情報処理学会では，コンピュータ将棋プロジェクトの終了を宣言した。人間と機械の知恵比べに終止符を打つことを決めたその理由とは，すでにコンピュータ将棋の実力が2015年の時点でトッププロ棋士に追い付いたと統計的に証明されたからであり，このため，もはや対戦する意義がなくなったと判断したそうである[35]。

　2016年1月，英国の科学誌ネイチャーは，米国のグーグル（英国の人工知能開発ベンチャー「ディープマインド」）が開発したディープ・ラーニングソ

33　詳しくは，Baker, S. (2011).
34　詳しくは，松本博文（2014）。
35　詳しくは，http://www.ipsj.or.jp/50anv/shogi/20151011.html

フトウエア「Alpha GO」が囲碁の対戦で欧州チャンピオンのプロ棋士に5戦5勝を収めたと発表し，世界に衝撃を与えた。さらに，2016年3月には，国際棋戦で10勝以上を記録し，"過去10年で最強"との呼び声も高い世界トップのプロ棋士と「Alpha Go」が戦い，5戦中4勝1敗で世界トップ棋士を打ち破り，圧勝してしまった。その理由は，ディープ・ラーニングと呼ばれる画像認識の性能が飛躍的に向上した結果，知識力や判断力が大幅に向上したからだと分析されているが，とはいえ，今回の囲碁の世界で機械が人間を打ち破ったその意義は大きい[36]。なぜなら，チェスや将棋のようなゲームに比べると，囲碁のしくみはさらに複雑であり，しかも盤面もまた広く，打ち手の選択肢が非常に多いからである。実際に，ゲームごとの打ち手の探索量を比較すると，オセロは10の60乗，チェスは10の120乗，将棋は10の220乗に対し，囲碁は10の360乗と他のゲームを圧倒している。このため，チェスや将棋の世界でたとえ人間が敗れたとしても，難易度が格段に高い囲碁だけは，人間が機械に負けるはずがないと固く信じられてきた。ところが，今回，この神話があっさりと崩れ去ったショックはあまりにも大きく，我々は，シンギュラリティの可能性を安易に否定できなくなってしまったと言えるだろう。

　国立情報学研究所では，現在，「ロボット（人工知能）は東大に入れるか」プロジェクトに取り組んでいる。これは，「東ロボくん」と名付けられたAIが東大入学を目指す企画であり，2014年に実施された代々木ゼミナール主催の全国センター模試の結果，合計得点の偏差値は47.3であったものが，2015年の大学入試センター試験模試では，合計の偏差値が57.8まで一気に上昇したそうである。そして，このスコアは，全大学の6割に相当する474大学1094学部で合格の可能性が80％以上と判定されるまで，人工知能のレベルが上がってきた事実を物語るものである[37]。特に，目覚ましい成果を上げている科目は，「数IA」の偏差値64（前年46.9），「数IIB」が偏差値65.8（同51.9）そして

36　Alpha Go勝利の裏側には，囲碁人工知能同士を3,000万局も戦わせ鍛え上げる強化学習というしくみがあったとされている。

37　詳しくは，新井紀子（2014）。

「世界史B」が偏差値66.5（同56.1）である。これら3科目の偏差値は，60を超え，大幅に改善されている。その逆に，英語のリスニングのような科目は，偏差値40.5と苦手であり，まだ改善の余地が残されている。

　人工知能が数学を教える未来型学習塾キュビナアカデミーでは，株式会社COMPASSが開発したタブレット型AI教材「Qubena」を導入し，大きな成果をあげている。同塾のHPによると，今日，学校教育で深刻な問題とは，高校生で7割，中学生で5割，小学生で3割の生徒が授業についていけない『教育七五三』であるという。とりわけ，積み上げ型の算数や数学の場合，過去の単元まで戻って復習するのはなかなか難しく，このため，一度，勉強に躓き，それを放置してしまうと，後のリカバリーが非常に難しくなり，すっかり数学嫌いのまま成長してしまうという問題が懸念されてきた。ところが，従来の学校や学習塾では，ひとりの教師に対して複数の生徒が学ぶ体制が多く，このスタイルのままでは，学習の遅れや授業から脱落してしまう学生の数は，今後とも後を絶たないことが予想される。逆に，個別指導のような教師と生徒がマンツーマンで行う方式は，きめ細かな対応には優れているものの，どうしても費用が上がってしまい，経済的に難しいなど課題は残されたままである。こうした状況下で同塾が開発した「Qubena」は，人工知能が教師となるため，ひとりひとりの課題に対応するマンツーマン指導と低コストを両立するこれまでとは異なる画期的な授業スタイルである。実際に同塾が実施した導入実験では，14週間かけて行う1学期の授業が2週間で終わり，受講者全員が学校の平均点を上回ることが確認されており，その有効性は証明済みだという[38]。

　最後に，公立はこだて未来大学が中心を務める「きまぐれ人工知能プロジェクト：作家ですのよ」プロジェクトは，2012年にスタートして以来，その後，試行錯誤を繰り返した結果，2016年には，SF作家の星新一にちなんだ「星新一賞」に果敢に挑戦し，なんと第1次審査を通過する段階まで到達したそうで

---

[38] https://www.makuake.com/project/qubena/

ある[39]。

2-3　自動運転車の開発

　次に，人工知能の導入が特に期待されている産業分野として，自動運転車の開発を取り上げてみよう。まずアップルやグーグルのようなIT企業や世界一の自動車メーカーであるトヨタ自動車（以下，トヨタ）では，人工知能を駆使した自動運転車（Driverless Car），インターネットに接続された自動車（Connected Car）の開発を進め，すでに公道走行の可能性まで漕ぎ着けている。また，ドイツの老舗タイヤメーカーであるコンチネンタルは，過去15年で100社のM&Aを実施した。これは，センサーやレーザーレーダーなど，自動運転車向けの要素技術を獲得するためであり，このような攻めの経営を実施した結果，同社の利益は，デンソーを抜き，ボッシュに迫る世界第2位の売上高となっている。さらに，インターネット・サービス大手のDeNAは，自動車の自動運転技術開発用プラットフォームの開発メーカーであるZMPと共同で「ロボットタクシー株式会社」を設立した。同社は，2020年の東京オリンピックまでに日本各地でロボットタクシー事業を開始する。とりわけ，地方の高齢者や障害者，観光地へやってくる国内外の旅行者向けに事業を展開する予定である。このような企業の取り組みからも明らかなように自動運転車の開発では，自動車メーカーのみならず，異業種企業による進出ケースが近年，拡大の一途を辿っており，今後とも，激しい企業間競争を繰り広げることが予想されている[40]。

　それでは，これからの自動運転車の市場規模は，どう変化するのだろうか。ボストン・コンサルティング・グループ（BCG）の調査によると，自動運転技術は，将来的にも成長する可能性が高いという結果がすでに得られている。たとえば，市場への導入時期としては，2017年，主に高速道路や渋滞時に自

39　http://www.nikkei.com/article/DGXLASDG21H3S_R20C16A3CR8000/
40　アメリカのサンフランシスコでは，「Uber」と命名された個人が自家用車を利用してタクシー業を実施するサービスが普及しているという。

図表2-4　自動運転の進化レベル

分類		概要	左記を実現するシステム	
情報提供型		運転者への注意喚起等		
自動化型	レベル1：単独型	加速・操舵・制御のいずれかの操作を自動車が行う状態	「安全運転支援システム」	
	レベル2：システムの複合化	加速・操舵・制御のうち複数の操作を一度に自動車が行う状態	「準自動走行システム」	「自動走行システム」
	レベル3：システムの高度化	加速・操舵・制御を全て自動車が行う状態（緊急時対応：ドライバー）		
	レベル4：完全自動走行	加速・操舵・制御を全て自動車（ドライバー以外）が行う状態	「完全自動走行システム」	

出所）高度情報通信ネットワーク社会推進戦略本部（2015）

動運転が開始される。その後，2022年には都市部での自動運転がスタートし，完全自動運転車の導入は，2025年になると推測されている。また，自動運転車の市場規模の推移は，2025年の予測が合計1,450万台。そのうち，部分自動運転車は1,390万台，完全自動運転車は僅か60万台が見込まれているのに比べ，2035年の予測では，自動運転車が合計で3,040万台。そのうち，部分自動運転車は1,840万台，完全自動運転車は1,200万台まで膨らむものと推測されている。

最後に，自動運転技術の進化レベルについて触れておこう。2015年，高度情報通信ネットワーク社会推進戦略本部が取りまとめた「官民ITS構想・ロードマップ2015～世界一安全で円滑な道路交通社会構築に向けた自動走行システムと交通データ利活用に係る戦略～」によると，自動運転の進化は，4つの段階に分けられる（図表2-4）。まず，レベル0の段階は，「情報提供型」であり，加速，操舵，制動を運転者が行う一方，警報により運転者へ注意を喚起するレベルである。

次に，レベル1は，「単独型」であり，これは加速（アクセル），操舵（ハンドル操作等），制動（ブレーキ等）のどれかの操作を自動車が行うレベルである。つまり，AEB（緊急自動ブレーキ）やACC（アダプティブ・クルーズ・コントロール）など，運転者を支援する単独の機能を搭載するレベルであり，

これは，すでに普及の段階に入っている。

　レベル2は，2016年から2017年頃に到来する「システムの複合化」であり，加速，操舵，制動のうち，複数の操作を一度に自動車が行うレベルである。たとえば，自動駐車システムや高速道路のレーン・キーピング・アシスト（LKA）などが該当し，まもなく実用化される自動運転技術である。

　レベル3は，2020年以降に見込まれる「システムの高度化」であり，加速，操舵，制動をすべて自動車が行うが，最終の安全確認や緊急時の対応等の運転責任は人間に残されるレベルである。たとえば，ハンドルにタッチレスで運転できるが，緊急時はドライバーが対応する段階である。

　レベル4は，2030年以降にやってくる「完全自動走行」であり，加速，操舵，制動をすべて自動車が行い，最終の安全確認や緊急時の対応等の運転責任も機械に任せるレベルであり，いわば，人間の運転が不要なクルマである。

　周知のとおり，自動車産業は，産業波及効果が高く，雇用やその他の産業に与える影響は大きい。よって，自動運転車の台頭が新たな雇用や仕事の創出を秘めている一方で，逆に自動車関連の仕事や雇用を奪い取る負の効果として作用する恐れもある。このため，その開発と実用化にあたっては，単純に技術的可能性という視点だけでなく，仕事や雇用そしてルールなど，より包括的な議論や検討が必要である。

2-4　人工知能の進化がもたらす恐怖

　2-2節では，人工知能による明るい未来を取り上げたが，逆に人工知能の進化が生み出す恐怖とその万能性に疑問を呈する論者も多数存在する。たとえば，大手FAメーカー安川電機の会長兼社長である津田純嗣氏は，雑誌『AERA』の特集記事の中で，人工知能の進化を100とした場合，センサーは10，手足は1レベルに過ぎないと論じている[41]。そして，人工知能を本格的に活用するには，情報を収集する「センシングデバイス」と行動するための「ア

41　『AERA』2015年6月15日。

クションデバイス」が重要なカギを握るが，人工知能が進歩するスピードに比べ，ロボット技術の進化スピードは，これに追いついておらず，このため，人工知能は，万能ではないと主張している[42]。

このような人工知能に対する悲観論については，過去から現在まで，幅広いジャンルから繰り返し指摘がなされている。SF作家として有名なアイザック・アシモフ（Isaac Asimov）は，1950年に執筆した『われはロボット』のなかで，知能ロボットが超えてはならない3つの基本原則（Isaac Asimov's Three Laws of Robotics）として，ロボットは人間に危害を加えてはならない（第1原則），ロボットは人間に与えられた命令に従わなければならない（第2原則），ロボットは第1，第2原則に反するおそれのない限り，自己を守らなければならない（第3原則）と説明し，その恐怖と危険性について警鐘を鳴らしている。

そして，さらに人工知能の進歩が人類を破滅に導くこと，核兵器以上に危険であるので過激に警戒すべき，と指摘している著名人は少なくない。たとえば，英国の理論物理学者として有名なスティーブン・ホーキング（Stephen Hawking）は，人工知能の飛躍的な進歩について，完全な人工知能は人類の終わりをもたらす可能性があると述べ，警鐘を鳴らしている。また，電気自動車のテスラモーターズCEOであるイーロン・マスク（Elon Musk），世界的な発明家で知られるクライブ・シンクレア（Clive Sinclair），そしてマイクロソフトの創業者であるビル・ゲイツ（Bill Gates）など，数多くの著名人たちが急速な人工知能の進歩に対して不安を表明している[43]。

それでは，なぜ，これらの識者たちが人工知能の進化に懸念を表明しているのだろうか。それは，我々人類よりも1000倍賢くなると言われる人工知能を

42　エンターテイメントの世界でも，進化した人工知能やロボットが人類を恐怖に突き落とすSF映画が数々製作されている。もっとも代表的な作品には，殺人ロボット同士が戦い合うアーノルド・シュワルツネーガー主演による「ターミネーター」シリーズが日本でも大ヒットを記録したのは記憶に新しい。

43　人工知能やロボットの危険性や社会的影響については，The Future of Life Institute（FLI）やロボットの応用哲学研究会などの団体が公開書簡や研究会を発足しコメントを発信している。

搭載したロボットやマシンをもはや適切にコントロールできないからである[44]。たとえば，今現在でも，コンピュータ犯罪への利用，テロリストや犯罪集団による悪用そしてロボット兵器としての転用等をコントロールすることは難しい。また，人工知能に関する国際的なルールや規制等についても未整備な点が多々あるとされている。こうした懸念材料が山積した状況のなかで，人工知能技術の開発だけが独り歩きしている危険性を危惧し，警鐘を鳴らしているのである。

　我々は，今日のような人工知能の飛躍的な進歩に驚かされ，その可能性に魅了されがちだが，しかし，ここで注意すべきは，その進化や発達を無防備に放置すると，たとえば，将棋や囲碁というゲーム（娯楽）そのものの価値が破壊されることである。また，ドライブにおいても，ハイウェイやワイディングロードをスリリングに駆け抜け，醍醐味を満喫するという楽しみ方が本質的に失われかねない[45]。人工知能を無防備に開発するあまり，これまで人間が培ってきた既存価値が抜本的に打ち壊され，気が付いた時には，もはや手遅れという事態に陥ってはならないのである。

　このように人工知能の進化に伴う大きな懸念は，人間が経験や実践で獲得した身体知の喪失である。ビッグデータによって分析され絞り込まれた対象顧客のみに対する集中的な営業は，ヒット率や受注率を高める効果がある。しかし，これは非科学的な飛び込み営業や無作為に行動するどぶ板営業によってのみ獲得できる，五感を働かせる力，忍耐強さ，考える能力など，もともと人間が保有する潜在能力を大きく後退させてしまう要因ともなりかねない。たとえば，今日の自動車には，どれもGPS機能が搭載され，目的地さえ入力すれば，あとはクルマがかってに道案内してくれ，ドライバーの負担は軽減される利点がある一方で，過度にGPS機能に頼り切ってしまうと，今度は地図を読む力や感覚的な状況判断力が大きく後退してしまい，自力で目的地までの到達する

44　Barrat (2013).
45　但し，高齢者や障害者には，自動運転車の開発と普及は好ましいかもしれない。

ことができなくなってしまう危険性をはらんでいるのである。

　こうした深刻な事態を回避するためにも，人工知能の開発に関する楽観論と悲観論の双方について，これまで以上に議論を深める必要がある。なお，人工知能の進歩が人類に与える恐怖として，機械が人間の雇用を奪う取る悲観論があげられるが，この問題については，第9章で詳しく検証してみたい。

第3章

ロボティクス

3-1 産業用ロボット

　日本工業規格（JIS）によると，産業用ロボット（Industrial Robot）とは「自動制御によるマニピュレーション機能又は移動機能をもち，各種の作業をプログラムによって実行できる，産業に使用される機械」のように定義されている[46]。産業用ロボットは，マニピュレーター（手や腕の装置技術），アクチュエーター（各関節を動かす駆動技術），センサー（監視技術），コントローラー（一連の動作の制御技術）そして移動技術や通信技術など，各要素技術が複雑に絡み合って構成されている。産業用ロボットは，1962年，米国のユニメーション社が世界で初めて開発に成功して以来，今日まで50年以上もの歴史を積み重ねてきており，企業の生産活動の効率化に与えた影響は極めて大きい。

　独立行政法人新エネルギー・産業技術総合開発機構（NEDO）が発表した「NEDOロボット白書2014」によると，ロボットは，戦場や災害現場など危機環境の中で人の作業を自律して代行する「無人システム」，工場や作業所など生産環境の現場で人の仕事を代替する「産業用ロボット」，家事や介護など人と共生しながら日常生活支援を行う「サービスロボット」，ペットや癒しを与える「エンターテイメントロボット」そして新しいメディアとしての「コミュニケーションロボット」などに分類される。そして，「無人システム」には，高い自律性が要求される。また，「産業用ロボット」には，高速と高精度の能力が求められる。さらに，家事支援，日常支援，レスキュー，介護支援等が期

---

[46] JIS B 0134-1998.

待される「サービスロボット」,「エンターテイメントロボット」,「コミュニケーションロボット」には,埋め込み,ユビキタス,空間知能化に関する安定した技術が求められる[47]。

こうしたなか,日本においてロボットと言えば,即座に「産業用ロボット」を思い浮かべる人は少なくない。なぜなら,日本は,長年にわたり「産業用ロボット」の分野で技術並びにその稼働台数で世界最高水準を持続してきたからである。また,ロボット技術に関する「特許の独占」,ファナックや安川電機等に代表された知能ロボットがロボットを生み出す工場の存在を可能にする卓越した「エンジニアリング力」,産業用ロボットを構成する部品や原材料そしてキーコンポーネンツといった優れた「要素技術力」を日本が広く所有するからである。それでは,まず,産業用ロボットの稼働台数とロボットに関連する特許について国際比較を見てみよう。図表3-1は,世界の産業用ロボット（マニピュレーティングロボットのみ）の稼働台数の割合である。

2014年時点における世界の産業用ロボットの稼働台数は,合計で1,480,778台。これに対し,日本は全体の20％に相当する295,829台で世界一のロボット稼働国として君臨している。第2位の米国は,219,434台で全体の15％を占めている。第3位は,世界の工場と呼ばれる中国であり,全体の13％を占める189,358台となっている。

世界知的所有権機関（WIPO）は,「World Intellectual Property Report 2015」において,将来の経済成長を牽引する潜在能力を持った3つの先端技術として「3Dプリンティング」,「ナノテクノロジー」,「ロボティクス」を取り上げ,これらの先端技術毎の特許申請件数世界トップ10に該当するリーディング・カンパニーをランキングしているが,それによると,将来有望な先端技術のうち,特にロボティクスに関するリーディング・イノベーションを日本企業がほぼ独占している事実がここで明らかにされている（図表3-2）。WIPOのレポートによると,まず,ナノテクノロジーに関連する特許出願件数では,

---

47　http://www.nedo.go.jp/content/100563895.pdf

図表3-1　世界の産業用ロボットの稼働台数（2014年末）

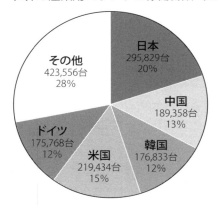

資料）日本ロボット工業会の資料をもとに作成

1位がサムスンの2,578件であった。これに対し、日本企業は、新日鉄住金、東芝、キヤノン、日立製作所、パナソニックそしてTDKの6社が上位を占め、当該分野における日本企業の高い技術力が改めて浮き彫りとなった。次に、3Dプリンティングの特許出願件数では、米国企業、ドイツ企業そして日本企業がお互いに少ないパイを分け合っている実態が明らかにされた。それによると、米国企業は1位、2位、4位、10位を占める一方、ドイツ企業は3位、7位、9位、日本企業は5位、6位、8位となり、これら3カ国企業が世界市場を独占している様子が分かった。最後に、ロボティクス関連の特許出願件数を見ると、日本企業はトヨタ自動車を筆頭に、3位、4位、6位、7位、8位、9位そして10位まで、トップ10社中8社を独占しており、他国企業を圧倒している様子が鮮明となっている。

3-2　産業用ロボット大国の没落

こうしてみると、日本は、質量ともに世界一のロボット大国として、今後とも高い競争力を持続できるかのように映るが、しかし、その実態はどうだろうか。日本は、確かに2000年頃まで世界の半分以上のロボットが稼働する産業

図表3-2　3大先端技術の特許出願件数のリーディングカンパニー

	ロボティクス	ナノテクノロジー	3Dプリンティング
1位	トヨタ自動車(4,189)	サムスン(2,578)	3D Systems(200)
2位	サムスン(3,085)	新日鉄住金(1,480)	Stratasys(200)
3位	ホンダ(2,231)	IBM(1,360)	Siemens(145)
4位	日産自動車(1,910)	東芝(1,298)	General Electric(131)
5位	ボッシュ(1,710)	キヤノン(1,162)	三菱重工業(120)
6位	デンソー(1,646)	日立製作所(1,100)	日立製作所(117)
7位	日立製作所(1,546)	カリフォルニア大学(1,055)	MTU Aero Engines(104)
8位	パナソニック(1,315)	パナソニック(1,047)	東芝(103)
9位	安川電機(1,124)	ヒューレット・パッカード(880)	EOS(102)
10位	ソニー(1,057)	TDK(839)	United Technologies(101)

注：ロボティクスは1995年以降の特許出願件数。
　　ナノテクノロジーは1970年からの特許出願件数。
　　3Dプリンティングは1995年からの特許出願件数。
出所）WIPO（World Intellectual Property Organization）

用ロボット大国として君臨してきた。図表3-3を見ても分かるとおり，1985年当時，世界の産業用ロボット稼働台数に占める日本の割合は，約7割にも達し他国を圧倒していた。

　その当時，なにゆえ日本が産業用ロボット大国として君臨できたのだろうか。第1は，日本の製造業，特に産業用ロボットの主要なユーザーである自動車産業が為替の円安を武器に国内で生産し，輸出戦略を展開した影響が大きかったという理由があげられる。第2は，鉄腕アトム等，漫画やアニメの影響から，ロボットに対する嫌悪感が少なく，むしろ親近感の方が強かったことから，積極的にロボットを活用する意識や意欲が芽生え，これが稼働台数のアップにつながったと考えられる。第3は，日本が，高度なエンジニアリング力を保有していたからである。日本の製造業は，世界的にも機械工学（Mechanics）と電子工学（Electronics）を合わせたメカトロニクス（Mechatronics）に注力し，その強化に努めてきた歴史がある一方で，品質を上げコストを下げるというパラドクスの実現についても，長い歳月をかけて取り組んできた歴史がある。第4は，日本がロボットを取り巻く要素技術の領域でも卓越した競争力を有していたからである。たとえば，ロボットのコア・テクノロジーである「ア

図表3-3 世界の産業用ロボット稼働台数に占める日本のシェア推移

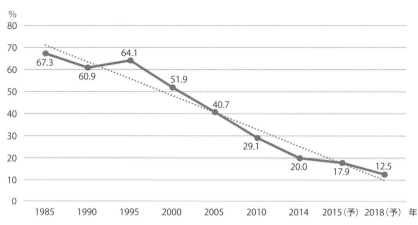

資料）IFR（International Federation of Robotics），日本ロボット工業会の資料をもとに作成

クチュエータ・メカニズム」，「マニピュレーション」，「センシング・視覚認知」，「移動技術」等どれを取って見ても，その当時，世界最高レベルの要素技術力を有しており，これらの点が産業用ロボットの国際競争力の源泉であった。

ところが，近年，日本の産業用ロボットの国際競争力は，決して安泰とは言えない状況にある。とりわけ，ロボット全体の量的側面は，次第に減少の一途を辿っている。図表3-3のとおり，1995年以降，日本における稼働台数は，右肩下がりで減少が続き，2014年の段階になると，最盛期の約3分の1の規模を指す20％まで縮小を余儀なくされている。また，2018年の予測では，12.5％まで下がることが見込まれており，少なくとも稼働台数だけを取り上げた場合，産業用ロボット大国としての地位は，もはや終焉したといってもよい事態に直面しているのである。

それでは，どうして日本の地位は，大幅に低下しているのだろうか。第1に，産業用ロボットの主要なユーザーである国内製造業の国際化を指摘しなければならない。近年の円安傾向や中国経済の減退に伴い，国内生産への回帰現象は

図表3-4 世界の産業用ロボット稼働台数に占める中国のシェア推移

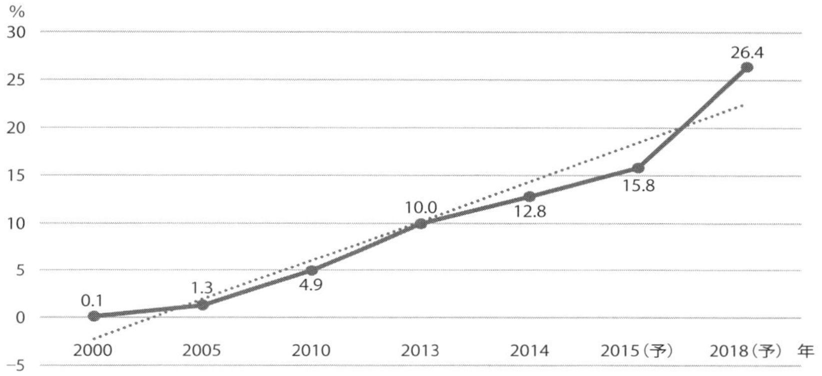

資料）IFR（International Federation of Robotics），日本ロボット工業会の資料をもとに作成

確かに顕在化しているものの，特に自動車産業を含む製造業の海外生産比率は，依然として右肩上がりの傾向を示している。海外事業活動基本調査によると，1985年度の製造業の海外生産比率はわずか3.0％，1995年度は9.0％だったものが，2014年度は24.3％と過去最高水準を記録した。また，業種別海外生産比率で最も高い割合を占める輸送機械（自動車）は，1995年度20.6％に対し，2014年度は倍以上の46.9％まで拡大している。

第2は，中国製造業の台頭による影響である。図表3-4のとおり，中国の産業用ロボットの稼働台数における世界シェアは，日本の減退傾向とは対照的に，2000年以降，急上昇を続けており，2015年には日本とほぼ並び，2018年には，ついに日本を抜き去り，世界一の産業用ロボットの稼働大国として躍り出ると予測がなされている。これは言うまでもなく，将来的にも世界中の海外直接投資が中国に集中し，名実ともに「世界の工場」となることに加え，中国が単なる量産工場ではなく，画期的な製品を生み出す革新工場へ変貌する可能

性を秘めていることを示すものである[48]。

　第3は，産業用ロボットを巡る要素技術力である。確かに，日本は，世界有数のロボットに関するコア・テクノロジーを有する国家である。しかし，よくよく調べてみると，たとえば，欧米は，日本以上に優れた要素技術力を保有する大国である。新聞記事や各種調査資料によると，米国は，ロボットに関するネットワーク技術，ソフトウエア技術，知能技術等で世界をリードしており，最近でも，特に軍事用ロボットの開発で優れた成果を収めている。また，KUKAやABBなど世界トップクラスの産業用ロボットメーカーが存在する欧州では，マニピュレーション技術，アクチュエータ・メカニズム等のコア技術の領域で，もともと高い技術レベルを保有している。加えて，最近のドイツが産官学をあげて「インダストリー4.0」と命名された「つながる工場」の構築へ向けた取り組みを加速させているなど，こうしたデジタル・マニュファクチャリングがコア技術力の向上を後押しする原動力ともなっている。一方，ここ最近の韓国や中国における要素技術力の向上もまた見逃せない。韓国は，2015年に開催された「DARPA Robotics Challenge」で韓国科学技術院の「Team KAIST」が優勝を果たし，ロボット技術の開発で急速な進化を遂げている[49]。これに対し，中国は，近年，軍事ロボットの開発にも着手するなど目覚ましい進化を遂げている。また，2015年，中国政府は，今後10年における製造業発展のロードマップである「中国製造2025（Made in China 2025）」を発表し，「世界の工場」から「製造強国」への転換を図るべく産業用ロボットや次世代半導体を含む製造業の高度化を計画していることも，要素技術力を強化する追い風となっており，もはや新興国といえども油断できない存在となってきている。

48　現時点において，過剰設備やバブル崩壊が疑われている中国経済であるため，今後，IFRが予測した通り事が運ぶとは限らないことを明記しておきたい。
49　以前，JARAの研究プロジェクト（アジアにおけるロボット市場動向調査専門委員会）の仕事で，韓国のロボット技術の動向について現地調査を実施したが，その頃の状況から考えると，韓国のロボット技術力が飛躍的に向上しているのに驚かされる。

3-3　産業用ロボットのニューウェーブ

　産業用ロボットの分野で日本と世界の距離が縮まり，逆転を余儀なくされるなか，これまでとは異なる産業用ロボットの開発が進んでいる。それは，人間の作業環境で働くヒト型ロボットの開発である。自動化技術（Factory Automation：FA）の発展に伴い，工場の「部分自動化」そして「完全自動化」が実現されるようになったが，近年，特に注目を集めているのは，同じワーク・プレイスにてヒトとロボットが一緒になって作業する（Human-Robot Collaborative Tasks）ヒト型ロボットの開発だろう。たとえば，日本のFA大手のファナックでは，伝統的なコーポレートカラーの黄色ではなく，緑色の協働型ロボット「CR-35iA」を発表したが，その最大の特徴は，安全柵を必要とせず，ヒトといっしょに作業ができるようになったことである。ドイツのFA大手メーカーのKUKAでも，人間と同じ作業スペースで利用可能な安全機能を備えた産業用ロボットである「LBR iiwa」を開発し，グローバルに展開している。

　それでは，ヒト型ロボットの導入が作業現場にいかなる効果をもたらすのか。それは，立体的な作業用ロボットにはない，ヒト型ならではの特徴から生み出されるプラスの影響である。たとえば，ヒト型の場合，そもそも動作や制御をイメージしやすいため，ロボットへの教示が容易となる。また，ヒトと協調するロボットを導入すると，ヒトの満足度や安全性が高まり，ヒトの方がロボットと一緒に働きたい欲求が強まる。そして，2つの腕を持つ人間型ロボットの場合，たとえトラブルが起きて故障したとしても，人間がすぐに代替すればラインをストップさせず，作業を継続することができる。

　こうしたヒト型ロボットが与える効果に関する研究成果は，特に海外から数多く発信されているようだ。たとえば，ハーバード・ビジネス・レビュー（2015）では，よりスマート，より小さく，より安全なロボット（Smarter, Smaller, Safer Robots）と題する小稿のなかで，ヒトとロボットのクロストレーニングに関する研究に取り組むマサチューセッツ工科大（MIT）のインタラクティブ・ロボティクス・グループによる研究成果を紹介しているが，そのなかで新しい作業用ロボットと優れた作業者（High performer）がペアを組め

ば,生産性が大幅に向上するにちがいないと結論付けている。同グループによると,実際に製造施設へ新しい作業用(Adaptive)ロボットを導入したところ,次のような4つのベネフィットが得られたと指摘している。まず,ロボットがより安全になると作業者の満足もよりアップする。第2に,ロボットは報われない仕事でもスピーディにこなす。第3に,ロボットは遊休時間を劇的に削減させる。最後に,作業者は新しい作業用ロボットと一緒に働きたいと願うことであり,こうした結果を踏まえ,作業現場にヒト型ロボットを導入すれば,想像以上に大きな効果を期待できる可能性が高いと結論づけている。

さて,産業用ロボットとは,それまでヒトが担ってきた製造現場における3K(きつい,きけん,きたない)[50]分野を代替する機械に過ぎなかった。ところが,近年では,人工知能やネットワークそして要素技術の発達から,小さくて安全でしかも賢いロボットの開発が飛躍的に進展している。その結果,ロボットは単なる機械からヒトと同じ目標を実現するため,一緒に仕事をするパートナーやチームメイトのような存在に認識が変わり始めている。このため,もともと高い技術力を有していながら,宗教や慣習そして労働者保護等の観点から,長年,作業用ロボットの導入やロボット技術の開発に遅れを取ってきた米国が,近年,産官学をあげて新しい作業用ロボットの開発に乗り出している。ここでは,2012年,米国のリシング・ロボティクス社が開発した「Baxter」と名付けられたスマートな人間共存・協調型ロボットについて触れてみよう(図表3-5)。

同社は,ロボット工学の権威であり,同時にまた,お掃除ロボット「ルンバ」を開発したiRobot社の共同設立者でもあるロドニー・ブルックス氏が立ち上げたロボットベンチャーである。「Baxter」と命名されたヒト型ロボットの主な特徴は,まず,その当時,一体2万2,000ドル(約220万円)という破格の低価格が設定されたことである。というのも,資金力の乏しい中小企業な

---

50 同様な言葉として,退屈(Dull),汚い(Dirty),危険(Dangerous)を指す「3D」がある。

図表3-5　Baxter

出所）http://www.nihonbinary.co.jp/Products/Robot/baxter_factory.html

どが主要なターゲット顧客だからである。また，難しいプログラミングが不要な点である。本来，複雑なプログラムの入力が必要なロボットだが，「Baxter」の場合，ヒトがロボットの腕をつかみ動かして動作を教示することで，ロボットがそれを学習して同様な動きをするしくみとなっている。そして，安全柵が不要である。作業用ロボットは，ヒトの安全性の観点から，通常，ロボットに柵を巡らすが，「Baxter」は，ヒトと協調するロボットなので，そのようなものはいらないのである。

　一方，日本でも，新世代の双腕型ロボットの開発に余念がない。たとえば，安川電機は，片腕7軸，両腕14軸の双腕型ロボット「MOTOMAN-SDA10D」の量産化に世界で初めて成功した。HPによると，同社では，産業用ロボットを中核としながら，より人に近い分野で人と共存するロボット市場の創造を目指す「ロボティクスヒューマンアシスト事業領域」の開拓を目標に掲げている。

具体的には，バイオメディカル分野や医療・介護分野などの非製造業分野への進出を目論んでいる。また，鉄骨・橋梁メーカーである川田工業の子会社であるカワダロボティクス株式会社は，2009年，上半身型ロボット「NEXTAGE」を発表した。同ロボットは，現在，国内外の工場等に150台以上導入されているが，なかでも，通貨処理機大手のグローリー株式会社の埼玉工場では，部品点数が多く細かい組立作業が必要な「通貨処理機」の生産ラインに「NEXTAGE」が導入され，注目を集めている。というのも，同工場では，主に単純な反復作業を双腕型ロボット4台が担当する一方，最終工程の付加価値作業は作業員1人が担当するという，ヒトとロボットがチームを編成し，自動化率80%，労働生産性約5倍という多品種少量生産システムを実現しているからである[51]。このような国内外の取り組みからも，ヒトと協力して作業する産業用ロボットの開発は，将来的にも拡大する可能性は高いと言ってよいだろう。

3-4　サービスロボットの進化

　作業現場におけるヒト型ロボットの開発と同様に，将来，期待されているロボット開発の分野として，サービスロボットにも熱い注目が寄せられている。図表3-6は，国内ロボット市場規模の予測だが，まず，2012年時点を指す「足下推計値」を見ると，「製造分野」が全体に占める割合は約77%を占める一方で，「サービス分野」は僅か約7%に過ぎなかった。ところが，2035年の予測を見ると「サービス分野」が全体の約51%まで成長することが見込まれ，これに対し「製造分野」が占める割合は，約28%へ大きく後退することが予測されている。

　それでは，サービス分野が拡大し製造分野が縮小を余儀なくされる理由とは何か。おそらく，それは，需要側と供給側の双方から説明が可能である。まず，需要側の理由とは，ロボットの需要先が従来のような製造業やB to B分野から，サービス業やB to Cの領域へ大幅にシフトする可能性が高いことで

51　『ものづくり白書』2014年版。

図表3-6 国内ロボット市場規模予測

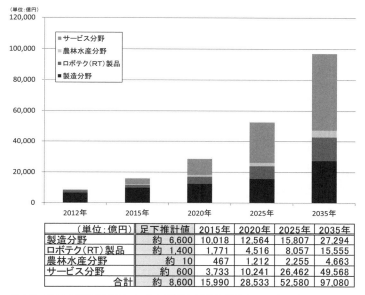

(単位：億円)	足下推計値	2015年	2020年	2025年	2035年
製造分野	約 6,600	10,018	12,564	15,807	27,294
ロボテク(RT)製品	約 1,400	1,771	4,516	8,057	15,555
農林水産分野	約 10	467	1,212	2,255	4,663
サービス分野	約 600	3,733	10,241	26,462	49,568
合計	約 8,600	15,990	28,533	52,580	97,080

※2015〜2035年の推計は平成22年度ロボット産業将来市場調査(経産省・NEDO)による。

出所）平成22年ロボット産業将来市場調査（経産省・NEDO）

ある。つまり，世界が急速に成熟経済へ移行するため，モノ余り現象が顕在化し，作業現場におけるロボットニーズが減少する一方で，逆に，少子高齢化の進展に伴い，生活やサービス分野における人手不足が発生し，これを補うためのロボットニーズがより拡大することが予想されるからである。次に，供給側の理由としては，ロボットや工作機械そして自動車や家電等のマシン・ビルダーや部品・キーデバイスメーカーにおけるロボット技術に関する知識・ノウハウの蓄積の向上，人工知能や3Dプリンターのような新技術の高度化，国を支える次世代テクノロジーとして政府や行政による手厚い育成政策が打ち出される結果，これまで不可能とされてきた，より人間に近いロボットや人間の能力を上回る知能ロボットの開発が劇的に進展しているためである。

次に，これまで実用化された代表的なサービスロボットを取り上げてみよ

う。1986年以来，自動車メーカー大手のホンダは，二足の足で歩くロボットの開発に取り組んできた。1996年，その甲斐あって，世界に先駆けて二足歩行型ヒューマノイド・ロボット「P2」を発表し，世界に大きな衝撃を与えた。その当時，世界中のロボット研究者や技術者たちの間から，20世紀中に二足歩行で歩くヒューマノイド・ロボットの開発など，もはや難しいとほとんど匙を投げられた状態であったからである。世界中の研究者や科学者が誰も開発できないヒューマノイド・ロボットを自動車メーカーのホンダが開発してしまったのだから，その驚きと影響は凄まじかった。その後，ホンダでは，2000年以降，先行ロボットがよりバージョンアップされた「ASIMO」（Advanced Step in Innovative Mobility）を発表し，再び，世界に大きな影響と反響を与えた。

　ホンダがヒューマノイド・ロボットの開発に成功した影響は，その後，日本を含む世界中の企業に大きな可能性とチャレンジ精神をもたらすキッカケとなった。たとえば，1999年，コングロマリット企業であるソニーは，動物（犬）型のエンターテイメント型ロボット「AIBO」を発表し，大きな話題を呼んだ。その特徴とは，人とコミュニケーションしながら学習し，成長する機能が盛り込まれた自律型ロボットであり，動物を飼うことが難しい都会の生活者や体力が衰えた高齢者の娯楽等を目的に広く人気を博したのは，語り草ともなっている。

　それ以降も現在にいたるまで，様々なサービスロボットの開発され，実用化がなされている（図表3-7）。なかでも，お掃除ロボットの「ルンバ」は，国内では累計100万台，世界では累計1,000万台の売り上げを記録する大ヒット商品となった。また，世界初のサイボーグ型ロボットである「HAL」は，医療，介護，福祉，作業など，多方面にわたり利用され活躍している。さらに，ギネスブック（2002年）で認定されている「世界でもっともセラピー効果があるロボット」である「パロ」は，精神的な疾患の治療や意欲の向上に役立てるアニマル・セラピーの代替として，国内外の医療機関等で導入されている。

　ここで，サービスロボットの挑戦的な取り組みとして，ロボットが運営する

図表3-7　すでに実用化されている主なサービスロボット

発売年	会社名	ロボット名
1996	ホンダ	2足歩行型ロボット「P2」
1999	ソニー	犬型エンターテーメントロボット「AIBO」
2000	ホンダ	2足歩行型ロボット「ASIMO」
2004	産業技術総合研究所他	セラピーロボット「パロ」
2005	ココロ	接客ロボット「アクトロイド」
2005	NEC	介護ロボット「PePeRo」
2006	Aldebaran Robotics	接客ロボット「NAO」
2007	iRobot	お掃除ロボット「Roomba」
2012	大和ハウス	床下点検ロボット「Moogle」
2012	パナソニック	洗髪ロボット「ヘアケアロボット」
2013	パナソニック	医療・介護用ロボット「HOSPI」
2014	清水建設	タイル診断ロボット「ウォールドクター」
2014	CYBERDYNE	装着用ロボット「HAL」
2015	ソフトバンクロボティクス等	ヒト型ロボット「Pepper」
2015	綜合警備保障（ALSOK）	警備ロボット「Reborg-X」
2015	Skycatch	測量ロボット「Skycatch」
2015	シャープ	ポーターロボット、案内ロボット
2015	NTTデータ等	コミュニケーションロボット「Sota」

注：発売年は，おおよその年であることに留意のこと。
資料）HPや各種資料をもとに作成

「ロボット・ホテル」について取り上げてみよう。2015年，ハウステンボス内に開業した「変なホテル」は，フロントや接客そして荷物運び等の業務をヒトではなく，ロボットが担当する変わり種のホテルとして，メディア等からも広く注目を集めている。なぜ，ロボットが運営するホテルなのか。その主たる目的とは，人件費や建築費そして光熱費の圧縮を図り，ローコストホテルを実現することだという。「変なホテル」では，10人のスタッフと80台以上のロボットを配置し，人件費をすでに4分の1まで減らすことができ，その結果，1泊7,000円で宿泊できる[52]。また，「変なホテル」では，ロボットを導入する際，ロボットメーカー側に課題の解決を丸投げするのではなく，ロボットユーザー側がリーダーシップを発揮し，ロボットの使い方等について積極的に関与している。それは，購入費用を抑えるだけでなく，安全性の向上を図る理由からで

52　『日経アーキテクチャ』2015年8月25日。

ある。

このようにサービスロボットの開発と活用は，将来的にも拡大する様相を強めており，今後とも，ユニークさに富んだ新製品の開発や斬新なビジネスモデルの登場が期待されている。

3-5　日本の少子高齢化現象とロボティクス

最後に，ロボットの普及と先端技術の開発は，日本の社会が構造的に抱えている少子高齢化問題を解決するひとつの方策として機能する可能性が高い。図表3-8は，日本の人工ピラミッドを2015年と2040年の時点で比較したものである。国立社会保障・問題研究所によると，2015年の時点では，人口の3.7人に1人が65歳以上，7.7人に1人が75歳以上であり，高齢者と生産年齢人口の比率は1対2.3の関係であった。それが25年後の2040年には，人口の2.8人に1人が65歳以上，4.8人に1人が75歳以上となり，高齢者に対する生産年齢人口の比率は，1対1.5になると推定している。

周知のとおり，我が国の人口は，2040年に向けて高齢化と少子化が同時に進むことがほぼ確実となっている。とりわけ，働き手を意味する労働力人口の減少は，国力の衰退に直結するため，その減少分を何によってカバーすべきか活発に議論がなされている。たとえば，外国人労働者の受け入れを拡大して充当する考え方，あるいは女性の雇用機会を広げ，女性労働者の増加でもって不足分を補う対応等，様々なアイデアが検討されているが，もうひとつ，日本だからこそ対応が可能と言われている別のアプローチがある。それは，ハイテク・ロボットの開発を通じて少子高齢化現象に対処するやり方であり，ロボット大国日本だからこそ対応可能な解決策だと世界からも評価されている。そこで，最後に，日本がロボット大国になり得た理由について再度，確認しておこう。

まず，日本人は，漫画やアニメの影響から，ロボットのようなマシンに対する興味や愛着が他国よりも高いことがあげられる。また，ロボット技術に不可欠な機電一体，つまり，精密機械や工作機械のようなメカトロニクスに関する

図表3-8 日本の人口ピラミッド

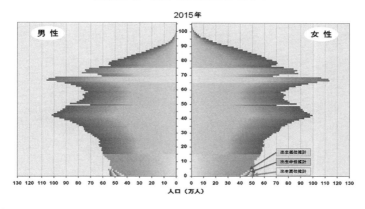

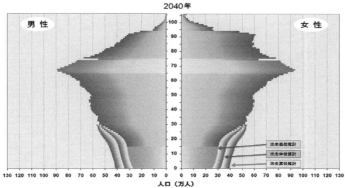

出所）国立社会保障・人口問題研究所

技術蓄積を豊富に有していると共に，優れた企業や卓越した人材など，イノベーションに必要なプラットフォームを温存している。次に，産業用ロボットの開発において，日本は世界のトップレベルの水準にある。加えて，世界初の二足歩行ロボットを自動車メーカーのホンダが開発したとおり，ヒューマノイド・ロボットの分野でも，日本は世界の技術水準から見てトップレベルを走っている。さらに，福祉やサービスを目的としたロボットの実用化でも，日本は高い国際競争力を誇っている。こうした理由からも，我が国は先端的ロボット

の開発において，世界をリードできるあらゆるインフラを兼ね備えており，これらの諸要因を総動員すれば，たとえ若年労働力が大幅に減少し，人口ピラミッドが逆三角形のような形に変貌しても，日本が，世界に先がけて少子高齢化問題を克服し，諸外国の模範になり得ると考えられる。

第4章

3Dプリンター

4-1 生産と消費の統合にフォーカスするアプローチ

4-1-1 プロシューマーの出現

　3Dプリンターは，言い換えると，生産と消費を統合する技術である。そして，生産と消費の統合や消費者が生産者となる現象は，最近，「メイカームーブメント」あるいは「パーソナル・ファブリケーション」とも呼ばれ，各方面から熱い視線が寄せられている。そこで，本節では，3Dプリンターという本題へ入る前に，これまでの生産と消費の統合に関する代表的な議論を取り上げ，説明してみたい。

　最初に，評論家，作家，未来学者でもあるToffler（1980）は，未来予測の古典的名著である『第三の波』のなかで，将来，生産する消費者を意味する「プロシューマー」が出現することを予言した。プロシューマー（Prosumer）は，「生産消費者」と訳され，Tofflerによる造語である。その意味は，生産者と消費者は対の関係にあるため，これまで交わる関係ではなかったが，これからは，テクノロジーの進歩により生産者（Producer）と消費者（Consumer）のギャップが解消され，生産者＝消費者という新しい関係性が生まれるという。そして，このような新しい関係は，従来，モノの生産活動においてアウトサイダー（部外者）であった消費者が，今度はインサイダー（部内者）の立場に変わることを意味するものである。

　さて，Tofflerは，これまで人類が歩んできた文明の段階を3つの波のように分類し説明している。「第1の波」とは，農業革命の段階であり，この時代は，自ら生産して自ら消費する自給自足によるプロシューマーであった。「第2の

波」は，産業革命の段階であり，交換のための生産，つまり，市場向け商品やサービスが拡大し，生産者と消費者の分離が起こった。そして，近未来を指す「第3の波」は，情報革命の段階であり，これにより，生産者と消費者を分ける境界線が再びあいまいとされながら，高い科学技術水準に基づくプロシューマー，生産者と消費者を再融合したプロシューマーが生み出されると指摘した。

　それでは，プロシューマーとは，いったいどんな人物を指すのか。Tofflerによると，たとえば，MDやCD-Rを使って音楽を自主編集する人，日曜大工（Do it yourself：DIY），ガーデニング，PCの自作，Wikipediaなど画一的な大量生産品に満足せず，自分の好みにあった製品を自分自身で作り上げる人物だと定義している。

　1980年代，奇抜な意見として受け止められたTofflerによる未来予測は，今日，単なる予言ではなく，現実の姿として次第に顕在化するようになってきた。3Dプリンターの普及と台頭は，消費者が生産者の立場に変わりつつある実態を如実に物語る大きな変革と説明できるのである。

4-1-2　ユーザー・イノベーション

　次に，取り上げる生産と消費の統合は，ユーザー・イノベーションである。これまでの伝統的な考え方では，メーカー側が「イノベーションの作り手」であり，ユーザー側は「イノベーションの使い手」であると認識されてきた。というのも，メーカーは，画期的な新製品を開発するために必要な最高の情報を持ち得る主体であるのに対し，ユーザーは，メーカーが開発した新製品を利用するだけの存在のように認識されてきたからである。したがって，メーカーはイノベーションできるが，ユーザーはイノベーションできないという考え方が従来からの通説であった。ところが，近年，このような通説を打ち破り，ユーザーが自ら製品を開発するイノベーターの役割を果たし得るとする考え方が打

ち出され，次第に注目を集めるようになってきた[53]。

　生産と消費の統合をイノベーションの視点から考察したのは，ユーザー・イノベーション研究の父とも言われるマサチューセッツ工科大学（MIT）スローンスクールのvon Hippelである。von Hippel（1988）は，製品ニーズに関する情報知識について，メーカー側とユーザー側とのギャップが大きいか，それとも製品ニーズをメーカー側が理解可能な形に変換する費用（コスト）が高いような場合，ユーザー・イノベーションが生起されると主張した。そして，ユーザー・イノベーションの促進要因を説明するため，情報の粘着性（Stickiness of Information）という概念を提唱した。これは，ある人が持つ情報を他の人に移す場合に生じる費用（コスト）を指すものである。そして，情報を移転するコストが高く，情報移転が難しいような状態，これを情報の粘着性が高いと表現し，ユーザー・イノベーションの発生理由とした。

　さて，ユーザー・イノベーションの事例は，近年，次第に散見されるようになってきた。たとえば，科学機器や医療装置という産業財のような場合，全体の半分以上のイノベーションがユーザー発であるとされている。また，消費財のなかでもスポーツ分野は，ユーザー・イノベーションの割合が高いことが明らかにされている。たとえば，スノーボード，スケートボード，そしてウインドサーフィンの開発では，常にユーザーがイノベーションの担い手として機能してきたという。加えて，ある調査によると，アウトドア製品の9.8%，過激なスポーツ用品の37.8%，そしてマウンテンバイク製品の19.2%がユーザー発のイノベーションであるという結果も，すでに公表されている[54]。

　von Hippel（2005）はまた，すべてのユーザーがイノベーションを起こすのではなく，ある種の特定のユーザーから生み出される傾向が強いと指摘し，

53　米国のLocal Motors社は，実際に走行可能なクルマの車体を3Dプリンターによって造形に成功した。この結果，ユーザーが自分好みの3Dプリンターカーを作れる時代が到来した。
54　アウトドアメーカーであるモンベル（mont-bell）の設立者である辰野勇氏は，一流のアルピニストの経験を活かしてアウトドアビジネスを立ち上げた。これは国内におけるユーザー・イノベーションの代表的事例である。

このような特定ユーザーをリード・ユーザー（Lead User）と命名している。リード・ユーザーとは，特別なニーズを抱えた利用者であり，重要な市場動向の最先端に位置しており，将来的に一般ユーザーが直面するニーズに現在直面しているなど，自分のニーズに対する解決策を獲得することで高い効用を期待できるイノベーションを起こすユーザーと言える。このため，最近では，メーカー側が先端的なユーザーを探し出し，彼らのニーズを参考にイノベーションの開発を行う「リード・ユーザー法」という考え方も提唱されている。

4-1-3　コ・クリエーション（価値共創）

　生産と消費の統合化に関する戦略論として，「価値共創」とも訳されるコ・クリエーション（Co-Creation）について触れてみよう。ミシガン大学ビジネススクールのPrahalad and Ramaswamy（2004）は，新しい企業間競争のあり方として，企業が消費者と一緒にユニークな価値を共創する新しい戦略アプローチを提示している。それによると，伝統的な戦略論とは，企業のみが価値を生み出し，それを利用するのが消費者であるというアプローチに立脚してきた。ところが，国際化，テクノロジーの進歩，デジタル化，規制緩和など，企業間競争を取り巻く環境の変化から，従来までの消費者に対する認識や企業との関わり方，交流の仕方にこれまでとは異なるアプローチが必要になってきた。それは，企業と消費者による共創経験を通じた「価値共創」であり，これが未来の戦略論の基軸となり得る可能性が高いとするものである。

　Prahalad and Ramaswamyは，これからの企業と消費者との関係について，次のように言及している。従来の消費者とは，企業の提供する製品やサービスを一方的に獲得する受け手としての存在に過ぎないものであった。消費者とは，その名の通り「消費」するだけの存在であり，企業から見ると，売る相手，取引の対象そして社外の存在であった。ところが，これからの企業と消費者の関係は，消費者が企業のコミュニティに参加したり，企業のコンピタンス・ネットワークの一部または源泉として，独自の価値を共創するパートナーの役割を果たすべきだと主張している。なぜなら，消費者とは，価値を交換す

る場である「市場」において，企業と価値獲得を巡って互いに競合する相手である一方で，協働する場を意味する「フォーラム」において，企業と価値経験を共にする貴重な貢献者だからである。

このような考え方は，企業を対象とする戦略論に消費者を対象とするマーケティング論を組み入れ，これらの融合を図る新しいアプローチであるといえる。そこでは，消費者を競争相手と捉えると共に，協働するパートナーであると認識しながら，企業と消費者による「価値共創」を図るその重要性が主張されているのである。

4-1-4　メイカームーブメント

ここまで，生産と消費の統合について，「未来予測」，「イノベーション」そして「戦略論」の立場から，それぞれの代表的な主張を取り上げてきたが，最後に，「デジタル技術の進歩」という新しい切り口からのアプローチについて紹介する。2012年，『ワイアード』US版編集長であるクリス・アンダーソン（Chris Anderson）は，『メイカーズ：新しい産業革命』を出版し，世界に大きな衝撃を与えた。それは，モノづくりが大企業の手から個人の手に移ること，そして，個人が製作した製品やアイデアがオンライン・コミュニティによって共有されるというメイカームーブメント（Maker Movement）を謳ったことである[55]。

Anderson（2012）は，人間は誰もが生まれながらのメイカーズ，すなわち，「作り手」だという。たとえば，子供は積み木やレゴブロックを夢中で組み立てる作り手であり，主婦は，台所で料理を作るキッチン・メイカー，庭いじりを趣味にする人は，ガーデン・メイカーである。そして，こうした個人による創作活動は，DIY（Do it Yourself）と呼ばれ，これまでは基本的に自宅にて

55　2005年，マサチューセッツ工科大学教授でMITビッツ＆アトムセンター所長のNeil Gershenfeldは，大企業によるモノ作りから，個人によるモノづくり（Personal Fabrication）の時代が到来することをいち早く予見し提唱している。詳しくは，Gershenfeld（2005）を参照のこと。

作業するものであった。

　一方，伝統的な大量生産は，技術や設備そして投資が必要であるため，大企業や巨大工場そして熟練工によってこれまで独占されてきた。これに対し，斬新なアイデアを持つ個人は，自己が所有する経営資源の脆弱性から，アイデアを実現するためには，必然的に大企業や巨大工場などへ依存せざるを得なかった。ところが，モノづくりがデジタルとウェブの世界になってから事態は大きく変化した。それは，3Dプリンターのようなデジタル工作機械を利用すれば，大企業や巨大工場に頼ることなく，個人のアイデアを個人で製品化できるようになったのである。すなわち，メイカームーブメントとは，資金や専門的な工場がなくても，あるいは熟練された職人が不在でも，アイデアと才覚によって誰でも製造業を起こせることを意味する。そして，21世紀のモノづくりとは，大企業や巨大工場から生み出されるものではなく，ユニークなアイデアと才覚あふれた個人の手によって創造される世界が現実のものになりつつあると主張している。

　このようにメイカームーブメントの核心とは，デジタルとウェブの時代になった現在，1人ひとりの作り手の創作活動がオンラインで結ばれ，外部の仲間と共有され，共創が促されることである。つまり，自宅または工房でデスクトップ型のデジタル工作機械を使い，モノをデザインして試作する。そして，試作品をオープンなプラットフォーム（クラウド）を活用してオンライン・コミュニティで仲間と共有する。すると，仲間やサポーターと一緒に共創活動が働き始め，より画期的なイノベーションが生み出される。このような一連のシナリオこそが，メイカームーブメントの本質と言えるのである。

4-2　3Dプリンターとは何か

4-2-1　3Dプリンターの登場

　近年，3Dプリンター市場の拡大が有望視されている。「マッキンゼー2025レポート」によると，3Dプリント関連市場は20兆円〜60兆円と見積もられている。また，米調査会社ウォーラーズ・アソシエイツ（Wohlers Associates,

Inc.）によると，2021年の3Dプリンターの世界市場規模は，2012年実績と比べ，約5倍に相当する108億ドル（約1兆900億円）に達すると予測している[56]。さらに経済産業省の試算では，2020年における3Dプリンターおよび付加製造装置の経済波及効果は，合計で21.8兆円（内訳は，直接市場が約1兆円，関連市場が約10.7兆円，生産性の革新が約10.1兆円）規模に達することが予想されるなど，その潜在的可能性は高いとされている。

それでは，3Dプリンターを代表するデジタル製造技術は，どう評価されているのだろうか。結論から言うと，極めて高い評価が下されている。たとえば，英国エコノミスト誌は「第3次産業革命」と位置づける一方で，マサチューセッツ工科大学のGershenfeldは「デジタル・ファブリケーション革命」，慶應義塾大学の田中浩介氏は「デジタル革命3.0」，そして「機械との競争」の著者であるマサチューセッツ工科大学のBrynjolfsson and McAfeeは，近著において「第二機械世代」というタイトルをつけるなど，その取扱い方は，どれも過去の産業革命に匹敵するか，それを上回るような画期的技術として掻き立てている。ところが，3Dプリンターの起源は，すでに今から40年前まで遡ることができると言われている。とりわけ，日本では，80年代「光造形」，90年代には「積層造形」と呼ばれ，これに対し，米国や欧州では，長い間，RP（Rapid Prototyping）と呼ばれてきた。そして，今日では，これらの名称を統一する動きが巻き起こり，付加製造（Additive Manufacturing），3Dプリンターという用語で名称の統一化が進んでいるのが実態だ。このように3Dプリンターは，世の中に突如として登場したものではない。それは，今から数十年前に開発されたものであり，突然空から降ってきたような技術ではないのである[57]。

次に，3Dプリンターの市場占有率について触れてみよう。3次元造形装置に関するコンサルティングを行う米国ウォーラーズ・アソシエイト社が発表し

---

56 『Forbes』December 30, 2013.
57 Jeroen P.J., De Jong and E.D. Bruijn (2013).

た報告書によると，世界の3Dプリンター累積出荷台数は，米国が71.2％を独占している[58]。これに対し，日本の累積出荷台数シェアは，わずか3.3％のシェアに止まり，苦戦を余儀なくされている[59]。また，2013年，3Dプリンターメーカーの世界市場シェアは，米国のStratasys社が54.6％，米国の3D Systems社が18％と，これら2強が世界の7割以上を独占している[60]。

　世界の3Dプリンター市場は，今や米国や米国企業が支配的地位を築いているが，3次元CADデータをもとにレーザー光をあて，液状の樹脂を加工する光造形の原理を世界で最初に思いついた人物は，皮肉にも日本人であった。当時，名古屋市工業研究所の職員であった小玉秀男氏は，1980年，世界で初めて光造形法のアイデアを生み出し，その翌年には，研究成果を論文として取りまとめ，国内外の学会誌へ投稿した[61]。そして，1980年，光造形法に関する基本特許をいち早く出願したが，残念ながら，世間からの反響や実用化に関心を抱く企業はなかった。このため，出願した基本特許の審査請求を行わなかった。他方，米国では，1982年，チャック・ハル（Charles W. Hull）氏が光造形システムの概念に関する基本特許の申請を行った。そして，1986年，基本特許を取得した後，3D Systems社を設立し，翌1987年には，世界初の市販用光造形マシンを発表した。こうした経緯から，3Dプリンターの開発は，米国側へ主導権が移ったと言われている。

　その後，3Dプリンターの動向は，今日までどう推移しているのだろうか。2009年，米国のStratasys社が保有するFDM（Fused Deposition Modeling）方式，同じく3D Systems社が持つ光造形方式に関する基本特許が満了を迎えると，特にベンチャー企業が3Dプリンターの開発に相次いで乗り出した。その結果，クリエーターや個人向け低価格機の開発が進む一方，一般消費者を対象に知名度が高まり，普及スピードが加速化した。また，特許が切れて競争優

58　1988年～2012年累計の3Dプリンター出荷台数シェア。
59　Wohlers Report (2013).
60　Wohlers Report (2014).
61　小玉秀男（1981），Kodama (1981).

位性が脆弱となったStratasys社と3D Systems社は，2009年以降，今日まで積極的な企業買収を繰り返し，競争力の強化に努めている。2012年，ロングテールやフリーミアムのような新しいビジネスの概念を提唱して話題を呼んだ米国のクリス・アンダーソン（Chris Anderson）が『Makers』を執筆すると，世界中で瞬く間に3Dプリンターブームが巻き起こった。同年8月，米国では，積層造形技術の研究開発拠点として，国家付加製造イノベーション研究所（National Additive Manufacturing Innovation Institute：NAMII）が設立された。また，翌2013年5月，米国のバラク・オバマ大統領は，「米国国際競争力強化政策」のなかで，国防総省が所轄する「デジタル・マニュファクチャリング＆デザイン・イノベーション」，「ライトウェイト＆モダンメタル・マニュファクチャリング」，そしてエネルギー省が所轄する「次世代パワーエレクトロニクス・マニュファクチャリング」など，これら3つの製造イノベーション研究所（Manufacturing Innovation Institute）を新設すると発表し，国家を挙げて新しい製造技術の開発に挑む方針を示した。一方，日本でも2014年，産官学をあげて3Dプリンターの高度化国家プロジェクトがスタートした。これは，技術研究組合次世代3D積層造形技術総合開発機構（Technology Research Association for Future Additive Manufacturing：TRAFAM）の設立であり，その趣旨は，少量多品種で高付加価値の製品・部品の製造に適した世界最高水準の次世代型産業用3Dプリンターおよび超精密三次元造形システムを構築し，新たなものづくり産業の創出を目指すものである。このように米国や日本では，3Dプリンターや付加製造技術の開発に向けて国家が一丸となって取り組む姿勢が打ち出されているが，現状では，米国が頭ひとつリードしているのが実態だ。

とはいえ，3Dプリンターの高度化への取り組みは，先進国のみならず，新興国でも打ち出されており，その意味では，米国のみならず世界的な潮流であると言える。米国国家情報会議（National Intelligence Council）が発表した『Global Trends2030』によると，機械化＝オートメーションの流れとして「ロボット」，「自動運転技術」そして「3Dプリンター」の普及と発展が生産現場

の効率を高め，労働人口の減少をカバーし，生産活動のグローバル移転を抑止する効果があり，先進国だけでなく，発展途上国にも大きな恩恵をもたらすと指摘しているように，3Dプリンターの台頭は，従来の製造技術や産業システムを一変させる強い潜在能力を秘めているのは明らかである。

4-2-2　3Dプリンターを巡る見解

　3Dプリンターは，「何でも生み出す錬金術師の夢」のように描いている論者は少なくない。たとえば，マサチューセッツ工科大学のGershenfeld（2012）は，ほとんど何でも作る方法（How to Make Almost Anything）という講座の開講を通じて，大型汎用コンピュータがパーソナル・パソコンへ移り変わったように，モノづくりに必要な工作機械もまた，3Dプリンターのようなパーソナル・ファブリケーションへ移り変わることで，個人によるモノづくりの時代が到来するだろうと主張している。また，「メイカーズ」の著者であるAnderson（2012）は，3Dプリンターの未来について，極めて壮大だと論じている。なぜなら，バイオ・プリンティングのように費用をかけずして，複雑さと品質の高さを実現できるからであり，いつかは究極の「なんでもできる製造装置」に進化してゆくだろうと大きな可能性を秘めていることを予見している。

　ところが，3Dプリンティングについては，これを手放しに賛成するよりも，その有効性は認めつつも，まだまだ超えなくてはならないいくつものハードルが存在するという見方が大勢を占めるようだ。そこで，3Dプリンターの是非を巡る代表的な見解をいくつかあげてみよう。

　バージニア大学ダーデン・ビジネススクールのLaseter and Hutchison-Krupat（2013）は，3Dプリンターの未来について，貧富の格差や経済的な格差そしてコミュニケーションの格差を意味するデジタルデバイドの架け橋となって製造業に新しいチャンスを開くだろうと述べる一方で，従来技術もまた，大量生産という形で規模の経済を提供し続けるだろうと予測している。

　コーネル大学のLipsonとテクノロジーライターのKurman（2013）は，3Dプリンティングについて，現実世界を思いのままにしてくれるおとぎ話に出て

くる「魔法の杖」だと期待を寄せている。人々は，ほしいものを，ほしいときに，ほしい場所で作ることができる。しかしながら，問題はそれを使う側である。たとえば，3Dプリンターの利用は，大量のゴミを生み出し，環境問題を引き起こす可能性がある。商標権，著作権，特許権等の知的所有権の問題や消費者の安全性という問題も深刻である。さらに武器，偽造通貨，薬物，粗悪品など大きな違法行為につながる危険性もあると苦言を呈している。

　ニコラデザイン・アンド・テクノロジーの水野（2013）は，3Dプリンターの利点として，①造形のスピード，②造形に伴うスキルがほとんど必要ない，③3Dデータさえ作成できればそれ以上の指示が必要ない，④ほとんど全自動で造形が完了する，⑤造形できる形状の制限が少ないことをあげているが，その一方で，現時点において3Dプリンターによる工業製品は，試作品の開発が中心であり，最終製品や最終製品のパーツとしては使えないと分析している。

　ノッティンガム大学のBarnatt（2013）は，3Dプリンター技術を単なるブームのように捉えている人は，大きなミスを犯す可能性が高いと警鐘を鳴らしている。というのも，過去，世の中にテレビが初めて登場した時，また，インターネットやEコマースなどの新技術が登場した時，一時的な流行だと捉えた人々は，革新的な技術の初期の兆候だけを評価してしまい，その潜在的な可能性を見逃してしまうという過ちを犯してしまったからである。つまり，3Dプリンターは，今日，製造全体に占めるわずか20％の小さな技術だとしても，過小評価してはならないのである。その一方で，パーソナル・ファブリケーションとしての3Dプリンターは，次のような懸念材料もまた残されている。それは，デザインや知的所有権の問題，健康被害の問題，安全性の問題，雇用（失業）の問題等であり，その普及と導入に当たっては，これらが引き起こす深刻な影響を忘れてはならないと警告している。

　経済産業省の新ものづくり研究会（2014）によると，3Dプリンターなどの付加製造技術は，今後，精密な工作機械としての発展可能性と個人も含めた幅広い主体のものづくりツールとしての発展可能性の2つの方向性を持っているが，付加製造技術は，決して万能な技術ではなく，使用材料の制約や造形物の

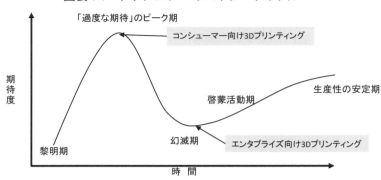

図表4-1　テクノロジーのハイプ・サイクル

資料）Gartnerの資料をもとに作成

強度，大きさ等については，まだまだ限界が多く，しかも量産の段階では，金型等を用いる従来の工法に比べて速度やコストの面で劣後するなど，従来の製造技術の方が優位性を持っている領域もまだ多く残っているため，必ずしも万能ではないと指摘している。

　最後に，IT（情報技術）に関するリサーチ/コンサルティング企業であるガートナー（Gartner）は，情報通信技術（ICT）市場に影響を及ぼす主要なテクノロジーを選び出し，その動向を「テクノロジーのハイプ・サイクル」[62]と命名している（図表4-1）。このハイプ・サイクルは，各種のテクノロジーを時間の経過に従い，その期待度が「黎明期」，「過度な期待のピーク期」，「幻滅期」，「啓蒙活動期」，「生産性の安定期」という5段階で評価するモデルである。まず，それぞれの時期は，次のように定義される。「黎明期」は，画期的なテクノロジーの可能性が世間から注目される時期。「過度な期待のピーク期」は，成功事例と失敗事例が重なる時期。「幻滅期」は，期待通りの結果が得られず興味が失われる時期。「啓蒙活動期」は，実例が増えると共に第2世代，

62　ハイプ・サイクル（hype cycle）とは，新技術の登場によって生じる過度の興奮・誇張とそれに続く失望を示した図であり，ガースナーによって開発されたメソッドである。

第3世代の製品がリリースされる時期。「生産性の安定期」は，テクノロジーの主流が決まり，見通しが定まる時期である。そして，これら5段階のうち，「エンタープライズ向け3Dプリンティング」は，もはや幻滅期（Trough of Disillusionment）に該当する技術であるのに対し，「コンシューマ向け3Dプリンティング」もまた，過度な期待のピーク期（Peak of Inflated Expectations）に差し掛かっている。「エンタープライズ向け3Dプリンティング」は，技術レベルが年々上昇してはいるものの，すでに登場から40年近くが経過しており，企業としては，必ずしも目新しい技術ではなくなった。そのため，過度な期待に応えられず，メディア等も話題にすら取り上げなくなってしまった。これに対し，「コンシューマ向け3Dプリンティング」は，現在，世間から注目が集まり，過度の興奮と期待が寄せられるステージを迎えている。しかしながら，「コンシューマ向け3Dプリンティング」もまた，すでに流行の頂点に差し掛かっており，これ以上の成長や期待が望めないと評価されることを忘れてはないと指摘している。

4-2-3 3Dプリンターの特徴

続いて，3Dプリンターの特徴について触れてみよう。3Dプリンター（3 Dimensional Printer）は，金型や工具を使用して切削や研削する金属加工，樹脂を変形させる塑性加工のような伝統的な工法とは異なり，材料を何層にも積み重ねるやり方であり，「積層加工技術」または「付加製造技術」とも呼ばれている。図表4-2は，従来の切削加工機と3Dプリンターを対比した表である。

第1に，3Dプリンターは，付加製造技術（Additive Manufacturing）とも呼ばれている。これは「足し算方式」または「加算式」と呼ばれ，樹脂や粉末の金属をレーザーで焼結し積層する工法である。すなわち，樹脂や金属の粉末溶液を積み重ねて造形する方法であり，これにより，従来，作ることが出来なかった複雑な内部構造を持つ立体物まで容易に製作できるようになった。一方，切削加工マシンは，除去製造技術（Subtractive Manufacturing）と呼ばれている。これは「引き算方式」あるいは「減算式」と言われ，金属等の素材を

図表4-2　3Dプリンターと切削加工機の比較

	3Dプリンター	切削加工機
加工法	付加製造技術 （加算式）	除去製造技術 （減算式）
素材	樹脂、粉末にした金属	金属、樹脂、木材、その他 など、自由
工具	不要	必要
形状の自由度	高い	低い
加工精度	低い	高い
操作性	容易	難しい

刃物で切削する工法である。具体的に説明すると，従来の製作方法とは，切削加工機を使い設計情報から型を作り，塑性加工（鍛造，金属プレス，圧延加工など変形加工）を通じて，型から製品を作るやり方であった。つまり，設計情報をまず型に転写し，それから素材へ転写して製品を作るものであった。これに対し，付加製造技術とは，積層造形により直接実物を製作する方法であり，従来のような型を不要とする新しいやり方である。

　第2に，使用する素材として3Dプリンターは，主に樹脂（ABS，PP，PS，PE，PVC，PET等）や金属（鉄，ステンレス，チタン，金，銀等）そして石膏に使用が制限されるのに対し，切削加工機は，金属，樹脂，木材，その他など，素材の自由度が高いという違いがあげられる。

　第3に，3Dプリンターは，レーザーで焼結して積み重ねるやり方なので，工具等は不要なのに対し，切削加工機は，ドリルやカッターのような刃物を用いて削り出すため，工具や数値制御装置（CNC），自動工具交換装置（ATC）等を搭載する必要がある。

　第4に，3Dプリンターは，形状の自由度が高い。そのため，中空形状のよ

うな複雑な加工が可能である。また，必要に応じて（On-Demand），その場で（On-Site）加工できるという特徴を持つ。これに対し，切削加工機は，形状の自由度が低いため，中空形状のような複雑な加工はできない。

　第5に，3Dプリンターは，積層ピッチの問題から表面が粗く，仕上がり精度が悪い。つまり，仕上がりにバラツキが生じることである。一方，切削加工機は，加工精度が高く，滑らかな表面仕上げが可能である。

　第6に，3Dプリンターの操作は，比較的容易だが，切削加工機の場合，ある程度の経験や熟練が伴うため，難しいという違いがある。

　他にも，3Dプリンターの特徴には，次のようなものがあげられる。第1に，短時間，低コストで造形ができる。つまり，3D-CAD（3D-Computer Aided Design），スキャナーから設計した3次元データを直接，装置へ送信して立体の構造物を作成するため，短納期，低コストになる。第2に，製造コストが一定なので少量生産が成り立つ。第3に，その手軽さから武器や兵器の製作が可能であり，悪用されるリスクが伴う。第4に，コピーすることもまた容易である。第5に，付加加工と除去加工は，それぞれ得意とする加工分野に違いがあるため，近年では，積層加工と切削加工という2つの加工方法をハイブリッド化した新しい工法のマシンが登場してきている。たとえば，最近，大手工作機械メーカーのヤマザキマザック，DMG森精機そして総合家電メーカーのパナソニック等では，両方の利点を生かすため，3Dプリンターを搭載したハイブリッド工作機械を相次いで開発し，注目を集めている。

　最後に，伝統的な生産方式と3Dプリンティングによる生産方式を比較すると，従来の大量生産は，規模の経済が作用して初めて効果を発揮するのに対し，3Dプリンターを使った生産では，それが効果を発揮しないことがあげられる。図表4-3は，伝統的な生産方式と3Dプリンティングによる生産方式の違いを表した図である。従来の生産方式では，累積生産量が増えると，単位当たりの製造コストが20〜30%低下する経験則が確認されている。これは，「累積曲線」または「経験曲線」と呼ばれ，自動車や家電など反復作業と標準化が機能する大量生産型の企業に与えられた競争優位性と認識されている。これに

対し，3Dプリンターによる生産方式は，図表4-3のとおり，1個作ろうが，1,000個作ろうが単位当たりの製造コストは変わらず，このため，規模の経済は発揮されない。つまり，3Dプリンティングとは，大量生産によってコストダウンを図るやり方ではなく，図表左下の少量生産における個別化，カスタム化に力を発揮するやり方である。このため，大ロットの生産では，いまだに伝統的なやり方に分があり，小ロットの生産の場合は，3Dプリンターの方が優れているのである。

4-2-4　3Dプリンターによる実物の作り方

3Dプリンターを使用した実物の作り方は，図表4-4のとおり，3つのパターンに分けられる。第1は，直接実物を作る方法であり，これは「直接デジタル製造方式」（Direct Digital Manufacturing：DDM）と呼ばれている。従来のやり方は，素材調達→材料加工→荒加工→荒仕上げ→最終加工のように複数の加工プロセスと加工マシンが必要であった。これに対し，3Dプリンターを使用するやり方は，素材を調達したらすぐに，最終加工に入るため，加工プロセスの大幅な短縮と複数の加工マシンを不要にできる。

第2は，3Dプリンターによってまず金型を作り，その型から塑性加工を加えて実物を作る方法である。切削加工では，造形できない複雑な型でも3Dプリンターを使用すれば，難なく造形できる点が魅力とされている。

第3は，3Dプリンターでプロダクト・デザイン（コンセプト・モデル）や試作品（プロト・タイプ）を作り，それを型へ転写して実物を造形するやり方であり，特に，医療分野では，バイオ・プリンティング技術として活用が進んでいる。たとえば，歯科学教育用の模型歯は，これまで熟練技能者が手作業で作っていたが，現在では，3Dデータで設計した情報を3Dプリンターに流して原型を造形し，それから型を作り，実物を完成させるやり方を用いている。これにより，コピーを作るのが容易となるのみならず，細かな造形の精度もま

図表4-3 伝統的な生産方式と3Dプリンターによる生産方式の違い

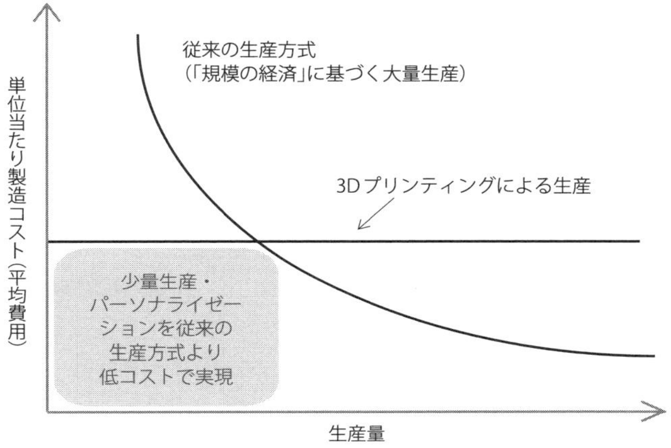

縦軸：単位当たり製造コスト（平均費用）
横軸：生産量

従来の生産方式
（「規模の経済」に基づく大量生産）

3Dプリンティングによる生産

少量生産・パーソナライゼーションを従来の生産方式より低コストで実現

出所）総務省（2015）

た向上したとされている[63]。

次に，3Dプリンターの代表的な造形法を時代別に整理しながら説明しよう。1980年代に開発された光造形法（Stereo Lithography：STL）は，最も古い3Dプリンター技術である。1987年，米国の3D Systems Corpが「SLA 1」として商品化したのが起源とされる。また，日本でも1990年，インクス（現ソライズ）が創業し，3DSystems社の光造形システムを導入して試作ビジネスを開始した[64]。光造形法は，光硬化性樹脂にレーザーを当てて硬化・積層する手法であり，別名，ラピットプロトタイピング（Rapid Prototyping）と呼ばれる造形法である。これは，細かな造形に適している反面，長期間保存が困難

---

[63] ダートマス大学タッグ・スクールのD'Aveni（2015）は，企業が3Dプリンティング技術を導入する場合，3つのアプローチがあると論じている。ひとつは，贅沢なハイエンド製品から着手するトリクルダウン（Trickle Down）である。ふたつ目は，付加製造へ切り換え可能なコンポーネントから着手し，その後，広げていくやり方を意味するスワップアウト（Swap Out）である。3つ目は，3Dプリンターの足掛かりとして，複数の製品に共通するコンポーネントから着手するカットアクロス（Cut Across）である。

[64] 山田（2003）。

図表4-4　3Dプリンターを使用した実物の作り方

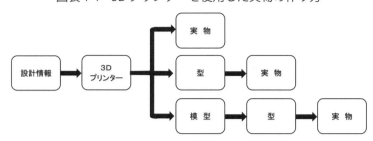

資料)「製造装置3Dプリンターの実力」『日経ものづくり』2014年6月号をもとに作成

である欠点を併せ持つ。

　1990年代に開発された粉末焼結法（Selective Laser Sintering：SLS）は，敷き詰められた粉末上の材料にレーザーを当てて焼結させ積層する手法である。1987年，テキサス大学オースチン校の教授であるJoseph J. BeamanらがSLS装置を製造・販売するため，DTM社を設立したのが起源とされる。チタン，ナイロン，ステンレス，セラミックなど強度が大きい材料を使用できるため，医療や歯科の分野への導入が期待できる一方で，光造形に比べると細かな造形，機械装置の大型化，高価格となるという欠点が存在する。

　同じく，1990年代に開発された押出法（Fused Deposition Modeling：FDM）は，「熱溶解積層法」とも呼ばれ，米国のStratasys社が1980年代後半に特許を取得し，1990年に実用化したのが起源とされている。押出法は，熱可塑性樹脂を高温で溶かし，ノズルから押し出して積層する手法である。構造がシンプルなので低価格，ABS樹脂を使用できるため強度があり，耐熱性に優れた造形物が作れる反面，積層段差が目立つという欠点を併せ持つ。

　同じく，1990年代に開発されたシート積層法（Sheet Lamination）は，薄膜積層法（Laminated Object Manufacturing：LOM）とも呼ばれ，PVC（ポリ塩化ビニール）材質をシート状にした材料を成形し，これを接着して積層する手法である。精度の高い大きな造形物が作れる反面，材料のロスが大きいことが欠点とされている。

2000年代に開発されたインクジェット法（Ink Jet）は，液体状の光硬化性樹脂（紫外線に反応して硬化する樹脂）をノズルから吹きかけ，紫外線を照射して硬化・積層する手法である。その特徴は，細かな造形と滑らかな仕上げが可能である反面，欠点としては，長期間の保存は難しい点があげられる[65]。

最後に，ここで取り上げた5つの3Dプリンターの性能別違いは，大きく3つのタイプに分けられる（図表4-5）。3Dプリンターは，プロユース（専門家向け・業務向け）の高価格機からパーソナルユース（個人向け）の低価格機まで幅広く存在するが，まず，「ハイエンド（高機能）3Dプリンター」は，約2,000万円から1億円までの高価格帯に属し，ほとんどがプロユース用である。また，その主な用途先としては，金型，金属部品，試作品そして人工骨のような医療品の製作で利用されている。最後に，同タイプに該当する造形法には，「粉末焼結法」と「光造形法」があげられる。

「ミドルレンジ（中機能）3Dプリンター」は，おおよそ10万円から1,000万円という広い中価格帯に位置し，プロとアマ両方向けがある。その主な用途は，試作モデルやデザインモデルの開発があげられる。このタイプの造形法には，「インクジェット法」と「シート積層法」が該当する。

「ローエンド（低機能）3Dプリンター」は，10万円以下の低価格帯に属し，ほとんどが個人向けである。その主な用途では，玩具や趣味品そして日曜大工品がこれに該当する。このタイプの造形法は，「押出法」があげられる。

4-2-5　日本における3Dプリンターの意義

3Dプリンターは，従来の金型や鋳物など素形材技術を一変させるものである。加えて，3Dプリンターが持つ潜在能力や革新性を100％以上使いこなすためには，長年，培った高度なモノづくり技術の蓄積が何よりも不可欠とさ

65　ここで取り上げた以外にも，造形法は存在する。たとえば，2000年代に開発された粉末固着法は，「石膏積層法」とも呼ばれている。これは，石膏を使用した粉末状の材料を敷き詰め，バインダ（接着剤）を吹きかけて固着し，積層する手法である。材料コストが安いためランニングコストが低く，造形スピードが非常に速い反面，石膏を用いるため，造形物がとても脆く壊れやすい。

図表4-5　3Dプリンターの性能別違い

れ，その意味では，日本は卓越した技術蓄積とスキルワーカーが存在するため，3Dプリンターの活用を通じて，さらなる競争優位性の構築が可能だと考えられる。

　たとえば，自動車向け鋳造品の試作メーカーであるコイワイは，独自の積層砂型工法を開発し，一躍，世界で注目を集めるようになった。というのも，これまで1ヶ月ほど時間を費やした試作品の開発期間をなんと3日ほどに短縮してしまったからである。通常，砂型の製作には，製図と呼ばれる顧客の立案図から木型の図面を作成し，職人が木どり，加工，組み立て，仕上げまでを手掛けて木型を起こす。その後，その木型を砂につめて形状を写し取って砂型が製作され，最後に，鋳造によって試作品は完成となる。製図から木型製作，砂型製作まで，職人の手作業による従来の工法では，どんなにがんばっても約1ヶ月の製作期間を必要とした。ところが，3次元CADでデータを作成し，それを3Dプリンターへ直接，情報として取り入れ，砂と樹脂を混ぜた厚さ0.2mm程度の砂の層にレーザーを照射させることで，その部分の樹脂が溶けて砂が固まる工程を何度も繰り返す積層砂型工法を導入すれば，最短3日程度で砂型製作を終えられ，時間とコストの両方を大幅に削減できるのである。コイワイが3Dプリンターの潜在能力を十二分に使いこなせる訳は，多湿な日本では砂が水分を含みやすく，このため，乾燥や混合などによって砂の密度や強度を安定させる温度調整法に関する知識・ノウハウを蓄積してきたからである。このよ

うに，3Dプリンターがどんなに優れたマシンだとしても，こうした下地となる知識・ノウハウが不在ならば，高い精度など決して出すことはできないのである[66]。

　最後に，現在国内では，経済産業省が開発費を出して「次世代3Dプリンター共同開発プロジェクト」が進んでいる。このプロジェクトは，従来より10倍もの速度で砂型を製作できる次世代機を開発するため，優れた知識・ノウハウを持つ中小製造業を選抜し，産業技術総合研究所，シーメット，郡栄化学工業，コイワイ，木村鋳造所，IHI，日産自動車，早稲田大学が参加メンバーとなって共同開発に取り組んでいるプロジェクトであり，今後の成果が待たれるところである[67]。

4-3　3Dプリンターの実力

　3Dプリンターの実力は，すでに，すり合わせ製品の代表格である自動車のモノづくりのみならず，航空機エンジン，そして驚くべきことに住宅や橋などの構造物をプリントするまで及んでいる。

　まず，アリゾナ州フェニックス郊外にあるベンチャー企業のLocal Motors社とオークリッジ（Oak Ridge）国立研究所（ORNL）は，3Dプリンターで車体全体を成形した「Strati」と命名された3Dプリンテッドカー（3D Printed Car）を共同で開発した。この電気自動車は，炭素繊維強化樹脂を212層も積層して車体やフェンダーなどを作り上げている。このため，造形時間は約44時間，組立時間は24時間もかかる[68]。その一方で，従来の金型に比べ3Dプリンターは，造形の自由度が高いため，車体のデザインについては，個客1人ひとりのニーズに合わせたデザインのクルマをきめ細かく作ることができるのみならず，弾力的にデザインを修正または調整することもできる。このような3Dプリンテッドカーの開発は，従来のような巨大な工場ではなく，小規模工

66　『日経産業新聞』2013年8月23日。
67　『日本経済新聞』2013年5月29日。
68　『日経ものづくり』2015年2月。

場（Micro Factory）で生産される可能性が高い。その最大の理由は，部品点数を約1/400まで減らせるからである。普通，電気自動車の部品点数は，約2万点必要なのに対し，Stratiは50個をプリントするに満たないとされている[69]。また，溶接ロボットやプレスマシンなどスペースの幅を取る生産設備等が不要なことも小規模工場を可能にする理由としてあげられる。

一方，日本のダイハツ工業もまた，3Dプリンテッドカーの開発に取り組んでいる。同社では，これまで他社と同様，自動車のモノづくりをすべて社内に抱え込んで完成車を生産してきた。ところが，近年，同社が開発した軽スポーツカー「コペン」は，3Dプリンターの活用を前提に，モノづくりのオープン化という発想によって生み出されたものである。つまり，「コペン」は，車体の外装デザインとバンパーやボンネットなど外装パーツの製造を社外の企業や個人へ委託している。こうすることで，1人ひとりのユーザーは，ただのコペンを自分だけのコペン，世界に1台だけのクルマに仕立てあげることができる[70]。

このように自動車メーカーが目指すべき将来の方向性とは，標準化されたクルマを大量生産する方向だけではなく，感性のある個性的なクルマを効率的に生産する方向にも並行して向かうべきである。この点において，3Dプリンターの活用を前提としたモノづくりのオープン化やビジネスモデルの創造は，顧客価値の最大化を実現できる有効な手段であると考えられる。

次に，GEでは，次世代の民間航空機用エンジン「LEAP」の開発において，3Dプリンターを導入している。具体的には，エンジンのコア部品である燃料ノズルを3Dプリンターを使って製造している。これまでのやり方では，19個の部品を組み合わせる必要があったが，3Dプリンターを導入したことで複雑な造形でもひとつの工程で処理することができ，製造期間の短縮化につながったという[71]。

---

69 『日経ものづくり』2015年3月。
70 『日経ビジネス』2014年9月1日。
71 『週刊ダイヤモンド』2015年10月3日。

さらに，巨大な3Dプリンターを用意して，住宅や橋をプリントするプロジェクトが米国，欧州，日本，中国などで進んでいる。新聞記事や雑誌等の資料によると，たとえば，オランダ・アムステルダムでは，「3D Print Canal House」プロジェクトが進んでいる。これは，運河沿いに立ち並ぶ縦長の建物である，「カナルハウス」と呼ばれるオランダの伝統的な住宅様式を3Dプリンターで，しかも短時間の間に印刷して作り上げてしまう取り組みである。また，イタリアの3Dプリンターメーカーである WASP は，世界最大の高さである12mの柱からなる巨大な3Dプリンター「ビッグ・デルタ」を用いて，低所得者層向けに地元でとれる粘土を利用した低コスト住宅を大量に供給する計画を実施している[72]。さらに，アムステルダムにあるR&Dベンチャー企業MX3D社は，支持構造物なしに3Dプリントアームロボットが空中へ金属を放出して橋を作る技術開発に取り組んでいる。

このように3Dプリンターの可能性とは，従来までの試作品を印刷することから，今では完成品を直接プリントする方向へ徐々にシフトしている。そして，完成品を印刷してしまう場合でも，比較的小さな造形物ではなく，クルマや住宅そして橋のような巨大な構造物までも印刷する驚くべきプロジェクトが国内外で進展している。もし，このようなマシンや技術が確立できたら，それは，真の3Dプリンター革命が起こったと言うべきであろう。

4-4 デジタル・ファブリケーションのインパクト

3Dプリンターに関する最後の記述として，デジタル・ファブリケーションについて触れてみよう。デジタル・ファブリケーション（Degital Fablication）とは，3Dプリンター，レーザーカッター，ミリングマシン，3Dスキャナーのようなデジタル・ファブリケータ（デジタル工作機械）を使ったモノづくりを意味する。具体的に言うと，デジタルデータ（情報）からフィジカル（物質）へ，フィジカルからデジタルデータへ，自由に相互変換するための技術であ

---

[72] 『日経産業新聞』2016年3月25日。

図表4-6　デジタル・ファブリケーション

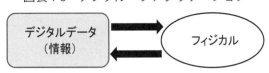

る[73]。図表4-6のとおり，3D CADでデジタルデータを作り，それを3Dプリンターに送って直接，フィジカルを作り出すこと，逆に3Dスキャナーを使ってフィジカルな造形物を測定してデジタルデータに変換するという双方向な取り組みを可能にする技術である。

　さて，このようなデジタル・ファブリケーションによってもたらされる最大のインパクトは，「モノづくりの民主化」と「マス・カスタマイゼーション」である。

　まず，「モノづくりの民主化」とは，パーソナル・ファブリケーション（個人製造）を意味する。つまり，モノづくりという作業や行為が工場のものから，個人や少数の集団のものへと広がることである。マサチューセッツ工科のGershenfeld（2005）によると，パーソナル・ファブリケーションとは，アトム（物質）とビット（デジタル）の境界がなくなり融合すると，製品仕様書をダウンロードして材料を3Dプリンターへ入れるだけで個人で何でも作れてしまう世界であると説明している。また，「ロングテール」，「フリー」など新しいビジネスの切り口を提唱し，雑誌『WIRED』の元編集長で現在は「3D Robotics」の創業者であるAnderson（2012）は，個人のアイデアを大企業が具体化し，自社の巨大な工場で大量生産して数々の顧客へ提供するこれまでのやり方ではなく，ファブ・ラボ（Fab Lab）やメイカーズ（Makers）と呼ばれる自宅のガレージや市民工房で自分のほしいものを自分の手で作り出す産業革命前の家内工業の時代へ回帰すべきであると主張している。TIRコンサルティング・グループ代表のRifkin（2014）によると，3Dプリンティングは，「人手

73　田中（2014）。

による製造」を表すマニュファクチャリング（Manufacturing）ではない。なぜなら，これは，人手を伴わない作業だからである。つまり，3Dプリンティングとは，人手ではなく，情報による作業とも言え，したがって，「情報による製造」を意味するインフォファクチャリング（Information+Manufacturing）と呼べるものだと指摘している。ファブ社会の展望に関する検討会（2014）は，報告書の中で大型の計算機が「メインフレーム」→「ミニコンピュータ」→「パーソナルコンピュータ」の順に個人化したと同様に，工作機械もまた，「工場」→「工房」→「パーソナル・ファブリケータ」のように進化を遂げ，個人化することを明らかにしている。このようにモノづくりの民主化，パーソナル・ファブリケーションとは，自分がほしいものを自分でその場で生み出す行為であり，その意味では，自分でギターやピアノを演奏することや趣味で絵画を描くことと同様，自己表現のひとつのやり方であると考えてもよい。

　もうひとつのインパクトは，「マス・カスタマイゼーション」である。マス・カスタマイゼーション（Mass Customization）は，「個別最適生産」とも呼ばれ，その意味は，1人ひとりの個別ニーズを最適化した製品を低コストとスピードでもって大量生産することである。周知のとおり，生産方式とは，まず，注文が入ってから生産に取り掛かるやり方からスタートした。その後，ひとつの品物を大量に生産する「単品大量生産」へ移行した。たとえば，Ford社によるT型フォードの大量生産がこれに該当する。それから，何種類もの製品を少しずつ生産する「多品種少量生産」へと変化した。たとえば，ソニーを含む日本企業が，機能や種類を多様化しバリエーションを増やしていった事例があげられる。そして，次に登場したやり方は，「少品種大量生産」であった。これは，ハードウエアの部分はシンプルに絞り込んで，ソフトウエアの部分で魅力を高めるやり方である。たとえば，Appleの製品は，バリエーションを絞り込み，自社工場を持たず，その代わりに海外のEMSを活用して大量生産する一方，ソフトウエアに関しては，多彩なアプリケーションを準備して魅力を高めるやり方を採用している。このように，従来までの生産方式は，「受注生産」→「単品大量生産」→「多品種少量生産」→「少品種大量生産」という変

遷を辿ってきた。しかし，これからはデジタル・ファブリケーションの進歩により，「個別最適生産」，すなわち「マス・カスタマイゼーション」の方向へ進展する公算が高いと言えるだろう。

第5章 IoT時代の到来

5-1　IoTとは何か

　現代のIoT（Internet of Things）の概念は，1991年，マーク・ワイザー（Mark Weiser）によって提唱されたユビキタス・コンピューティング（Ubiquitous Computing）が起源だと言われている[74]。また，IoTという言葉は，1999年，マサチューセッツ工科大学Auto-IDセンターの共同創設者でRFID（Radio Frequency Identification）[75]やセンサーの国際標準を推進したケビン・アシュトン（Kevin Ashton）が初めて使った用語だと理解されている。IoTは，「モノのインターネット」と訳されるが，その意味や内容については，多様な定義がなされている。たとえば，「あらゆるモノをインターネットでつなげ，価値を創造するしくみ」，「モノ，ヒト，サービスのすべてを包括したインターネット化による価値創造」[76]，「あらゆるモノやコトの情報を，インターネットを介して収集・活用し，新たな価値を創出する」[77]などである。また，米国のシスコシステム社では，IoTよりさらに進んだしくみをIoE（Internet of Everything）と命名し，「ヒト・モノ・データ・プロセスを結び付け，これまで以上に密接で価値あるつながりを生みだすもの」[78]と定義している。このようにIoTについては，様々な定義がなされているが，どれも抽象的で漠然とした

---

[74] ユビキタスの意味は，「いたるところに，いつでもどこでも」と訳される。
[75] 微小な無線ICチップを使いモノや人物を識別・管理するしくみのこと。
[76] みずほ情報総研・みずほ銀行（2015）。
[77] 山辺・北川・田中（2015）。
[78] Cisco Systems社のHP及びシスコシステムズ合同会社IoTインキュベーションラボ（2013）。

ものが多く，その実態が理解しづらい。そこで，本書では，IoTを次のように捉える。それは，モノ同士（M2M），モノからヒトへ（M2P），ヒトからモノへ（P2M）という3つを包括したしくみと考えるものである。

まず，第1は，モノ同士がつながることである。これは，別名，機器間通信（M2M）と呼ばれている。たとえば，工場の稼働状況，鉄道や飛行機の運行状況等がこれに該当するが，しかし，IoTは，M2Mだけではない。それは，ヒトも対象とするしくみだからである。そこで，第2は，モノからヒトへつながることである。たとえば，カメラやセンサーを搭載したウエラブル機器が利用者の健康情報を集め，ネットワークで記録・分析し，そのデータを再度，利用者が受け取りチェックするような場合があげられる。さらに，第3は，ヒトからモノへつながることである。たとえば，ヒトが外出先から遠隔操作で自宅のスマート家電にアクセスしてコントロールするようなケースがあげられる。こうした結果，IoTは，次のように定義ができる。それは「モノ同士だけでなく，ヒトとモノが相互に連結されて価値創造するしくみを表す概念またはストーリー」である（図表5-1）。

IoTとは，ウエラブル端末などデジタル機器を指す「デバイス（コンピュータに接続されている機器や装置）」，ネットワークとしての「インターネット」，ビッグデータなどデータ解析を行う「クラウド」から構成されている。そして，センサーや通信機能を搭載した「デバイス」から得られた膨大なデータは，「インターネット」を経由して「クラウド」へ送信される。送られた大量のデータがビッグデータによって分析・処理される。その後，これら解析・処理されたデータは，再び「インターネット」を経由して「デバイス」へ送信され，デバイスの制御やその最適化が図られたり，あるいは利用者に対する情報サービスとして提供される。この一連のしくみが典型的なIoTである[79]。

---

79 桑津（2015）は，携帯電話を「牧場ビジネス」，IoTを「動物園ビジネス」のように分けて説明している。なぜなら，IoTは，多様な動物がいて，飼育方法も動物ごとにバラバラだからである。

図表5-1　IoTのイメージ図

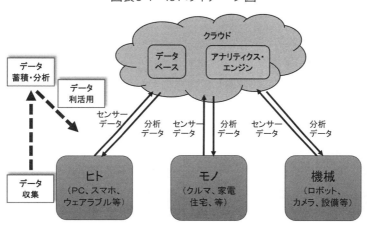

5-2　IoTを巡る議論

　IoT，すなわち，「ヒトやモノのインターネット」に欠かせない背景または要素技術とは何か。それは，今後，インターネットに接続される機器数の爆発的な増大である。たとえば，Cisco Systemsによると，今日，インターネットにつながるデバイスの数は，おおよそ250億個。ところが，東京オリンピックが開催される2020年には，その2倍規模の500億個になると試算している[80]。これに対し，ガートナーは，2015年時点のつながるデバイスの数は，49億個（内訳は，自動車分野3億7,230万個，消費者向け分野29億個，一般事業分野6億2,390万個，産業分野10億0,940万個）だが，2020年には，その5倍に相当する250億個（主な内訳は，自動車分野35億1,110万個，消費者向け分野131億7,250万個，一般事業分野51億5,860万個，産業分野31億6,440万個）まで増大すると予測している[81]。

　一方，モノに組み込まれるセンサーそのものの小型化，低価格化，省電力化

80　CISCO Systems社のHP。
81　http://www.gartner.com/newsroom/id/2905717

も見逃せない。このところセンサーの性能は，右肩上がりで向上しているが，にもかかわらず，単価は年々下落の一途を辿っている。このため，IoTに不可欠なセンサーネットワークを実現しやすい環境が整いつつある。Business Intelligenceの調査によると，センサーの単価は，2004年に1.30米ドルであったものが，2014年にはさらに下落し0.60米ドルとなった。そして，2020年には，0.38米ドルまで下落すると予測がなされており，こうしたセンサーの単価の著しい下落がIoTの普及と拡大に拍車をかける原動力となっている[82]。今後，センサーの生産は，さらなる拡大が見込まれており，2023年には，年間1兆個（トリリオン）ものセンサーが世界で生産される時代がやってくることが予想されている。その他，半導体の軽量化や小型化，無線通信の広帯域化，バッテリーの小型化や高効率化もまた，IoTを下支える重要な要素技術であると共に，その普及と拡大に強い影響を及ぼしている。

　それでは，IoTの本質とはいったい何か。それは，主に2つの点があげられる。1つは，インターネットというネットワークの進化と考えるアプローチである。ヒトやモノがインターネットでつながると，そこで相乗効果が生じて大きな価値が生み出される。つまり，IoTとは，インターネットを巡る技術の向上そのものとして捉える見方である。もう1つは，インターネットに接続可能なデバイスの進化と考えるアプローチである。これは，ネットワークそのものより膨大な情報を収集する役割を果たす機器側のイノベーションこそがIoTの本質だとするものである。そして，今日，これら2つのアプローチのうち，インターネットの進化ではなく，機器やデバイスの変質と捉えるべきだと主張する論者の意見が大勢を占めている。たとえば，ハーバード・ビジネス・スクールのPorterと米国ソフトウエア会社のPTCのHeppelmann（2014）は，IoTで重要なのは，モノを単にインターネットでつなぐことではなく，モノの本質が接続機能を持つスマート製品（Smart, Connected Products）へ変質し，こうした製品が収集する膨大なデータが新しい競争の時代を告げていることだと指摘

82　Business Intelligence「THE INTERNET OF EVERYTHING：2015」。

している。慶應義塾大学の村井（2015）もまた，インターネットの発展は，いったん完結を迎えたと考えるべきであり，IoTの議論は，その先の議論であると論じている。つまり，IoTの真の意義は，ヒトやモノを単につなげるようなネットワークの形成ではなく，膨大な情報とデータから，社会整備基盤の充実，新しいビジネスモデルの創造，企業の競争戦略の構築等に結び付けるためのデバイスの革新と捉えるべきなのである。

　これまでの指摘を踏まえながら，IoTによる価値創造について触れてみよう。将来（2020年），500億個ものデバイスがインターネットにつながる。すると，それぞれのデバイスに組み込まれたセンサーが膨大なデータを収集する。これがインターネットを介してクラウドへ送信され，分析または処理される。そして，最後に，そこで得られた情報やデータを用いて価値創造が実現されるのである。それでは，価値創造の具体的な中味とは何か。みずほ情報総研・みずほ銀行（2015）は，IoTで得られる価値創造を4つに分類している。第1は，「オペレーション最適化」である。これは，データの分析から，需要予測の精度を高めることで調達・製造・販売・在庫計画の最適化である。また，業務プロセスの自動化・効率化が図られる。さらに，機器や装置の稼働状況の管理等である。第2は，「リスク管理」である。これは，機器や装置の遠隔監視と予防保全である。また，インフラ老朽化に事前検知等があげられる。第3は，「マーケティング戦略の高度化」である。これは，製品・サービスの付加価値向上である。また，顧客接点の強化等があげられる。第4は，「新規事業の創出」である。たとえば，シェアリング・エコノミーのような新しいビジネスモデルや新規事業の創造等である。

5-3　IoTのダイナミズム

　ここ近年，国家や世界を代表するICT企業そして一部の研究者が挙って，「IoTは21世紀の重要なコンセプトであり，その動向に乗り遅れてはならない」と主張するケースが散見されるが，果たしてその実態はどうだろうか。IoTは，ホンモノかそれともニセモノなのか。現段階における結論を先取りすると，特

図表5-2　イノベーションにデータを活用していると回答した企業の割合

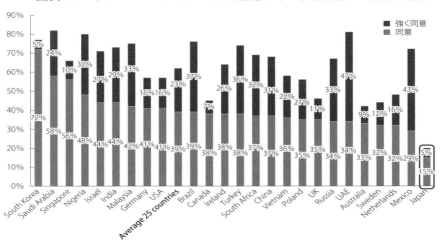

出所）GEグローバル・イノベーション・バロメーター　2013年世界の経営層の意識調査

に日本では，言葉だけが先行していると疑問視する意見が強いようだ。そこで，手探り状態を示すいくつかの調査結果の数字をあげてみよう。

まず，2015年，人材サービスの株式会社VSNによる全国・男女10～50代のインターネットユーザーを対象に実施された「IoT（Internet of Things）に関する意識調査」によると，IoTを「理解している」と回答した一般人の割合は全体の11.1％に比べ，「全く理解できていない」という回答は67.3％にも及び，特に，女性の理解が進んでいないことが明らかにされた[83]。

GEグローバル・イノベーション・バロメーター（GIB）が発表した「2013年世界の経営層の意識調査」によると，「イノベーションにデータを活用しているか」に関する国際比較では，日本の経営者は他国の経営者に比べ，データの戦略的活用に関する意識が極めて低いことがすでに示されている（図表

83　http://www.vsn.co.jp/news/20151001.html

5-2)[84]。具体的に言うと，イノベーションにデータを活用している企業の割合は，日本が僅か20%に止まるのに対し，同じ先進国である主要国の割合は，ドイツ57%，米国57%，英国46%，カナダ43%のようにどれも日本の水準を大きく上回っている。また，BRICSと呼ばれる成長著しい新興国の割合は，ブラジル76%，ロシア67%，インド73%，中国68%，南アフリカ69%となっており，先進国に比べ，新興国の方がイノベーションにデータを活用していると回答した企業の割合が多いことが分かった。ところで，最近，GEグローバル・イノベーション・バロメーター2016が新たに発表されたが，2013年の調査結果と同様，ビッグデータとアナリティクスの戦略的価値に対するエグゼクティブの評価において，日本は23カ国中，最低水準の40%に過ぎないという結果がここでも出ており，相変わらず，日本の経営者がデータ分析戦略を軽視または疑問視している実態があらためて浮き彫りにされている[85]。

最後に，ITアドバイザリ企業のガートナーの調査によると，今日の日本企業がIoTの導入や活用に足踏みしている様子が明らかにされている。まず，IoTにより「3年以内に自社の製品やサービスそのものが変わる」と回答した企業は全体の52.3%。一方で「変わらない・わからない・3年以上先」と回答した企業は47.7%となり，意見が2つに大きく分かれた。また，IoTを推進する体制整備についても「できている」と回答した企業の割合は，わずか8.5%と少なく，「予定なし・わからない・準備中」と回答した企業は91.5%と大勢を占めた[86]。このことから，IoTがもたらす効果や影響について，日本企業の大半は関心を抱いてはいるものの，IoTを推進する具体的な体制については，ほとんど整備が進んでおらず，いわば，様子見の状態であることが明らかとなった。

それでは，日本企業に戸惑いを生じさせる原因とは一体何だろうか。それは，モノづくり信仰によるハード中心の考え方がいまだ根強く残っているから

84　http://www.ge.com/jp/docs/1362445692607_InnovationBarometer_20130305.pdf
85　http://www.gereports.com/innovation-barometer/
86　https://www.gartner.co.jp/press/html/pr20150511-01.html

だろう。伝統的な考え方によると，品質や機能に優れた良い製品を作ることがメーカー企業にとって重要な競争優位性の源泉であった。ところが，近年のビジネスでは，モノよりも情報やデータ，分析やサービスそしてソリューション等に価値が置かれ始めてきている。たとえば，エクセレント・カンパニーとして有名なGEやコマツ等の儲け方をよく観察すると，自社製品というモノで稼ぐよりも，むしろ，情報やデータを売買しサービスの分野で高い利益を生み出している。つまり，これらの企業は，モノを作って売り稼ぐビジネスモデルから，情報やサービスを提供して稼ぎ出すビジネスモデルへ企業体質を転換させてしまったのである。そして，これらの企業にとってモノに対する見方とは，現場の情報やデータをリアルタイムに収集するために必要なひとつのデバイスとして考えており，もはや稼ぐための対象や手段のようには認識していないのである。

　したがって，これからの日本企業は，伝統的な稼ぎ方から新しい稼ぎ方へスイッチを切り替える必要があるだろう。もし，そうしなければ，近年のグローバルな競争において，欧米諸国の動きから取り残される危険性もあり得る。実際に，欧州では，ドイツが「インダストリー4.0」を高らかに掲げ，IoT下における産業競争力の強化に取り組んでいる。一方，米国でも，GEが中心となって「Industrial Internet Consortium（IIC）」を提唱し，同じく，IoT時代における競争力の構築に余念がない。もちろん，日本でもこれら海外の動向に影響され，「インダストリアル・バリューチェーン・イニシアチブ（IVI）」や「IoT推進コンソーシアム」が設立されてはいるが，これら日本の取り組みは，欧米の後追いと言われても否定できないことに加え，競争優位性の源泉や原動力が「ハード」から「ソフト」へ,「モノ」から「サービス」または「ソリューション」へ移行してきている，その意味理解が不十分のようにも感じられる。こうした時代の流れや本質を理解しない限り，IoTが切り開く世界やそのダイナミズムは，決してつかみ取れないことを肝に銘じるべきである。

図表5-3　IoTにおける自身のセキュリティ/プライバシーに関する懸念

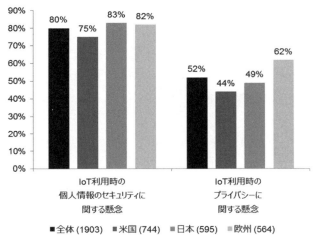

出所）トレンドマイクロ株式会社

5-4　IoTの残された課題

　しかしながら，IoT時代を迎えたからと言って，不用意にのめり込むべきではない。なぜなら，IoTには，ハッキングやサイバー攻撃に関するセキュリティ問題，個人の情報や権利利益を侵害するプライバシーの問題等の課題が潜んでいるからである。図表5-3は，トレンドマイクロ社が実施したWeb調査（n=1,903）の結果であるが，それによると，IoT時代においてセキュリティ問題を懸念する人の割合は，全体の80％規模にも達する一方で，日本（83％）は米国（75％）や欧米（82％）より高い割合となっている。おそらく，これは2020年に東京オリンピックが開催される等，国際的な催しが予定されていることに加え，欧米に比べ，比較的治安がよく，安全性も高い日本がセキュリティ問題を自分事として真剣に認識し，心配しているその表れだろう[87]。

87　情報セキュリティの3大要素とは，第三者による情報の盗難や使用を防ぐ機密性（Confidentiality），情報の改ざんを防ぐ完全性（Integrity），システムの停止を防ぐ可用性（Availability）があげられ，これらは通称，頭文字を取ってC・I・Aと呼ばれている。

一方，プライバシーについて懸念すると答えた人は全体の52％を占め，多くの人が深刻な問題として受け取っている実態が明らかにされている。これを国別に見ると，日本（49％）は欧州（62％）よりも低く，米国（44％）より高い割合であった。欧州がプライバシーをもっとも重視する理由とは，人権に対する意識の高さが考えられるのに対し，米国がプライバシーをあまり懸念しない理由は，楽観主義と建国の精神である自由と平等による影響があげられるのかもしれない。

　ところで，サイバー攻撃の件数は，ここ数年で爆発的な伸びを記録している。国立研究開発法人情報通信研究機構によると，日本の政府や企業に対する不正アクセス数は，2013年に約128億件だったものが，2014年は256億件と，僅か1年間に倍以上の数字まで膨らんでいる[88]。また，先述した通り，東京オリンピックが開催される2020年までにインターネットに接続されるデバイス数は，Cisco Systemによると，現在の250億個から500億個へ，ガートナー社は，現在の49億個から250億個へといずれも爆発的に拡大する可能性が予測され，もしこの数字が正しければ，問題は単に不正アクセス数の増大だけにとどまらず，不正ルートの検知やその発見の遅れにまで広がる恐れがあることを忘れてはならない。

　それでは，従来のサイバー攻撃とIoT時代のサイバー攻撃の違いとは，何だろうか。これまでは，たとえサイバー攻撃を受けても，データの流失や漏えいという限定的な被害だけで済んだ。ところが，あらゆるヒトとモノがつながるIoT環境下では，サイバー空間を飛び出し，フィジカル空間に対する攻撃が可能になるため，想定される被害は甚大にのぼる。たとえば，ドアの鍵の開錠をコントロールして家内に侵入したり，自動運転車を遠隔操作して交通事故を起こさせる可能性があげられる。また，飛行している航空機をハッキングして墜落事故を発生させたり，医療機器を誤作動させて医療機関をパニックに叩き落とす等，これまでSFアクション映画で鑑賞してきた世界が現実のものとなる

88　内訳として，約4割が中国発であるという。

危険性が浮上するのである。

　一方，IoTが本格化することで，個人のプライバシーが侵害される危険性も高まっている。たとえば，ウェアラブル機器内の個人の情報やデータ，スマートフォンやタブレット端末内にある記録やデータが盗まれたり，電子マネーやポイントカードの使用履歴から生活情報の漏洩やソーシャル・ネットワーク・サービス（SNS）から交友関係や学歴・職歴などの個人情報等が悪用されることも懸念される[89]。

　こうしてみると，IoTがもたらす影響とは，我々の生活の質を高めてくれるプラスの部分と同時に，我々の生活を悪化させる負の部分という両面があることに深く留意しなければならない。我々は，IoT時代の到来を手放しに喜び導入に努めるのではなく，大きな落とし穴も潜んでいる可能性を十分自覚すべきである。そして，負の部分については，法律による規制やセキュリティ対策の強化等，迅速な対応が求められる。

89　https://www.ipa.go.jp/files/000046424.pdf

第6章

マネジメントに与える影響

6-1 直観力vs分析力

　経営の戦略には，主にふたつの考え方がある。ひとつは，経験や勘に基づくやり方であり，ここでは「直観力による経営」と呼ぶ。もうひとつは，データの収集や分析に基づくやり方であり，これを「分析力による経営」と名付ける。果たして，どちらのやり方が優れているのか[90]。

　マギル大学のMintzberg（1987）は，プランニング（計画すること，作られること）とクラフティング（創作すること，生まれること）という2つの戦略アプローチのうち，クラフティングの重要性を強調している。プランニングとは，マーケティング・スキルや統計学の知識をフル活用して企業を取り巻く内部・外部環境を詳細に分析し，そこで収集されたデータをもとに体系的で綿密な計画を策定するアプローチである。このため，戦略担当者には，計算機のような正確さと物事を合理的・論理的に捉える思考能力が要求される。一方，クラフティングとは，戦略を立案する過程で発生する偶然などを加えた結果，予期せず生まれる戦略を重視するアプローチである。このため，戦略担当者には，いわば，泥にまみれながら粘土を捏ね，徐々にカタチのあるものに創り上げていく工芸家（陶芸家）のような創発能力が要求される。Mintzbergはこのように述べながら，プランニング戦略（Planning Strategy）より，クラフティング戦略（Crafting Strategy）の方が優れていると指摘する。なぜなら，経営

---

[90] もちろん，「直観と分析の両方を統合する経営」が最良なやり方であることは，言うまでもない。

の本質とは，初めから意図して計画できるものではなく，偶然に発見されたり，自然発生的に生み出されるものだからである。つまり，経営とは，途中で修正を加えたり，書き換えるなど試行錯誤しながら，じっくりと練り上げる工芸的性格を多分に含んでいるのである[91]。

一方，バブソン大学のDavenportとアクセンチュアのHarris（2007）は，分析力を武器に戦う企業（Analytics Competitiors）の重要性を主張している。今日の多くの企業は，同じような製品や技術で競争を繰り広げているため，差別化や独自技術をテコに競争優位性の構築が難しくなってきた。このため，激化する企業間競争に勝利するには，最適な意思決定を下す能力や業務プロセスの効率化を図る能力など，いわゆる分析力をテコに競争に挑むやり方が求められると指摘しているのである。

「直観力による経営」を支持するMintzberg，そして「分析力による経営」を唱えるDavenportなど，これら相反する2つの戦略アナロジーが存在するなか，果たしてどちらのアプローチの方が正しいのだろうか。もちろん，両方のアプローチは，それぞれ一長一短あり，簡単に白黒をつけられないことは事実としてあるが，とはいえ，近年の動向を考察すると，「分析力による経営」の方がより支持されているようだ。

その理由の1つは，企業経営を取り巻く環境の変化である。たとえば，直観やひらめきに基づく意思決定は，将来を展望しやすい比較的安定した環境下では，確かに有効に機能した。たとえ下した意思決定の結果が間違っていたとしても，世の中や市場全体の活力がそれを覆い隠すようなある種の許容力が働いたからである。このため，高度成長時代の日本企業では，詳細なデータ分析を基準とした意思決定よりも，経験や勘そしてひらめきに比重が置かれた意思決定が採用された可能性が高い。ところが，最近の先の見えない不安定な環境下

---

91 Mintzberg（2005）は，マネジメントの3要素として，アート（=直観），クラフト（=経験），サイエンス（=分析）を取り上げ，MBA教育が過度にサイエンスに偏重している功罪を指摘すると共に，サイエンスよりアート，それ以上にクラフト（行動してから考える）の側面の重要性を指摘している。

で，仮に経験や勘に基づく意思決定が失敗した場合，それは，裏付けのない無謀な行動として強く非難される。なぜなら，低成長期における企業は，予算や計画そして市場全体が厳しい状態なため，"えいやー"で意思決定する行為は，あまりにも科学的合理性を欠き，知恵のない行動として映るからである。そのため，低成長期における競争では，情報やデータを集め，統計学やマーケティング・サイエンスを駆使しながら，分析戦略に基づく意思決定が強く求められるのである。

　もう1つの理由は，半導体やコンピュータなど急速な技術進歩から，これまで以上にきめ細かなデータ収集，膨大なデータ処理，精度の高い解析等が可能となった影響が「分析力による経営」の水準を飛躍的に向上させた可能性である。すでに論じたように，人工知能やロボティクスそしてコンピュータ等のハイテクノロジーは，指数関数的な進化を遂げており，2045年には，人間の能力をこれらハイテク技術の能力が上回る「シンギュラリティ」の到来もまた，かなりの確率で現実化する方向で進んでいる。また，熟練工や職人の高齢化に伴う減少から，彼らに体化した暗黙知の消滅を防ぐため，コンピュータへの置き換えやライブラリー化する意義や必要性が急務な課題として浮上していることも，データ分析に基づく経営の台頭に影響を及ぼしていると言えるだろう。

　従って，今日，「直観力による経営」から「分析力による経営」へ大きくシフトが進んでいるのは，世の中が低成長経済に突入し，不確実性が高まる状況の中で，いわば神頼みに近い「直観」を総動員して意思決定する行為そのものに限界が見えてきた結果，このような高まる不確実性をなるべく削減するため，データ分析を駆使した意思決定に注目が集まっていると考えられる。また，デジタルやネットワークの急速な技術進歩から，従来，精度や能力そして処理スピード等が不十分であったコンピュータやハイテクマシンの性能が飛躍的に向上した結果，これまで以上に高い生産性の実現や意思決定支援のための有力な武器として使える目途が立ってきた事実もまた，「分析力による経営」を促進する原動力として作用している。

6-2　ビッグデータとは何か

　ここでは，データ分析を武器に競争する企業研究において，世界的に著名なバブソン大学のトーマス・ダベンポート（Thomas Davenport）による一連の研究成果を手掛かりとしながら，ビッグデータとアナリティクス3.0について検討してみよう。

　最初に，ビッグデータ（Big Data）とは，大量のデジタル化された情報（データ）と定義されるが，しかし，それは，単に膨大なデータという量的な話ではない。マサチューセッツ工科大学のMcAfee and Brynjolfsson（2012）は，ビッグデータの特性として，大量性（Volume），リアルタイム性（Velocity），多種性（Variety）という3つを取り上げ，これらの頭文字から「3V」と呼んでいる[92]。

　次に，「従来のデータ分析」と「ビッグデータ分析」の違いは何か。Davenport（2014）によると，まず，「データの種類」では，前者が「構造化データ（顧客データ，売上データ等）」であるのに対し，後者は「非構造化データ（ウェブ・アプリケーション，ログ，センサーネットワーク，M2M，ソーシャル・ネットワーク等）」である。「データ量」については，前者が数十テラバイト以下であるのに比べ，後者は100テラバイトから数ペタバイトである。「データの流入」については，前者がデータは静的な状態である一方で，後者は常にデータが動的に流入する違いがある。「分析手法」では，前者が「仮説検証」であるのに対し，後者は「機械学習」である。最後に，「主な目的」では，前者が「社内での意思決定支援」に止まるのに比べ，後者は「製品やサービスとしての展開」という違いがあげられる。

　このような「従来のデータ分析」と「ビッグデータ分析」の違いを一言で言い表すならば，「従来のデータ分析」に比べ，質・量共に"Big"にしたのが

---

[92] 最近，ビッグデータの重要性が高まるにつれ，「3V」ではその実態を明らかにすることができず，「4V」そして今では「6V」を指摘にする論者も登場してきている。たとえば，Davenport（2014）は，「Volume」，「Velocity」，「Variety」の他に，正確さ（Veracity），価値（Value），カネ次第で動く（Venality）を新たに加えた「6V」を主張している。

「ビッグデータ分析」であると言えるだろう。つまり，「従来のデータ分析」が仮説に基づき，母集団の中からサンプリングを行い，データ分析を通じて母集団の性格を特定するアプローチであるのに対し，「ビッグデータ分析」とは，母集団すべてがデータ分析の対象となる点において本質的な違いがある。

　それでは，ビッグデータへ投資する企業は，果たして成果をあげているのだろうか。先にも取り上げたMcAfee and Brynjolfsson（2012）は，北米公開企業330社のエグゼクティブに対し，聞き取り調査等を実施した結果，ビッグデータを駆動する企業ほど，財務やオペレーションの客観的評価が優れていることを明らかにしている。とりわけ，意思決定においてビッグデータを駆動する企業で業界のトップ3分の1の企業は，ライバル企業に比べると平均で生産性が5%，収益性で6%上回る結果が得られたという。これに対し，マサチューセッツ工科大学のRossとテキサス大学のBeathそしてCISRのリサーチ・サイエンティストのQuaadgras（2013）は，7件の事例研究と51社の聞き取り調査から，意思決定を支援する目的でビッグデータを利用する企業は，極めて稀だと結論付けている。その理由は，企業がビッグデータに過度の期待を寄せてしまったこと，ビッグデータ分析から得られる知見は容易に模倣されやすいことに加え，大半の企業は集めた情報を活用しきれていないという理由をあげている。そして，ビッグデータへの投資から例外的に業績の改善が認められた企業（たとえば，P&GやUPS，セブン-イレブンなど）に共通する点とは，根拠に基づく意思決定（Evidence-based Decision Making）を尊重する文化が組織内に深く浸透していることであるという。すなわち，根拠に基づく意思決定の文化を持つ企業は，経営層から現場レベルまで，あらゆる意思決定者がデータを利用できる状態にあり，データをもとに適切な意思決定を行う行動が根付いている企業なのである。

　ビッグデータの活用に成功したデータ・スマートな企業が競争優位性を発揮するなか，日本企業によるビッグデータへの取り組みは，残念ながら遅れていると言わざるを得ないのが現状のようだ。ガートナー・ジャパンの調査によると，2015年の段階でビッグデータに対する認知度は，約9割にも達し，その

うち約3割の企業が強い関心を示しているにもかかわらず、ビッグデータを活用している日本企業は、僅か6％とほとんど進んでいない実態を明らかにしている。また、ビッグデータに取り組む最大の阻害要因として、「ビッグデータから価値を得る方法が分からない」とする回答が約半分の48％にも及ぶことを浮き彫りにしている[93]。このことから日本企業は、ビッグデータに対する高い認識と理解がなされているにもかかわらず、その利活用の実態はきわめて低いと言わざるを得ない状況にある。その理由は、ビッグデータの導入を通じて、いかなる効果が期待できるのか想定できないからである。

最後に、ビッグデータに対する高い注目度に対し活用度の低さという「ねじれ問題」を抱えた日本企業は、どうすれば、それを克服し推進することができるだろうか。マッキンゼー・アンド・カンパニーのMcInerney and Goff(2013)は、ビッグデータ活用において日本企業が抱える課題を克服するため、組織の各階層でビッグデータ分析に長けた人材を割り当てるべきだと主張している。たとえば、経営層のなかでビッグデータ戦略の策定や重要意思決定を特定する役割を担う「データ・ストラテジスト」、データの収集方法、データ・マートの構築と更新などを担当する「データ・アーキテクト」、実際に統計解析を行い、データ加工して関係者に提供する「データ・サイエンティスト」、最後に、ビッグデータから得られた結果を意思決定に活かす「経営層や現場マネジャー」など、ビッグデータに精通した人材を育成し、広く抜擢することが何よりも重要だと主張している。

6-3　アナリティクス3.0

ビッグデータの時代とは、価値のある情報を獲得し、それを利活用できるかどうかが問われる時代である。それは、単にデータを分析するだけではなく、データ分析を駆使して意思決定支援や新製品・新サービスの開発につなげることであり、このような分析力を駆使するアプローチは、通称、アナリティクス

---

[93] https://www.gartner.co.jp/press/html/pr20150525-01.html

（Analytics）と呼ばれている。

　アナリティクスに必要な構成要素とは何か。Davenportとアクセンチュアの Harrisそしてテクノロジー研究者のMorrison（2010）は，「データ」，「エンタープライズ」，「リーダーシップ」，「ターゲット」，「アナリスト」という5つの項目を取り上げ，これらの頭文字から，これを「DELTAモデル」と呼んでいる。それでは，「DELTAモデル」の内容を1つ1つ取り上げて説明しよう。アナリティクスの最初の構成要素は，データ（Data）である。周知のとおり，データ分析には，質の高いデータの確保が何よりも要求される。もし，データの質が著しく低ければ，たとえ詳細に分析しても有効にはならないからである。このため，良いデータかどうかを見極める尺度として，データの構造（性質），独自性，統合（とりまとめ），質（信頼性），アクセス性，プライバシー（個人情報の保護），ガバナンス（責任の所在）の各視点から，情報の良し悪しを見極める必要がある。

　第2は，エンタープライズ（Enterprise）である。これは，部分的な取り組みではなく，組織をあげてデータを収集して分析戦略を実施する試みである。つまり，全社を挙げたCIO（Chief Information Officers）やIT部門の設置，IT基盤やインフラの整備，アナリストの確保等を図ることである。

　第3は，リーダーシップ（Leadership）である。これは，分析力を重視し，推進するリーダーの存在であり，分析力を通じて企業が競争優位性を構築するための重要なカギを握っている。分析力を推進するリーダーの行動とは，コミュニケーション能力，データに基づく意思決定，有能な人材の採用と評価，模範を示す，結果に責任を持つ，教える，戦略を立案し目標を掲げる，効果の高いプロジェクトの選択，粘り強さ，ネットワーク組織化，多面的な取り組み，限界を知ること等があげられる。

　第4は，ターゲット（Target）である。これは，分析する対象の絞り込みである。1つは，大きな枠組みで捉えること，もう1つは，網羅的な棚卸しを行うことが重要とされている。

　第5は，アナリスト（Analyst）であり，データ分析の専門家の存在である。

分析力に優れた企業は，テクニカル能力，ビジネス知識，コミュニケーション能力，コーチング能力などの分析スキルを兼ね備えた人材が豊富に存在している。

そして，アナリティクスに成功する企業とは，5つの基本的な構成要素を兼ね備えているのに対し，上手く機能していない企業は，5つの構成要素のどれかが不足しているか，それとも，5つの要素はそろっているが，どれも中途半端な状態にある企業だと考えられる。

次に，Davenport（2013，2014）は，3段階からなるアナリティクスの進化モデルを提唱している（図表6-1）。それによると，現在は，アナリティクス3.0（Analytics 3.0）の段階に達しているという。

図表6-1のとおり，ビジネスの世界に初めてアナリティクスが導入されたのは，おおよそ1950年代の半ばまで遡ることが出来る。1954年，米国の大手物流企業であるUPS（United Parcel Service）が社内に「アナリティクス・グループ」を設置したのが最初だと言われている。この「アナリティクス1.0」の段階の特徴は，まず，データが小さく構造化されていた。また，データソースの多くは，社内に存在した。そして，分析業務は，記述による分析かレポート作成であった。最後に，実際の分析作業には，多くの時間が費やされた。このため，「アナリティクス1.0」の時代は，データ分析を武器に競争を挑む企業がほとんど存在せず，データ分析の戦略的重要性もまた僅かなものでしかない時代であった。

その後，「アナリティクス1.0」の段階に大きな転機が訪れる。それは，2000年代の初めにビッグデータが立ち上がり，シリコンバレーにあるグーグル，ヤフー，イーベイのようなインターネット企業やソーシャル・ネットワーキング企業がデータの収集と分析に乗り出したことである。この時代は「アナリティクス2.0」のように区別され，その主な特徴として，分析の目的が社内の意思決定支援でなく，新製品や新サービスの開発まで拡大した。また，データは，小規模から大規模な非構造化データに変わった。そして，データソースは，外部に存在する一方，分析業務は，過去に起こった出来事を説明する記述

図表6-1　データ分析の3世代

世代	アナリティクス1.0	アナリティクス2.0	アナリティクス3.0
企業の種類	大企業	スタートアップとネット企業	あらゆる企業 （データ・エコノミーの到来）
分析の目的	社内の意思決定の支援	新製品／サービスの開発	意思決定支援と新製品／サービス開発
データの種類	小規模な構造化データ	大規模な非構造化データ	あらゆる種類を統合して使用
モデル構築	バッチ型 （構造サイクルが長い）	アジャイル型 （構造サイクルが短い）	アジャイル型 （構造サイクルが短い）
主な技術	ソフトウエア・パッケージ	オープンソース	様々な技術の組み合わせ
主な分析タイプ	記述型	記述型もしくは予測型	指示型
担当する組織	バックオフィス	分析部門と業務部門の連携	複数の組織間のコラボレーション

出所）Davenport (2014)

型や過去のデータから未来を予見する予測型となった。最後に，分析と製品・サービス化の架け橋のような役割を果たす「データ・サイエンティスト」が登場した。

　さて，今日の特に米国の大企業は，「アナリティクス3.0」の段階にすでに移行している。その主な特徴とは，まず，インターネットやソーシャル・ネットワーキング等の企業だけでなく，銀行やメーカー，小売りや医療等，あらゆる業界の企業まで対象が拡大した。また，分析の目的は，社内の意思決定支援と新製品・新サービス開発の両方に変化した。そして，データの種類は，文章だけでなく，音声，画像，映像など，あらゆる種類のデータを統合して使用する段階に突入した。さらに，分析業務は，これまでの記述型や予測型から，社内外の多様なデータから最も望ましい行動を判断して各部署に伝達する指示型へと大きく舵を切った。

図表6-2 アナリティクスで競争するステージ・モデル

分析力の発展過程

ステージ	組織戦略		人			技術
	目標	現状	スキル	経営陣のコミットメント	企業文化	
1 分析力に劣る企業	顧客・市場・競合について知る	分析はほとんど行われていない	なし	なし	データ・アレルギー、直感に頼る	データがない、精度が低い、定義が曖昧、システムはばらばら
2 分析力の活用が限定的な企業	データ分析の経験を自主的に蓄積し、トップの関心を引く	ごく狭い範囲でしかデータ収集・分析が行われていない	一部の部門にアナリストがいるが孤立している	特定事業や戦術的な対応に限られている	客観的なデータが必要と感じている、一部の部門では関心が高まっている	各事業ばらばらにデータを収集している、重要なデータが欠落している、システムが統合されていない
3 分析力の組織的な強化に取り組む企業	組織横断型でデータ収集・分析を行う、全社共通の業績評価指標を設定する、データ分析で事業機会を探す	分析プロセスは各部門不統一である	多くの部門にアナリストがいるが、ネットワーク化されていない	分析力を競争優位にすることに一部の幹部が興味をもち始めた	経営陣は事実を重んじる姿勢を打ち出しているが、抵抗に遭っている	システムやソフトウエアは整い、データ・ウエアハウスも拡張中
4 分析力はあるが決定打に至らない企業	組織横断型の分析プラットフォームを構築し、組織として分析力を身につける	データ分析がある程度まで業務プロセスに組み込まれている	スキル開発は行われているが、まだ水準に達していない、または適材適所でない	経営陣のサポートが得られている	事実に基づく意思決定の浸透を図っている	データの精度は高く、全社的な分析戦略もある、分析環境は整っている
5 分析力を武器とする企業	データ分析から多くの隠れていた事実を導き出す、継続的にデータやシステムの改善を図る	データ分析が定着し、高度に統合化されている	高度なスキルを備え、意欲のある専門家がそろっている、周辺業務はアウトソースされている	CEOを筆頭に経営陣が積極的に取り組んでいる	事実に基づいて意思決定を下し、実験し学習する姿勢が浸透している	組織横断型のシステムが整備・運用されている

出所）Davenport and Harris (2007)

6-4 アナリティクスで競争する企業への発展段階

　先述したDavenport and Harris（2007）は，これからのビジネスについて，戦略の中心に「分析」があると言及している。その背景には，情報通信技術（Information, Communication and Technology：ICT）が単なるツールから，競争優位のための重要な武器へ昇華したことと，膨大なデータとデータクランチャー（優秀なコンピュータ）が進歩した影響からである。そのうえで，アナリティクスで競争する企業（Competing of Analytics）へ向けた発展過程を次のような5段階に分類し説明している（図表6-2）。まず，第1段階は，アナリティクスに劣る企業（Analytically Impaired）である。この段階の企業は，組

織戦略として分析はほとんど行われていない。企業全体にデータ・アレルギーが蔓延し，直観に頼る企業文化が広く浸透している。このため，データ・アナリストのようなスキル人材は存在しない。

　第2段階は，アナリティクスの活用が限定的な企業（Localized Analytics）である。この段階の企業とは，ごく狭い範囲か場当たり的にデータ収集や分析が行われている。また，客観的なデータを必要とする企業文化が生まれる。そして，一部の部門では分析力に対する関心が高まり，アナリストが生まれる。

　第3段階は，アナリティクスの組織的な強化に取り組む企業（Analytical Aspirations）である。この段階の企業は，組織的にデータの収集や分析を行っており，データ分析を通じて事業機会を探ろうとしている。一部の経営幹部が分析力を競争優位の武器にしようと関心を持ち始めた段階である。そして，ネットワーク化されていないアナリストが各部門に存在している。

　第4段階は，アナリティクスはあるが決定打に至らない企業（Analytical Companies）である。この段階の企業は，データ分析が業務プロセスまで組み込まれるなど，組織として分析力を身に着けている。また，企業文化として，事実に基づく意思決定の浸透を図っている。さらに，データの精度も高く，全社的なアナリティクス戦略や分析環境もまた整備されている。

　第5段階は，アナリティクスで競争する企業（Analytical Competitors）である。このタイプの特徴は，データ分析が組織に定着し，高度に統合化されている。企業文化として，事実に基づく意思決定が浸透している。CEOを筆頭に経営幹部が積極的にアナリティクス戦略へ取り組んでいる。このため，高度なスキルと意欲の高いデータ・サイエンティストが揃っている。

　それでは，第5段階に到達した企業とは，どんな企業なのか。Davenport and Harris（2007）は，最終段階に位置する「分析力を武器にする企業」のその主な特徴として，4つの点をあげている。第1は，分析力が戦略的優位性のベースになっている。第2は，組織をあげて分析に取り組んでいる。第3は，経営幹部が分析力の活用に熱心である。第4は，分析力に社運を賭けている。そして，これら4つの特徴のなかで，経営幹部の熱意と後押しがもっとも重要

だと指摘している。というのも、経営幹部が率先してアナリティクス戦略へ取り組むことで、それ以外の特徴もまた実現できるからである。

　また、日本企業は、現在、どの段階に位置付けられるだろうか。経済産業省が毎年発表する「ものづくり白書」に取り上げられた、データ分析の活用に関心を持つ日本企業を対象にしたアンケート調査によれば、2014年当時、分析力の組織的な強化に取り組む企業（第3段階）以上に該当する企業は全体の約35%。そして、第5段階の分析力を武器にする企業の割合は、約5%に過ぎないという結果がすでに得られている。どうすれば「分析力を武器にする企業」を作れるだろうか。第1は、経営陣の後押し（CEO自身が分析の重要性を認識している）が必要である。第2は、企業文化（数字を重視する文化を創る）の形成である。第3は、有能な人材の確保（数学者などの登用）が重要である。

6-5　アナリティクスを武器にする日本企業

6-5-1　セブン&アイ・ホールディングス

　データ分析を武器に競争する日本企業と聞いて、すぐさまセブン-イレブン・ジャパン（以下、セブン-イレブン）を頭に思い浮かべる読者は、少なくないだろう。セブン&アイ・ホールディングスの完全子会社であるセブン-イレブンは、同社のホームページによると、創業当時（1973年）、国内チェーン全店売上高7億円、国内店舗数は15店に過ぎなかった。ところが、2015年の現在、国内チェーン全店売上高4兆0,082億円、国内店舗数は累計17,491店と大きな飛躍を遂げている。同社が成長を持続するその背景には、創業者のリーダーシップ、独自のフランチャイズ・システム、ドミナント（高密度集中出店）方式、物流システム、PB（Private Brand）戦略など、幾つものユニークな戦略や手法があげられるが、なかでも見逃せない取り組みとして、データ重視のマーケティングがあげられる。セブン-イレブンは、1982年、世界で初めてマーチャンダイズ・マーケティングにPOSシステムを導入した企業である。

POS（Point of Sales）[94]は，「販売時点購買管理」と訳され，その仕組みは，金額や商品名など商品を販売した時点のデータが中央のコンピュータへ送信され，そのデータを分析して売れ筋商品の探索に伴う商品発注，場所や時間帯など販売履歴情報に基づいたマーケティング戦略の策定がなされるものである。

　セブン＆アイ・ホールディングスの元CEOである鈴木敏文（2014）[95]によると，セブン-イレブンがPOSシステムという単品管理，データ分析の戦略的活用に踏み切ったそもそもの理由とは，マーケットが売り手市場から買い手市場へ転換したことであった。つまり，成長期にあるマーケットで売り手市場である場合は，どんな商品をどれだけ作ったとしても，消費者はドンドン買ってくれた。ところが，マーケットが成熟期にさしかかり，買い手市場へ変化すると消費者の眼が厳しくなり，魅力的な商品しか売れなかったり，売れる予定だった商品が売れ残ったり，逆に，売れないと思われた商品が沢山売れるような予測不可能な現象が次々に発生した。このため，買い手市場の段階では，ただ漫然と商品を作りそして売り続けることはできない。そこで，POSシステムを活用して過去から現在までの消費者心理や購買行動を精査し，得られた分析データを手掛かりに仮説を立て，それを実証するシステムを開発したのである。

　次に，セブン-イレブンのPOSシステムの活用のしかたについて触れてみよう。まず，同社のPOSデータは，単品ごとの販売数と推移，ランキング，導入率等を自店，地区，地域，全国別にチェックできるしくみとなっている。しかも，カラフルな折れ線グラフや円グラフ，棒グラフや表などを駆使して，見やすく分かり易い工夫が随所に施されている。その結果，たとえば，自店で売れてない商品が同地区の他の店舗で売れているのであれば，今の売り方を変えて見たり，あるいは，自店で取り扱っていない商品が他の店舗で売れていれば，自店でも発注を検討してみる等，セブン-イレブンが掲げる「仮説・実行・検証」のサイクルをグルグル回すことができる。また，専門知識や事業経

94　POSシステムは，もともと米国で店員の不正を防止するために考案されたシステムである。
95　2016年4月，同社CEOを退任された。

験が乏しいパートやアルバイトのスタッフでも，積極的に発注業務を任せることができる。実際，1日，400万個以上も売れる「おにぎり」のような最重要商品を除く，それ以外の商品については，パートやアルバイトが自らの考えで発注まで行うことが許されているという[96]。

こうしてセブン-イレブンの各店舗では，POSシステムから得られた希少なデータを駆使し，売れ筋商品の探索や発注分担を実行した。そして，その成果は，ライバル店舗との平均日販の違いとして表れた。2015年におけるセブン-イレブンの全店平均日販は65.5万円であったのに対し，ローソンは53.3万円（対セブンに比べ-12.2万円），ファミリーマートは50.8万円（対セブンに比べ-14.7万円），サークルKサンクスは43.6万円（対セブンに比べ-21.9万円）と，セブン-イレブンの各店舗の競争優位性や収益性の高さがより際立っているのが分かる。

セブン-イレブンの事例は，ビッグデータ分析やそれへの投資の重要性について直接触れた話ではない。しかし，同社は，店長からパート，アルバイトまでデータを利活用し，顧客の好みに合わせた発注を行い，マーチャンダイジングの最適化を達成した先駆け的な企業であり，「根拠に基づく意思決定という文化」をいち早く身に付けたアナリティクス企業として，高く賞賛されるべきだろう[97]。

6-5-2 旭酒造

読者の皆さんは，漫画家の尾瀬あきらによる「夏子の酒」という作品をご存知だろうか。以前，テレビドラマ化されるなど，巷の話題をさらったが，この漫画を読めば，酒造りが職人のなせる業であり，素人が絶対に手を出せない世界であることが分かる。すなわち，酒造りとは，卓越した経験と技能を有する杜氏と蔵人たちが生み出す世界であり，彼らの技と力量がすべてを決めてしま

---

96 国友（2013）。
97 Ross., Beath and Quaadgras (2013).

う。こうした杜氏を中心とした専門の職人集団による旧来からの慣習や先入観の殻を打ち破り，経営者と社員の手による酒造りという全く新しいビジネスモデルに挑戦し，それを成功させたのが旭酒造である。

旭酒造株式会社は，1770年に創業された山口県岩国市にある人里離れた山奥にある酒蔵である。その小さな酒蔵が純米大吟醸酒『獺祭』を大ヒットさせ，世界から注目を集めている。旭酒造の『獺祭』は，醸造用玄米（酒米）の山田錦を77％も磨き上げて造った1本3万円の値段がついた最高級ランクの純米大吟醸酒にもかかわらず，消費者の熱いハートをとらえ，会社の売上高は，1984年当時の1億円から，現在は49億円（2014年）まで拡大を果たしている。

旭酒造が従来までの杜氏制度と決別したのは，1999年まで遡ることができる。直接のキッカケとなった出来事は，その当時，焼酎ブームが訪れたことであり，これにより日本酒の低迷は鮮明となった。そこで，旭酒造では，新たな稼ぎ頭として，地ビールの生産やレストラン経営等の新事業へ積極的に進出した。しかし，どの事業も経験不足が祟って失敗に終わり，約2億円もの損失を計上する一方，さらなる試練として，酒造りの最高責任者である杜氏にも，愛想を尽かされ逃げられてしまった。このようなアクシデントに見舞われたにもかかわらず，旭酒造は，経営者と社員がプラス思考の発想で英知を結集し，業界の常識を打ち破る画期的なアイデアを思い付いた。それは，エクセルを利用した数値管理そして統計学や分析力等を駆使し，杜氏のいない穴を埋めるという驚くべき発想であった。旭酒造は，蔵内を年中摂氏5度に保つ空調設備を導入し「四季醸造」を実施している。普通の蔵では，冬場の一回だけ酒の仕込みをする。このため，年間でタンク5〜6本の純米大吟醸酒しか造らない。ところが，旭酒造は，1年間を通して酒を生産する。年間で約1,000本も造るため，現場の若手社員は，普通のベテラン杜氏以上に酒造りの経験を研鑽できるだけでなく，その結果，「考える現場」が生まれたという。

また，旭酒造では，科学的な酒造りのため，徹底した「数値化」と「見える化」を行っている。たとえば，毎日，日本酒度，アルコール度数，アミノ酸度，グルコース濃度，投入している麹のアルファアミラーゼ，グルコアミラー

ゼを測定して分析し，時間や温度など次の日どう管理するのか決めている[98]。また，発酵中の米の温度や水分含有率を含む酒造りのすべての工程で詳細なデータの収集を行っている。さらに，契約農家と協力して気温や土壌の状態などのデータを蓄積し，刈り取りのタイミングなどのノウハウを抽出するなど，数値管理に基づく包括的な酒造りに取り組んでいる。

このような旭酒造の取り組みは，伝統的な杜氏を中心としたシステムや経験と勘による酒造りの世界に対し，たとえ杜氏不在でも情報やデータを駆使すれば，それを超える素晴らしい酒造りができることを証明した稀有な事例と言えるだろう。

6-6 スポーツの世界で広がりを見せるアナリティクス

アナリティクスは，様々な業界でその普及が進んでいるが，スポーツ界，なかでもプロスポーツの世界における広がりは，目覚ましいものがある。なぜなら，今日のアスリートの世界は，データ分析力の質と量で勝敗が決定されてしまう時代が到来しているからである。2014年，競技の枠組みを超えた"スポーツ・アナリスト"の連携強化及び促進する団体として，一般社団法人日本スポーツ・アナリスト協会（Japan Sports Analyst Association：JSAA）が設立されたが，これは，スポーツ全体でデータの収集と分析の必要性が定着している事実を如実に物語っている。

このようにアナリティクスは，今日，プロやアマを問わず，あらゆるスポーツの世界で勝利するために必要なツールとなっているが，その先鞭をつけたのは，2001年，大リーグ球団のOakland Athletics（OAK）が導入したアナリティクス，通称，マネーボールだろう。この物語は，2003年に，ベストセラー作家であるマイケル・ルイス（Michael Lewis）が出版した"Moneyball：The Art of Winning an Unfair Game"（不利な試合で勝利するためのアート）[99]が全

---

[98] 桜井（2014）。
[99] 邦文タイトルは，「マネーボール：奇跡のチームをつくった男」である。

米でベストセラーとなり，2011 年には，ブラッド・ピット主演による「Moneyball」として映画化され，世界中で話題を呼んだことは記憶に新しい。

　2000 年初めの OAK は，ワールド・チャンピオンになるには程遠いチーム状態で，しかも優秀な選手を雇えない貧乏球団であった。そんな中，球団の新オーナーに抜擢されたビリー・ビーン GM（ゼネラル・マネジャー）は，低予算で強いチームを作り上げるため，"マネーボール"と呼ばれる独自の理論を実践した。これは，ベースボールの世界にコンピュータによる統計分析を武器に挑むやり方であり，具体的には，統計学を駆使し選手の能力を客観的に評価したり，試合における有利な戦い方を考える手法であった。OAK は，マネーボール理論に基づく球団経営を推し進めた結果，傾いた経営危機を乗り越えるだけでなく，全 MLB 球団中，最低ランクの選手平均年俸で地区優勝と 4 年連続プレーオフ進出を成し遂げ，一躍，強豪チームの一員として仲間入りを果たし，檜舞台に躍り出たのである[100]。

　OAK の革新的成功に触発されたメジャーリーグでは，その後，データ・アナリティクスが次々に導入されることとなった。そして，今日では，セイバーメトリクス（Sabermetrics）と呼ばれる分析手法が確立された。セイバーメトリクスは，米野球学会の略称（SABR）＋「基準」を意味するメトリクスの合成語とされ，たとえば，攻撃ではいかにアウトを取られないか，守備ではいかにアウトを取るか，打者は打率よりも出塁率や長打率を重視，投手は防御率よりも奪三振率や与四球率を尊重するなど，野球をデータに基づきより客観的に分析する試みとして，広く利用が進んでいる。

　ところで，アナリティクスは，野球以外のスポーツでも普及と導入が進んでいる。次に，紹介するのは，全日本女子バレーボール代表チームのケースであ

100　元プロ野球選手で監督も務めた野村克也氏は，データ重視（Important Data：ID）野球を掲げ，数々の弱小球団を優勝へ導いた。それは，従来のような経験や勘に頼らず，データを集めて科学的に分析してチームを作り上げ勝利するやり方である。マネーボールは，統計学の考え方を応用した手法であるのに対し，ID 野球とは，打球カウント別の打者・投手・捕手心理等について野村氏が直接，ホワイトボードに板書し，選手はノート・テーキングする講義形式で進められるため，その進め方や内容は異なるようだ。

る。言うまでもなく，バレーボールという競技は，身長の格差やパワーの有無等が勝敗を大きく左右するスポーツである。このため，世界に比べ，小柄で貧弱な全日本女子は，戦う前から圧倒的に不利な状況に立たされていた。たとえば，ロンドン・オリンピックに出場した12ヵ国中，日本チームの身長は，最下位であった。トップのロシアチームと日本の身長差は，なんと13.4cmというハンディキャップが存在した。こうした身体的能力に圧倒的な差がある日本チームが世界のチームと互角に戦うための打開策として導入したのが，データバレーであった。日本代表監督を務める眞鍋政義氏とそのスタッフは，圧倒的な身長差というハンディキャップを克服し，日本人が有する性格や能力を最大限生かすことができる戦い方として，データ・アナリティクスを採用した。つまり，身長差や体格差を認めつつ，「和」，「器用さ」，「緻密さ」という日本人が持つ優れた精密力を引き出すため，データの利活用を採用したのである。たとえば，試合前は，「相手チームの解析」，「対抗するための戦術」を練るためにデータを利用する。試合中は，刻々と変化する状況を正確に分析し，iPadでリアルタイムに伝え，采配に活かす。試合後は，チームの分析や課題の発見そして戦術の検証などについてデータを活用するものである[101]。こうした取り組みによって，全日本女子は，長い間続いた低迷を克服し，世界のトップレベルに返り咲くことができた。

　もう1つの事例として，ラグビーワールドカップ2015において圧倒的な体格差を跳ね除け，ニュージーランドと共に世界屈指の強豪チームと称される南アフリカ共和国を打ち破り，奇跡の勝利を収めたラグビーワールドカップ日本代表を取り上げてみよう。周知のとおり，日本は，これまでラグビー弱小国であった。フィジカルやスピードの圧倒的な違いから，ニュージーランドで開催された前回大会までのラグビーワールドカップにおける通算成績は，1勝21敗2分と惨敗状態であった。また，国内における人気度も野球やサッカーなどに押され，マイナーなスポーツとして理解されてきた。こうした低迷する日本

101　眞鍋（2011）。

代表のヘッドコーチ（HC）にオーストラリア人のエディ・ジョーンズ（Eddie Jones）氏が招かれたのは，2012年であった。4年後のイギリス大会に向けてエディ・ジョーンズHCが目指したのは，「アタッキング・ラグビー」であった。その意味は，日本人の強みである真面目で忍耐力を活かすラグビーを指し，全選手が忍者のような身体を持ち，狭いスペースの中で素早く動けるスモール・ラグビーを確立することであった。その目標を達成するため，同HCが取り組んだのは，①10人の外国出身選手を登用した「サイズアップ」，②早朝5時から夜までトレーニングを行う「ハードワーク」，③外国から専門家を招聘して身体能力を高める「フィットネス＆ストレングス」，④ハイテク機器を導入する「科学的なアプローチ」であった。なかでもユニークな取り組みは，「科学的なアプローチ」であり，たとえば，GPSを装着したユニホームを着てトレーニングすることで走行距離の測定，ドローンを飛ばして上空から各選手の動きの把握や攻撃スタイルの高度化，空気抵抗から負荷を作り出すワットバイク（Wattbike）と呼ばれるマシンを使い，ペダリングの解析や左右差の確認など，選手一人ひとりのデータを徹底的に集め，対戦相手のプレースタイルや戦力と比較・分析することで個力とチーム力の向上に努めた。さらに，天候や風向きの変化，ピッチの状態，レフェリーの情報まで徹底的に調べ上げるなど，対戦相手を想定したすべての諸要因をあぶり出し，詳細なデータ分析を行うことで「アタッキング・ラグビー」の完成度を高める取り組みを実施した。こうした4年間の地道な成果は，本番に表れた。まず，フィジカル面では，第1回ワールドカップ日本代表の平均身長179cm，平均体重87kgに対し，今回の日本代表は，平均身長188cm，平均体重105kgと，身長+9cm，体重はなんと+18kgもサイズアップを果たした。但し，南アフリカ代表は，平均身長193cm，平均体重115kgであり，日本代表とのフィジカル面の格差は，身長5cm，体重10kgの違いが残された。にもかかわらず，ラグビーワールドカップ日本代表は，本番のビックゲームでジャイアント・キリング（番狂わせ）を実現し，過去，通算で1勝しかできなかったワールドカップで3勝1敗という好成績を収めたが，残念ながら，決勝トーナメント進出までには至らなかっ

図表6-3 データ・サイエンティストに必要な能力

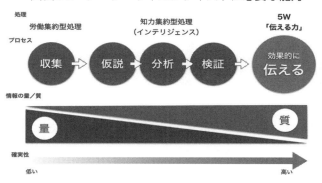

出所) 一般社団法人 日本スポーツ・アナリスト協会

た。しかし，このような日本代表の活躍に対して，世界からは「スポーツ史上最高の快挙」，「史上最強の敗者」という称賛の声が巻き起こった[102]。

最後に，野球やサッカー，バレーボールやラグビーなど，今日のあらゆるスポーツの世界では，必ずと言ってよいほど「分析アナリスト」が存在し，監督やコーチそしてアスリートたちを影で支えている。たとえば，全日本女子バレーボールチームでは，情報戦略担当（チームアナリスト）が試合中，バレーボールのコート近くに設置されたスカウティングエリア（統計席）から，サーブ，レシーブ，スパイクそしてブロック等に関する情報をコンピュータへ素早く打ち込み，意思決定者へ有益な情報を迅速に提供することで世界と戦っている。図表6-3は，一般社団法人日本スポーツ・アナリスト協会がリリースしているデータ・サイエンティストの基本的な仕事を示したものである。まず，スポーツにおけるデータ・サイエンティストの仕事プロセスには，①データ収集，②仮説の構築，③データ分析，④データ検証，⑤データ伝達という5段階に分けられる。そして，これらは，「労働集約型処理」，「知的集約型処理

---

[102] エディ・ジョーンズHCによると，勝利するチームの条件として価値観の共有が大切である。また，これを養うため，出身国を問わず円陣を組んで全員が国家（君が代）を歌うことを大切にしている。

（インテリジェンス）」，「伝達処理」という3つの処理に分類される。一方，情報は，データ収集からデータ伝達へ進むほど，情報量は減りその質が拡大する。これに対し，仕事のプロセスが進むほど，確実性は高くなる。

ここで，スポーツ・アナリストの事例として，先にあげた全日本女子バレーボールのチーム・アナリストの事例を取り上げてみよう。渡辺（2013）によると，アナリストとは，有益な情報を意思決定者に戦略的に提供する専門家であり，具体的には，データの「収集」，「分析」，「伝達」が最大の作業だと指摘している[103]。まず，データを武器に世界と戦うために必要な作業のひとつとして，データを「収集」するミソとは，キーボードへの入力スピードの速さと正確さ，プレーの観察や判定する力などであり，これらを向上させることでデータの質を高められる。次に，データを「分析」するミソは，データの数値化である。プレーや能力を数値に置き換えることで，初めて客観的に状況や内容を具体的に把握することができる。最後に，データを「伝達」するミソとは，分かりやすい言葉や円グラフや棒グラフ等を用いて視覚的に訴えることで，選手や意思決定者がはっきりイメージしやすいよう工夫が必要である。また，データを伝える（提案する）のではなく，伝えたい人物にデータを提供することが大切な考え方であり，それには，数字をそのまま伝えるのでは意味がなく，現場が行動や実践につなげられるよう，上記のような工夫を凝らす心構えが肝要だと指摘している。次節では，アナリティクス戦略を下支える縁の下の力持ちの役割を果たすデータ・サイエンティストについて触れてみよう。

6-7　データ・サイエンティスト

バブソン大学のDavenportとグレイロック・パートナーズ，データ・サイエンティストのPatil（2012）がハーバード・ビジネス・レビューへ投稿した論文のタイトル名として，"データ・サイエンティストは21世紀における最高にセクシーな仕事である"（Data Scientist：The Sexiest Job of the 21st Century）

103　渡辺啓太（2013）。

図表6-4 データ流通量の推移

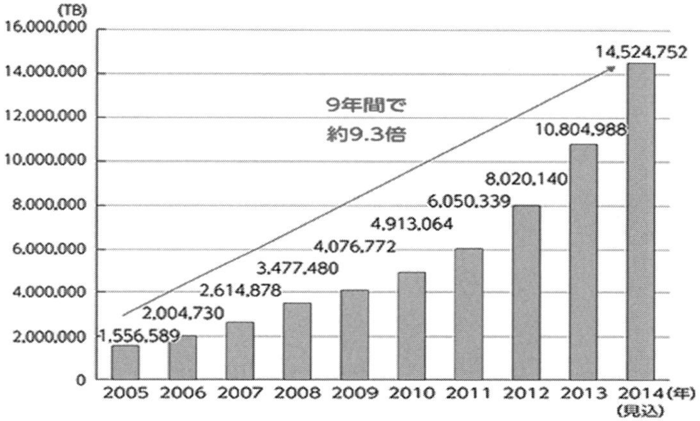

出所）総務省（2015）

と綴ったとおり，近年，膨大なデータを分析する専門家であるデータ・サイエンティストの育成と活用に注目が集まっている。まず，データ・サイエンティストは，どのように定義されるだろうか。一般社団法人コンピュータソフトウェア協会（CSAJ）によると，「ビジネスにおいて，競争優位性をもたらすために，データの収集・加工・分析に優れた専門性を発揮し知見を引き出す人材」のように規定している[104]。

次に，何故データ・サイエンティストの需要が高まっているのか。それは，言うまでもなく，データ流通量が急増しているからである。総務省によると，9産業（サービス業，情報通信業，運輸業，不動産業，金融・保険業，商業，電気・ガス・水道業，建設業，製造業）合計のデータ流通量の推移は，2005年の約1.6エクサバイトから2014年には約14.5エクサバイト（見込み）まで増加し，この9年間で約9.3倍（同期間の年平均伸び率は28.2%）も拡大している（図表6-4）。その主な内訳は，防犯・遠隔監視カメラデータ，センサー

104　www.csaj.jp/release/14/140512_csajrelease.pdf

データ，POSデータが上位を占めるが，このように，膨大なデータの蓄積が可能になると，次なるテーマは，データを分析して現状を明らかにしたり，予測や計画を立案する情報の専門家の育成が急務な課題として浮上したのである。

さて，データ・サイエンティスト人材を国際比較すると，日本の状況はどうだろうか。McKinsey Global Instituteの調査レポートによると，日本におけるデータ・サイエンティストの数は，世界各国に比べ著しく少ない。データ分析の才能を有する人材（すなわち，データ・サイエンティスト）の推移を見ると，人材豊富なアメリカや中国では，その数が年々増加しているのに対し，日本は，逆に低下傾向にあり，しかも統計で示された国々のなかで，最低レベルの国であるという驚くべき実態が明らかにされている。つまり，データ・サイエンティストの現状は，21世紀の最高にセクシーな仕事であると指摘されているにもかかわらず，日本は，他国に比べ，その数が圧倒的に不足しており，大きく遅れていると言わざるを得ない状況なのである。

データ・サイエンティストの主要な仕事とは何か。一般社団法人コンピュータソフトウェア協会（CSAJ）によると，データ・サイエンティストの業務範囲とは，「データ収集」，「データ管理」，「データ設計」，「データ加工」に加え，「得られたデータ分析や活用」までを含むとしている。すなわち，データ・サイエンティストとは，データを設計するデータ・アーキテクト（Data Architect），データを収集するデータ・スチュアート（Data Steward），データを分析するデータ・アナリスト（Data Analyst）という3つの職務を包括する人材と位置付けている。

ここで，データ・サイエンティストの活用に成功している日本企業として，大阪ガスの事例を取り上げてみよう。1897年に設立した大阪ガスは，関西の有力なインフラ企業の1つである。2016年の連結売上高は，1兆5,282億円を誇り，その主な事業内容は，①ガスの製造・供給および販売，②LPGの供給および販売，③電力の発電・供給および販売，④ガス機器の販売，⑤ガス工事の受注等である。そんな大阪ガスが力を入れて取り組んでいるのは，社内にデータ分析専門組織を設置し，グループ全体のソリューションに役立てること

である。同社では，2006年，本体の情報通信部内に「ビジネスアナリシスセンター（BAC）」を設置した。BACの使命は，大阪ガス本体とそのグループ会社に対し，ビッグデータ活用の仕方やデータ分析を用いたソリューションを提案することである。BACのスタッフは，わずか10名程度に過ぎないが，おのおのの人材は，統計学，環境学，エネルギー学，気象学などの高度な専門知識を身に着けたデータ・サイエンティストである[105]。BACの専門家は，クライアント先であるグループの各企業と密接に協力しながら，日常業務プロセスの刷新や業務フローの見直し，さらにデータの裏側にある規則性を解明する業務等を担っている。

BACは，現場の意思決定に有益なソリューションを提供し，クライアント先である依頼部署から利益を得るという独立採算制で運営がなされている。BACが取り扱っているソリューション事案は年間で約100件であり，関係するプロジェクトは年間で30件程だという。

次に，データ分析組織を設置する際に必要な要点について触れてみよう。BACの所長を務める河本薫氏は，組織を立ち上げる前と後に分け，それぞれの重要な点をあげている。最初に，データ分析組織を立ち上げる前に検討すべき要点として，①新しい組織のミッションを明確にする，②勝ち目があると確信できる材料を集める，③経営陣から時間的余裕と自由度を勝ち取ることをあげている。そして，データ分析組織を立ち上げた後に検討すべき要点として，①正しいカルチャーを作り維持する，②社内から信頼と評判を勝ち取る，③便利屋にならないための仕組みを作る，④メンバーが幸せになれるキャリアパスを作る，⑤組織のアイデンティティーを明確にする点をあげている[106]。

河本（2013）はまた，データ・サイエンティストは問題と向き合うのではなく，意思決定者と向き合わなければならないと指摘しながら，実際のビジネ

---

[105] たとえば，気象学を専門とするデータ・サイエンティストの場合，気象条件に伴い生産量が変化するため，気象データから生産量を予測するシュミレーションモデルの開発があげられる。
[106] 『日経情報ストラテジー』2015年10月。

スに貢献するためのデータ・サイエンティストの能力として，3つの力をあげている。それは，①意思決定につながる分析問題を設定する力，②意思決定者が納得する解を導く力，③人の思考力と分析結果を融合させる環境を作る力である。

　最後に，BACでは，グループ社員を対象に「データ分析講習」を実施している。参加する講習者は，特別な統計知識や数学力は必要ない。データ講習の目的とは，データリテラシー研修で得た知識をそれぞれの現場に持ち帰り仕事に生かすことである。2014年の段階でデータ分析の講習者は1,000人以上が参加し，約40回の研修が開催されたという[107]。

107　『日経情報ストラテジー』2014年8月。

第7章 モノづくりに与える影響

7-1 第4次産業革命

　近代のテクノロジーや生産システムは，ますます高度化する様相を強めている。こうしたなか，これまでのモノづくりの歴史，いわば，産業革命を振り返ると，少なくとも3回の革命を経て，今日は「第4次産業革命」の段階に突入したと理解されている[108]。図表7-1は，「第4次産業革命」へ移行するまでの時代的変遷を示した図である。

　まず，18世紀末より前の「産業革命以前」の時代は，手作業が中心であった。この時代，職人や工人らは，依頼者からの注文を受けて生産を実施した。また，当時の主要な動力源は，人力や役馬が主に活躍した時代であった。

　18世紀末に入ると，事態は一変した。それは，英国の地で産業革命（Industrial Revolution）が起こったことである。ここでは，その出来事を「第1次産業革命」と命名しよう。「第1次産業革命」の時代は，ジェニー紡績機，ワットの蒸気機関など，数多くの専用機が発明された。また，モノづくりに関する機械化が一気に進んだ結果，大量生産が実現された。

　「第2次産業革命」は，20世紀初めに電力が普及した結果，自動化による大量生産が可能となった。また，専用機が高度化され，ベルトコンベア方式や部品の規格が標準化されたことで互換性という考え方が促進した。そして，「第2次産業革命」の推進国は，英国から米国へ移行した。たとえば，米国の

---

[108] Brynjolfsson and McAfee（2014）は，人間の肉体労働を機械が置き換えた産業革命を第1次機械時代（The First Machine Age）と呼び，人間の知的労働を機械が置き換えつつある今日を第2次機械時代（The Second Machine Age）と命名している。

図表7-1　第4次産業革命までの変遷

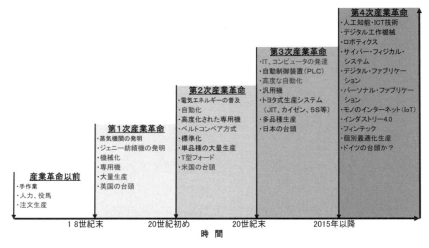

資料）The Industrie 4.0 Working Group (2014) 等各種資料を参考に作成

　フォード・モーターでは，創立者であるヘンリーフォードが世界で初めてベルトコンベアによるライン作業を導入し，黒一色の「T型フォード」モデルと呼ばれる単品機種の大量生産に成功した。

　「第3次産業革命」は，20世紀末に東洋の地，日本で起こった。IT技術やコンピュータ等の電子機器類が発達する一方で，プログラマブル・ロジック・コントローラー（Programmable Logic Controller：PLC）と呼ばれる自動制御装置が開発され，生産システムの高度な自動化が可能となった。また，消費者ニーズの多様化に伴い，単品種の大量生産では対応できなくなった。そこで，汎用機を活用した多品種生産が大きく前進したが，多品種生産の課題は，コストの上昇であり，これを抑制するため，絶え間のないカイゼンや5S運動，系列や部品在庫を圧縮して効率化を図るジャスト・イン・タイム（Just in Time：JIT）方式が生み出された。そして，これらの生産性の向上や効率化の取り組みを発案したのは，主にトヨタ自動車であり，日本車の価値を高めるのに重要な功績を残した。

さて，現在は，「第3次産業革命」から「第4次産業革命」へ大きく舵を切ろうとする段階へ差し掛かろうとしている。また，それは従来までの「パワー革命」から「知能革命」へのダイナミックなシフトを意味する。今日，「第4次産業革命」が顕在化してきたその背景としては，まず，人工知能やICT（Information, Comunication and Technology）技術の飛躍的な進歩があげられる。また，3Dプリンターや3Dスキャナーのようなデジタル工作機械を利用する「デジタル・ファブリケーション」や「パーソナル・ファブリケーション」の本格化も見逃せない。さらに，要素技術の進化を通じて，より自由度の増したロボティクス技術の進化等も知能革命を推進する重要な原動力である。

ところで，「第4次産業革命」のもとでは，個人の嗜好や要求に合わせて手を加えるオーダーメイドのモノづくりが可能となる。これは「マス・カスタマイゼーション」または「パーソナライゼーション」とも呼ばれている。また，インターネット「雲（クラウド）」上から必要なソフトウエアやデータを利用するしくみであるクラウド・コンピューティング，ITを活用して現実と仮想（サイバー）の空間を結合するサイバー・フィジカル・システム（Cyber Physical System：CPS）及びモノのインターネット（Internet of Things：IoT）」は，「第4次産業革命」の主な要因として，これに含まれる。加えて，ドイツが総力を傾け取り組んでいる「インダストリー4.0」，将来的に4兆円の巨大市場になることが予測される金融や財務の分野へ人工知能やビッグデータ等の先端技術を活用するフィンテック（Finance Technology）もまた，「第4次産業革命」のもとで生み出される申し子であると言えるだろう。

今後，「第4次産業革命」が本格化するか，それとも一過性に終わるかどうかは，今しばらくの間，時間の経過を見守ることが必要だが，とはいえ，今日的企業は，こうした時代の変化をいち早く読み取り，積極的に対処することに努めるべきである。なぜなら，そのことが技術革新からの乗り遅れを防止する唯一の道だからであり，とりわけ，新しい変化への対応に失敗した経験を持つ企業は，これを肝に銘じるべきである。

7-2　インダストリー 4.0 とは何か

　最近，書店へ足を運ぶと，「IoT」と並んで「インダストリー 4.0」を特集する書籍コーナーを見つけることができる。ここでは，「第4次産業革命」とも称される「インダストリー 4.0」について議論してみよう。

　まず，ドイツ連邦政府では，製造業のさらなる振興を図る目的から，2006年，ドイツ初の科学技術イノベーション推進戦略である「ハイテク戦略」を発表した。その後，2010年には，その継続戦略である「ハイテク戦略2020」，さらに，2014年には，「ハイテク戦略2020」を継承する「新ハイテク戦略」を相次いで発表した。そして，これら一連の「ハイテク戦略」は，ドイツ連邦政府が将来に向けた研究開発とイノベーションのための総合戦略であり，その背景には，低価格をベースとするコスト競争から脱し，先端科学技術を盛り込んだ高付加価値によるイノベーション競争を通じて，世界における競争優位となる成長機会を見出し，雇用や所得を高める狙いが隠されていた。

　そして，その成果は，着実に表れ始めた。たとえば，ドイツの名目総付加価値に占める製造業の割合は25％となり，全体の4分の1を占めるまで拡大してきている。また，国内の製造業が大きく成長した結果，貿易収支が一気に上昇するだけでなく，2005年時点では11.0％と高い水準にあった失業率は，2015年には4.72％まで大幅に改善された。さらに，ドイツ企業に占める中堅・中小企業の割合は，99.6％ときわめて高いことはよく知られているが，これらの企業群の中には，特定（ニッチ）分野において世界的に高い市場シェアを有する隠れたチャンピオン（Hidden Champion），グローバル・ニッチトップ（GNT）さらにミッテルシュタンド（Mittelstand）等とも呼ばれるエクセレント・カンパニーが数多く登場するようになった[109]。

　このようなドイツ政府による3段階からなる一連の「ハイテク戦略」は，各段階で目指すべき目標や意図がそれぞれ異なっている。まず，2006年の「ハ

---

[109] それ以外にも，グローバル・ニッチャー（Global Nicher），ボーン・グローバル（Born Global）とも呼ばれている。また，これに該当するドイツ企業には，業務用オーブン調理器具メーカーのラショナル，高圧洗浄機メーカーのケルヒャーなどがあげられる。

イテク戦略」では、「ナノテク」、「バイオテクノロジー」、「マイクロシステム」、「光学」、「素材」、「宇宙開発」、「情報通信」、「生産」、「エネルギー」、「環境」、「輸送・交通」、「航空」、「海洋」、「健康医療」、「植物」、「安全」、「サービス」という合計17の技術分野の強化が掲げられた。2010年の「ハイテク戦略2020」では、「気候・エネルギー」、「健康・栄養」、「交通・輸送」、「安全・セキュリティ」、「通信・コミュニケーション」の5分野が重点項目として掲げられた。最後に、2014年の「新ハイテク戦略」では、「価値創造と生活の質に関する6つの優先的挑戦（デジタル経済・社会、持続可能な経済とエネルギー、イノベーティブな労働の世界、健康的な生活、インテリジェントな運輸、市民の安全）」、「産学官のネットワーク構築と流動」、「産業界のイノベーション推進」、「イノベーションにやさしい環境」、「透明性と参加」が新たな骨子としてまとめられる一方で、イノベーションこそが経済的繁栄の原動力であり、ドイツが世界におけるイノベーションリーダーの地位を確保し続けることが最大の課題であると示されたのである[110]。

さて、2010年の「ハイテク戦略2020」における5つの重点項目を達成するため、掲げられた計10個の「未来プロジェクト」のひとつに「インダストリー4.0」が初めて登場した。「インダストリー4.0」は、英語では「Industry 4.0」と表すが、ドイツ語では「Industrie 4.0」となる。「インダストリー4.0」は、2011年、ドイツの強い製造業の競争力強化を図るため、ものづくりとICTを連結するダイナミックな構想を指すが、ドイツの大手コンサルティング・ファームであるローランド・ベルガー（Roland Berger）によると、IoTを核に「つながる」、「代替する」、「創造する」という3つのコンセプトを用いて「インダストリー4.0」を説明している。それによると、「インダストリー4.0」は、IoTを核に工場や生産設備を社内と社外でつなぎ合わせ、ビッグデータによって分析することで、ヒトの作業の代替、既存エネルギーから再生可能エネルギーへの代替、リアルからバーチャルへの代替等、スマート・ファクトリー

---

110 『ものづくり白書』2015年版。

を実現し，特に「オーダーメイド」と「アフターサービス」を可能にすることである。つまり，インダストリー4.0が生み出す最大の果実とは，同じものを大量に生み出すマス・プロダクション（Mass Production）ではなく，顧客のニーズごとそれぞれ違うものを大量に作り出すマス・カスタマイゼーション（Mass Customerization）の実現である。加えて，モノを売って儲けるビジネスモデルではなく，モノを売ってからサービスやソリューションで儲けるビジネスモデルを指すサービタイゼーション（Servitization）あるいは製造業のサービス化（Servicing by Manufacturer）を可能にすることである。

7-3　インダストリー4.0の事例

　ここで，インダストリー4.0を巡るドイツの代表的な企業を取り上げよう。これらの企業は，いかなる取り組みから，インダストリー4.0が生む最大の果実である「マス・カスタマイゼーション」や「サービタイゼーション」を実現しているだろうか。ここでは，特に「マス・カスタマイゼーション」の事例に絞って紹介しよう。

　最初に，よく事例に取り上げられるのは，世界的に有名なコングロマリット企業のシーメンス（Siemens）である。同社のHP等によると，2014年度の売上高は，719億ユーロ，純利益は55億ユーロ，全世界の社員数は35万7,000人を誇るグローバル企業である。社内の事業は，「パワー＆ガス事業」，「風力＆再生可能エネルギー事業」，「パワージェネレーション・サービス事業」，「エナジー・マネジメント事業」，「ビルディング・テクノロジー事業」，「モビリティ事業」，「デジタルファクトリー事業」，「プロセス産業＆ドライブ事業」，「シーメンス・ファイナンシャルサービス（SFS）事業」という9つの事業から構成されているが，「ヘルスケア事業」だけは，シーメンスAG内で管理されている。

　同社のアンベルク工場（ハンブルグ州）では，産業機械を制御する装置など，約1,000種類もの自動機器を製造している。同工場では，工場内の製品や装置にICタグ，バーコード，センサーそしてカメラが各装備され，同じ通信

規格でネットワーク化されており，どの顧客向けのどんな種類の製品がどこにあるのかをリアルタイムで管理し，制御できるようになっている。その結果，工程の75％が自動化されている。これにより，注文を受けてから24時間以内に出荷ができる製品の割合は，99.7％にも及ぶだけでなく，突然の設計変更にもデータの入れ替えだけで対応できるという[111]。

　次に，取り上げるのは，自動車部品大手のロバート・ボッシュ（Robert Bosch）である。同社のHPによると，全世界で60カ所を超える拠点を持ち，従業員数は約30万6000人を擁する巨大企業である。2012年度の売上高は523億ユーロを記録する一方，研究開発費は毎年，42億ユーロをつぎ込んでいるという。ボッシュは，日本の自動車部品メーカーのように，特定の完成車メーカーが形成するケイレツの傘下には入らず，株式の非公開企業として，経営の独立性の維持を優先している。ボッシュ・グループの事業領域は，「自動車機器テクノロジー」，「産業機器テクノロジー」，「パッケージング・テクノロジー」，「ソーラー・エネルギー」，「電動工具」，「サーモ・テクノロジー」，「住宅機器」，「セキュリティ・システム」から構成されている。

　ボッシュのホンブルク工場（ザールラント州）のマルチプロダクト組立ラインでは，ヒトと生産ラインと部品が通信によって連結されることで，ヒトである作業者の能力を最大限引き出している。具体的に言うと，作業者は，個人の属性を識別するBluetooth端末を装着し，生産ラインへ作業者の情報を発信する。すると，作業者の熟練度に従い，未熟な作業者の場合，組み立てブースに設置された13インチのモニターに製造方法に関する解説ビデオが流れ出し，それを見ながら作業が行われる。これに対し，ベテランの作業者の場合は，ビデオを使わず組み立て方を表した文字だけが映され，英語が得意な作業者には，言語を変更して指示される。そして，高齢の作業員の場合であれば，照明を弱くするといったパーソナライズも実現している。一方，ラインを流れる

111　『日経ビジネス』2015年1月5日。

ワークピースキャリアには，RFID（ICタグ）[112]が仕込まれており，生産ラインへキャリア情報が送られ，その後，工程の違いに応じて組立作業に必要なねじやナットの部品ケースが点灯し，誤った取付けを防ぐしくみとなっている[113]。

インダストリー4.0の取り組みは，何もシーメンスやボッシュなどの機械系メーカーに限った動きではない。スポーツメーカー大手のアディダス（Adidas）では，2016年，未来の工場としてスピードファクトリー（Speed Factory）という完全自動化されたシューズ工場をアンスバッハ（Ansbach）に設立した。同社のHPによると，スピードファクトリーは，多様化するデザインに対応し，しかも柔軟に生産ラインを組み変えて，顧客の好みにカスタマイズしたシューズを製造する。これにより，労働コストを大幅に圧縮し，流行に敏感な顧客に対してクイック・レスポンスを図ることが可能になる。加えて，アディダスでは，独自に開発した3D足型計測機で足型を正確に計測し，最適なシューズ選びを支援する一方で，そこで得られたデータから，ランニングシューズのミッドソール（「エアー」や「ウェーブ」など衝撃吸収素材が搭載されている部分）を3Dプリンターでプリントし製作するFuturecraft 3Dを開設する。これにより，コストを抑えながら，顧客が求める機能やデザインなどの自由度を高めた，いわゆるオーダーメイドに近いシューズの開発を可能にしている。

7-4　インダストリー4.0の課題

それでは，インダストリー4.0の実現に向けた課題とは何か。それは「標準化」という問題である。というのも，内部と外部の工場，異なる種類の装置，新旧世代の生産設備を柔軟につなげるには，通信手段やデータ形式などを標準化しなければならないからである（図表7-2）。この点において，ドイツと日

112　RFID（Radio Frequency IDentification）は，電波を使って物品や人物を自動的に識別する技術。モノやヒトに取り付けられたIDタグを無線で読み取って管理するシステムを指す。

113　『Responce』2015年。

本を比較した場合，ドイツ企業は，通信規格のデファクト・スタンダードが進んでいるため，FA機器の工場内連携だけでなく，工場間連携もまた，全体最適化することが容易である。これに対して，日本では，企業ごとに通信規格がバラバラであり，このため，工場内そして工場間をつなぎにくいとされている。一方，日本の企業では，本社のIT部門が工場内のシステムに対して未関与であることもまた，つながる工場を阻害している要因とも言われている。日本企業は，これまでそれぞれの工場が部分最適を追及してきた。このため，ネットワーク化を図り全体最適を実現するには，標準化という課題を克服しなければならず，その意味では，よく話題に取り上げられる日本版インダストリー4.0の実用化は，容易でないことが分かる[114]。

　最後に，インダストリー4.0に潜むリスクを取り上げてみよう。第1は，インターネットの脆弱性から，サイバー攻撃に遭遇するリスクである。大手セキュリティ会社のシマンテックによると，企業の情報漏えいの件数は，2014年は前年比で23%増加したと発表されている。その主な要因とは，外部からの攻撃が49%，従業員の不注意や機器の紛失・盗難によるものが43%であった。また，ターゲットになった主な企業は，従業員数2,500人以上の大企業が41%，従業員数251〜2,500人の中規模企業が34%，250人以下の小規模企業が25%となり，結論として，規模の大小にかかわらず，多くの企業が標的となっていることが明らかにされた[115]。一方，インターネットに常時接続しているオフィスとは異なり，ネットへの常時接続がされていない工場やプラントは，サイバー攻撃とは無縁の存在としてこれまで認識されてきた。ところが，近年，インターネットへ常時接続されていない工場に対しても，新手のサイバー攻撃がなされていることが明らかになっている。その手口とは，USBメモリやパソコンそして専用回線からウイルスが入り込んだり，あるいは監視カメラやセンサーさらに制御システムを遠隔操作で支配するやり方である。この

114　『日経コンピュータ』2015年12月10日．
115　Symantec (2015)．

図表7-2　繋がる工場（Connected Manufacturing）のイメージ

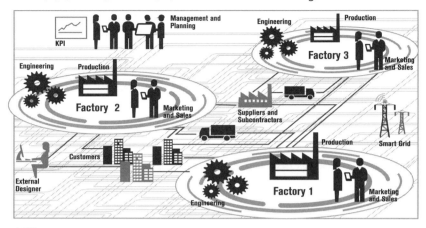

出所）The Industrie 4.0 Working Group (2014)

ように重要インフラの工場や巨大プラントを狙ったサイバー攻撃がすでに世界中で散見されており，深刻さの度合いが高まりつつあるのが現状である[116]。

　第2のリスクとして，インターネットの脆弱性から，組織が蓄積してきた知識・ノウハウの流出である。ドイツ企業（自動車を含む，機械，家電，重電，コンピュータなど）がインダストリー4.0へ邁進し，日本のハイテク企業（たとえば，機械，家電，重電，コンピュータなど）もまた，それに強い影響を受けるなか，日本のトヨタ自動車では，この動きに慎重な姿勢をみせている。同社では，直接管理する販売店や自社工場などをネットワークで結んでいるが，ケイレツ関係にある他社の工場間とのネットワーク化には，難色を示している。併せて，トラブルシューティングについても，インターネット監視は導入せず，作業者による人的監視を継続している[117]。その理由は，トヨタが蓄積したノウハウの社外流失を防止したいとする意図からである。つまり，現在のよ

116　『日経ビジネス』2016年1月16日。
117　『日経ビジネス』2015年1月5日。

うな不安定さを残すインターネット技術上に，貴重なデータやノウハウ等を無防備に展開できるほど，ネット環境は安全ではないと考えているのである。また，伝統的なトヨタ自動車のビジネスモデルとは，大量標準生産（Mass Production）を巡る競争に勝利するため，密接した部品メーカーとの深い人的ネットワークを形成する，いわば「人が中心の工場」を最大の強みとしてきた。これに対し，インダストリー4.0は，大量注文生産（Mass Custmerization）を巡る競争に打ち勝つため，センサー搭載の製品や設備による工場内外ネットワークを形成する，いわゆる「考える工場」，「スマート工場」そして「インテリジェンス工場」を構築し，グローバル競争に勝利する取り組みである。つまり，これら2つのビジネスモデルは，本質的な部分で大きく異なるため，たとえトヨタがインダストリー4.0への道へ帆を切ったとしても，同社が得意とする組織能力や既存の競争優位性を十二分に活かせるかどうか見込みがつかない。これがトヨタがインダストリー4.0にあまり関心を示さない主要な理由ではないかと考えられる。

　第3のリスクは，システムの複雑性の高まりから，マネジメントが難しくなることである。社内の生産設備や工場をつなげるだけでもマネジメントするのが難しいのに，標準化がなされていない工場間をつなげる場合，複雑性はさらに高まり，膨大な投資コストが発生するだけでなく，これらを統制し管理することもより一層しにくくなる。

　第4のリスクは，インターネット・プラットフォーマーに支配される危険性である。IoTやインダストリー4.0の時代を迎え，たとえば，自動車が場所を移動するマシンから情報端末のように扱われるようになると，競争優位性のイニシアチブがモノを生み出す企業側からインターネットを運営する企業側へ移行してしまうことが危惧される。

　第5のリスクは，モノを生み出す企業の主体性が制限されてしまうリスクである。つまり，つながる製品化，つながる工場化が進むにつれ，多様な媒体との接触が強まる。このため，システムの複雑化やそれを管理するコストが高くなるのみならず，イノベーターである企業の独立性が必然的に低下する可能性

が考えられる。

7-5　各国におけるモノづくり革新

　ドイツがインダストリー4.0へ邁進する一方で，その他の国々でもまた，独自のモノづくり革新を加速させている。ここでは，米国，英国，ドイツ（フラウンホーファー研究機構），日本そして新興国の中でも発展を続ける中国の取り組みを見てみよう（図表7-3）。

　まず，米国政府は，2011年，先進製造業（Advanced Manufacturing）を発表した。先進製造業とは，情報・オートメーション・コンピュータ計算・ソフトウェア・センシング・ネットワーキング等の利用と調整に基づき，物理学・ナノテクノロジー・化学・生物学による成果と最先端材料を活用する一連の活動と定義され，既存製品の新しい製造方法と新技術による新製品の製造の両方を含むとしている。その狙いとは，「製造業の再生」，「経済活力の強化」，「国内製造基盤の活性化」を図り，米国を再び，先進製造業における世界のリーダーの地位に復することである。

　英国政府は，2012年，高価値製造業（High Value Manufacturing：HVM）を発表した。高価値製造業とは，最先端技術知識と専門知識を応用した製品や生産プロセス，関連サービスを創造する産業のことであり，その狙いとは，大学や研究機関による世界クラスの「英国科学の成果」を英国製造業者に移転して「イノベーション」や「商業化」を図り，英国発の製造業を復興することである[118]。

　一方，ドイツでは，すでに言及したようにインダストリー4.0が政府主導により実行されているが，ここでは，その推進母体として重要な役割を担っているフラウンホーファー研究機構（Fraunhofer-Gesellschaft）について，少し触れておきたい。HPによると，同研究機構は，1949年に設立され，ドイツ各地に67の研究所・研究施設を構え，約24,000人のスタッフを擁する欧州最大の

118　Innovate UK (2014).

官民出資の応用研究機関である。年間研究予算（2013年）は，総額で約20億ユーロを超え，このうち委託研究が約17億ユーロを占めているが，この数字は，日本最大の応用研究機関である産業技術総合研究所の予算の4倍規模に相当する[119]。フラウンホーファー研究機構が提供する技術サービスは，主に6つあげられ，「製造段階に至るまでの製品開発及び最適化」，「技術と生産プロセスの開発と最適化」，「新技術導入のための支援」，「テクノロジーアセスメント，フィージビリティスタディ，市場調査」，「試験/評価」，「コンサルティング」のように分けられる。フラウンホーファー研究機構は，ドイツやヨーロッパのイノベーション創出において中心的な役割を担っている。

　次に，日本国内では次のような「日本版インダストリー4.0」がすでにスタートしている。1つは，産業界（一般社団法人　日本機械工業連合会）が主導し，これを日本政府が支援する「ロボット革命イニシアチブ協議会」である。そのHPによると，日本は，現在「ロボット大国」であるが，少子高齢化や老朽インフラ等，将来的にもロボットが期待される「課題先進国」でもある。これに対し，欧米は，デジタル化・ネットワーク化を用いた新たな生産システムを成長の鍵として巻き返しを図り，中国などの新興国もロボット投資を加速している。こうしたなかで日本は，ロボットの徹底活用によりデータ駆動型の時代にも，世界をリードすべき必要がある。そこで，官民で総額1,000億円のロボット関連プロジェクトへ投資し，ロボットの市場規模を現状の年間6,500億円から2.4兆円へ拡大すると共に，福島に新たなロボット実証フィールドを設置する等して，日本が世界のロボットイノベーション拠点となり，世界一のロボット利活用社会を実現し，IoT時代のロボットで世界をリードする目標を掲げている。もう1つは，日本機械学会 生産システム部門「つながる工場」分科会を中心とするインダストリアル・バリューチェーン・イニシアチブ（Industrial Value Chain Initiative：IVI）である。同じく，HPによると，IHI，NEC，オムロン，川崎重工業，神戸製鋼所など，日本を代表する30社

119　『日経産業新聞』2015年1月6日。

図表7-3　米英ドイツのモノづくり革新

	米国	英国	ドイツ
呼称 (呼称の定義)	先進製造業 (Advanced Manufacturing) 「情報・オートメーション・ソフトウェア・センシング・ネットワーキング等の利用に基づき物理学・ナノテクノロジー・化学・生物学による成果と最先端材料を活用する一連の活動」既存製品の新しい製造方法と新技術による新製品の製造の両方を含む ・NSF：ナノ製造、ロボット工学 ・DARPA：製造方法所要時間短縮 ・オープン・マニュファクチャリング（製造プロセスの効率化） ・NIST：ナノ製造 ・DOE：フレキシブル・エレクトロニクス等、エネルギー関連	高価値製造業 (High Value Manufacturing) 英国の強い分野 複合材料、導電性プラスチック、バイオ技術などの新興技術 成長期待の高い分野 飲食品、海上造船業、薬品、航空宇宙 中長期的に高い分野 コンピュータ、電子・光学製品 化学・化成品、機械と設備、自動車と自動車部品、金属成形、電子部品	第四次産業革命 "Industrie4.0" CPS4大応用分野 (2025年まで) ・エネルギー：スマートグリッドのためのCPS ・モビリティ：ネットワーク・モビリティのためのCPS ・健康：遠隔医療、隔地間診断のためのCPS ・工業：工場にオートメーション生産のためのCPS ICT研究の焦点：組込みシステム、新ビジネスプロセス、生産方法、生物相似型情報処理、サービス言語、メディア技術 ロボットとその利用可能性
経緯	2011年　PCAST「先進製造に関する報告書」を発表 2011年　オバマ大統領、先進製造パートナーシップ(AMP) 2012年　NSTC、国家先進製造戦略発表 2013年度予算案：革新的な製造工程、高度なネットワークトヨ工学 ・2014年度予算最優先事項：産学官連携に産業最先端研究所等を優先、材料開発、積層造形技術等を優先	2006年　HVMの定義（ケンブリッジ大） 2010年　ハーツ・ハウザーレビュー・ダイソンからレポート（高い影響力） 2010年　イノベーション促進政策に転換（2億ポンド支出）、研究成果の反映や機能（カタパルト）を設置 2012年　HVM戦略発表	2006年　ハイテク戦略とドイツIT全国サミット 2010.7　ハイテク戦略2020 2011.11　同時期行動計画の中で"Industrie4.0"採択 2012.10　acatec、Bosch、SiemensなどWG WG実現に向けた報告 事業3回後、勤労拡充の報告書発表 2013.4　VDE「標準化ロードマップ」 2014.4　VDEO「標準化ロードマップ」英語版
戦略の柱	戦略推進上の三つの断片　（と16の指針） イノベーションへの断片　（6つの指針） ・国家先進製造戦略の確立 ・最先端材料R&D資金の増大 ・製造革新研究所の設立、製造プロセスの確立 ・先進製造技術に関する産学官連携研究所の強化 ・国家先進製造技術の商業化に向けたゆるぎない環境づくり支援 ・人材供給の確保 事業環境の改善	戦略テーマ ・観客データ ・資源効率性 ・製造システム ・新原料材料と製造技術の統合 ・製造プロセス ・新しいビジネスモデル HVMカタパルト（民への橋渡し） Innovate UKにおける７つのカタパルトの一つがHVM	ICTがドイツ産業の新時代を切り拓く（垂直／水平） 製造工学や物流工程にCPSが技術的に結合され、工業生産にICTが活用されること（CPS2020、ICT2020、2014）以下は実現のためのインフラ整備 ネットワーク等の標準化 機械するネットワークサーバーの管理手法の開発 産業を包括するネットワーク等の安全保障 ネットワークカタパルト（民への橋渡し） 作業組織の最適設計 職業訓練と継続的専門教育 法規制面の整備 省資源の改善
狙い	製造業の再生、経済活力の注入、田内製造業の活性化を通じて米田を再び先進製造業のリーダーの地位に戻すこと、効率的で国際サプライヤー化支援された生産プロセスが米国サプライヤーを中心に製造企業全般に及ぼしグローバルな競争力の源泉に	英国の世界クラスの科学技術や製造業の成果をここで国の製造業者が自ら商業化することができるような環境整備に努める	ドイツの製造業や製造設備産業、ITビジネス・ソリューション業者の位置付けを強化のチャンス、高賃金国をからが製造業の国際競争力を維持できるしCPSの活用が促進とCPS製品等のマーケティングの輸出、ドイツ機器、装置産業の先導研究（CPS（製造）業作化ICT開発）

出所）日本機械工業連合会 (2014)

以上の大企業と中小企業がIoTを活用した製造業の新たな連携を実現する目的に発足させた団体であり，同じく，IoT時代における大企業と中小企業の新しいつながりや共創の実現を目指している。

　最後に，気になる中国の動向について触れておきたい。中国では，2015年，中国製造2025（Made in China 2025）と命名されたロードマップを発表した[120]。現在の中国は，産業化の途上にあり，コア技術やハイエンドマシンの対外依存度が高く，自主的イノベーション能力や世界的なブランド力もまた不足している。今回，掲げた「中国製造2025」は，「中国で製造」から「中国で創造」へ転換を図るため，そして「世界の工場」となった中国が将来的に「製造強国」となるために必要な戦略プランを示したものであり，具体的には，3段階の計画が設けられている。最初に，2025年までに製造強国の仲間入りをする。そして，2035年までに中国の製造業を世界の製造強国陣営の中レベルにまでアップする。最後に，新中国成立100年（2049年）に製造業大国の地位を強く固め，総合力で世界のトップに立つ計画である。その一方で，「中国製造2025」では，10大重点領域として「次世代情報通信技術」，「先端デジタル制御工作機械・ロボット」，「航空・宇宙設備」，「海洋建設機械・ハイテク船舶」，「先進軌道交通設備」，「省エネ・新エネルギー自動車」，「電力設備」，「農業用機械設備」，「新材料」，「バイオ医薬・高性能医療機器」を指定し，国力の強化を目指している。

120　国立研究開発法人科学技術振興機構・研究開発戦略センター（2015）。

第8章 ビジネス(製品)に与える影響

8-1 スマート・コネクティッド製品

　ハーバード大学のポーター（M.E.Porter）と米国ソフトウエア会社のPTCのCEOであるヘプルマン（J.E.Heppelmann）は，2014年，ハーバードビジネス・レビューに「How Smart, Connected Products Are Transforming Competition（スマート・コネクティッド製品が競争をどう変えるのか）」を執筆し，大きな反響をよんだ。それによると，今日のIoTブームとは，実は，単純な製品が接続機能を持つ製品に進化を遂げた結果であり，すべての出発点は，複雑化した製品を起点とするものだと主張している。以下では，彼らによる一連の議論を手掛かりに，「スマート・コネクティッド製品」を巡る競争時代の到来について論じてみよう。最初に，図表8-1は，製品の本質の進化を示した図である。それによると，製品の本質とは，主に3段階に分けられる。

　最初の段階は，物理的な製品（Physical Products）であり，いわば，機械部品や電気部品から構成されたメカトロニクス製品である。「物理的な製品」は，接続機能を持たない孤立した製品を指す。次に，第2段階は，「物理的な製品」にソフトウエア，センサー，マイクロプロフェッサー等の制御技術や機械（コンピュータ）と操作者との間を取り持つ拡張されたユーザーインターフェイスが搭載されたスマート製品（Smart Products）である。つまり，これはソフトウエアとハードウエアが統合した製品のことである。そして，第3段階は，「スマート製品」にさらに通信や接続機能を付加したスマート・コネクティッド製品（Smart, Connected Products）である。「スマート・コネクティッド製品」は，別名「接続可能なスマート製品」，「接続機能を有するスマート製品」とも

図表8-1 スマート・コネクティッド製品への進化

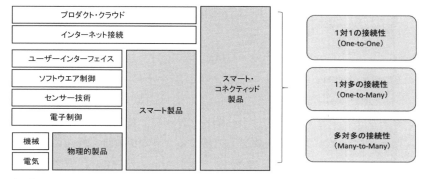

資料）PTC Japanをもとに作成

呼ばれ，具体的には，従来の「スマート製品」に有線または無線を介してインターネットへの接続を可能にする機能を持つより複雑化した製品である。

それでは，「スマート・コネクティッド製品」が持つ能力とは何か。それは，製品の稼働率や利用状況を監視し，そのデータに基づきながら製品を制御する。そして，これらを組み合わせて，製品の稼働率や利用方法等を向上させ，製品の性能を最適化する。さらに，高い自律性を持った製品を生み出し，その他の自律的な製品とのコラボレーションを実現することである。

次に，高いインテリジェンスと接続性を身に纏った「スマート・コネクティッド製品」のその主な能力について，具体的に考察してみよう。まず，センサーや外部データソースを駆使して，製品の状態，外部環境，製品の稼働状態や顧客の利用等の包括的な監視（Monitoring）である。また，製品や製品クラウド（メーカーやサード・パーティ）に搭載されたソフトウエアによって，製品機能のコントロール，ユーザー経験の個人化を可能にする制御（Control）である。そして，モニタリングや制御という能力をもとにアルゴリズムによって，製品パフォーマンスの向上，予防的な診断，サービスそして修理の実現をするため，製品の稼働と顧客の利用方法の最適化（Optimization）である。さらに，モニタリング，制御そして最適化を統合しながら，製品オペレーション

の自動化,他の製品やシステムとのオペレーションを自己調整,製品の強化や個人化の自動化,自己診断とサービスを可能にする自律性(Autonomy)である。

　Porter and Heppelmann(2014)は,「スマート・コネクティッド製品」の接続性(Connectivity)として,3つの形態をあげている。第1は,1対1(One-to-One)の接続性パターンである。これは,個々の製品がポートや他のインターフェイスを通してユーザーやメーカーそして他の製品との接続である。たとえば,クルマが診断装置と連結するような2者間(Point-to-Point)のつながりなどがあげられる。第2は,1対多(One-to-Many)の接続パターンである。これは,中央システムが多くの製品に同時に連続的,断続的につながる,いわばハブ&スポークのような接続である。第3は,多対多(Many-to-Many)の接続パターンである。これは,複数の製品がタイプの異なる多くの製品そして外部のデータソースに接続される網の目(Mesh)のようなつながりである。

8-2　スマート・コネクティッド製品が切り開く可能性

　「スマート・コネクティッド製品」が切り開く可能性は,主に2つあげられる。1つは,「IoTの実現」であり,もう1つは「システム・オブ・システムズの足掛かり」である。

　まず,「スマート・コネクティッド製品」が普及すると,あらゆるモノやヒトをインターネットで相互に接続するIoTの実現が可能になる。すでに指摘したとおり,IoTとは,インターネット技術の進化から生み出された概念またはストーリーではなく,接続機能を持つスマート製品の登場によって,初めて実現された新しい変化のように考えるべきである。その意味では,IoTは,あらゆるモノやヒトをインターネットにつなげるだけの理念に過ぎない。Porter and Heppelmann(2014)の議論に準拠すれば,IoTという言葉は,それほど重要な意味を持たない。大切なのは,「スマート・コネクティッド製品」の性能や能力のグレードアップであり,それが生み出す希少なデータや接続性こそ

が新たな競争優位の源泉となることである。

　次に,「スマート・コネクティッド製品」の普及は,その次の段階にあたる「システム・オブ・システムズ」という新しい次元へ歩みを進めるための足掛かりとなる。製品の進化は,「スマート・コネクティッド製品」の段階が終わりではない。実は,その上には,さらなる進化のステージが設定されている。たとえば,Porter and Heppelmann（2014）は,「スマート・コネクティッド製品」の能力が向上するにつれ,業界内における競争が再編されるだけでなく,業界の境界もまた拡張されると論じている。すなわち,業界の境界とは,「製品」→「スマート製品」→「スマート・コネクティッド製品」→「製品システム」→「システム・オブ・システムズ」のような5つの変遷として拡大するのである。したがって,「スマート・コネクティッド製品」は,製品の進化の視点で捉えると,ゴールにたどり着くまでのひとつの通過点に過ぎないことになる。

　Porter and Heppelmann（2014）は,業界の境界が広がる最後のステップとして,システム・オブ・システムズ（System of Systems：SoS）の重要性について,こう説明している。SoSとは,個別製品の性能や能力ではなく,これらを統合したシステムの性能や能力として考える。SoSでは,個々の製品の性能や能力に焦点をあてると同時に,その他の関連製品とのつながりや相互適合性にも配慮する必要がある。つまり,SoSでは,個別最適（個々の製品）と全体最適（システム全体）の両立を図る視点が求められるのである。たとえば,SoSの分かりやすい事例として自動車産業を取り上げてみよう。自動車では,将来の新交通システムとして,知的道路交通システムが構想されている。知的道路交通システムは,ITS（Intelligent Transport Systems）と呼ばれ,人と道路と自動車の間で情報の受発信を行い,道路交通が抱える事故や渋滞,省エネや環境対策などの課題を解決する,あるいは,最先端の情報通信や制御技術を活用して道路交通の最適化を図る次世代交通システムである[121]。それでは,ど

121　www.its-jp.org/

うすればITSの世界を実現できるだろうか。それは，自動運転車やコネクティッドカーなど，進化した自動車の開発だけでは達成できない。なぜなら，自動車そのもののイノベーションとシステム全体の整合性が何よりも必要だからである。つまり，製品のイノベーションとシステムのイノベーションが，同じベクトル上に存在しない限り，ITSというシステム全体の最適化は獲得できないのである。こうした部分（点）と全体（面）の両方にフォーカスし，これらを統合するアプローチこそ，SoSという新しい考え方である。

8-3　スマート・コネクティッド製品のための新しい組織構造

Porter and Heppelmann（2015）は，スマート・コネクティッド製品による競争時代を迎え，従来とは異なる組織デザインの設計が要求される点について，次のように指摘している。それは，従来，コンピュータ・インフラ，CAD（Computer-Aided Design），ERP（Enterprise Resource Planning），CRM（Customer Relationship Management）等の管理業務に終始してきたIT部門が組織の中心的な役割を演じる。そして，これまでほとんど交流や学習の機会がなかった社内のIT部門と研究開発部門間のコラボレーションをこれまで以上に強化する必要がある。図表8-2は，新しい組織構造を示した図である。「スマート・コネクティッド製品」の時代における新しい組織では，IT部門とR&D部門のコラボレーションを促進する取り組みに加え，「統合されたデータ組織」，「開発オペレーション」，「カスタマー・サクセス・マネジメント」という新しい機能部門の設置が求められる。

　この新しい組織構造の要点の1つは，IT部門とR&D部門の協働である。周知のとおり，外部との接続機能を持つスマート製品の開発には，R&D部門の人材だけでイノベーションに取り組むのは困難である。ソフトウエアの技術やその関連技術については，IT部門の人材に依存せざるを得ないからである。逆に，IT部門の人材は，メカトロニクスと呼ばれる機械技術と電気技術を組み合わせるハードウエアに関する知識・ノウハウは，基本的に持ち得ていない。このため，その点を得意とするR&D部門の人材の助けが必要不可欠であ

図表8-2　スマート・コネクティッド製品のための新しい組織構造

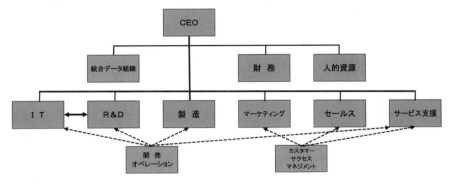

出所）Porter and Heppelmann (2015)

る。したがって，スマート・コネクティッド製品の開発で重要なのは，R&D部門の開発チームの中へIT部門の人材が参加するか，それとも，IT部門のプロジェクトチーム内にR&D部門の人材が入り，共同開発する機会を設ける必要が成功のカギを握るため，将来的には，2つの部門が統合され，1つの部門として成立する可能性も少なくない。

　もう1つの要点は，「統合されたデータ組織」，「開発オペレーション」，「カスタマー・サクセス・マネジメント」という新しい機能部門の設置である。まず，データの複雑さや膨大な量そして戦略的な重要性から，それまで各部門で扱われてきたデータ・マネジメントを一括で管理する統合されたデータ組織（Unified Data Organization）の設置が必要である。また，統合されたデータ組織部門の専属トップに最高データ責任者（Chief Data Officer：CDO）を配置すべきである。なぜなら，データ・アナリティクス戦略の展開を通じて，企業が競争優位性を手に入れるためには，膨大かつ多様なデータを正確に解析し，適切な意思決定を行える優れた専門リーダーが何よりも求められるからである。2015年末，GEは，全社横断的に点在していたデジタル関連機能を1つに集約するため，GEソフトウェアセンター，グローバルIT部門，各事業のソフトウェアチーム，インダストリアル・セキュリティ部門を1つに統合した

「GEデジタル」を新組織として発足させ，その部門のトップに最高デジタル責任者（Chief Digital Officer：CDO）を配置した組織変革は，このケースに該当するであろう[122]。次に，製品のアップグレード，販売後のサービスやその強化，継続的な製品運用と支援を監督する開発オペレーション（Development and Operations：Dev Ops）の設置である。開発オペレーション部門は，販売した後，製品性能を維持または最適化を担う部署であり，その成果は，リピーターの確保やサービス・ソリューションによる収益化に影響を及ぼすと言える。同組織は，IT，研究開発，製造，サービス＆サポートの各部門の人材から構成されたチームによって運営される。最後に，進行中の顧客関係性について責任を果たすことや顧客が製品から最大の価値を得られるよう保証することを担うカスタマー・サクセス・マネジメント（Customer Success Management）の設置である。このカスタマー・サクセス・マネジメントは，主に販売した後，顧客との良好な関係性を持続または発展させるための部門である。そのため，同組織は，マーケティング，販売そしてサービス＆サポートの各部門と常時，コラボレーションワークを展開する。

　こうした新しい組織構造は，デジタル技術とIoTが進化する時代を生き抜くための青写真のひとつを提供するものであり，いかなる企業であれ参考にするべきだろう。

8-4　スマートなビジネスモデルの登場

8-4-1　コマツのスマート・コンストラクション

　「スマート・コネクティッド製品」を利活用するビジネスモデルの代表的な事例として，ここでは，コマツとGEそしてパナソニックの事例を取り上げてみたい。コマツとGEは，他社に先駆けてIoTの概念を実践に移した先進企業であり，2015年には，世界の鉱山事業におけるビッグデータの共有と分析で戦略提携を結ぶなど，パートナー関係を構築している。一方，パナソニック

---

[122]　www.genewsroom.com/

は，2020年～2030年の「より良いくらし」をテーマに家電と住宅がネットワークで結ばれた未来型の生活施設を提案している。

最初に，建設機械大手のコマツが導入した「スマート・コンストラクション」について触れてみよう。現在，国内の建設業界では，深刻な労働力不足に見舞われている。震災復興，国土強靭化計画，東京五輪，リニア中央新幹線，地方再生など，今日の日本では，公共投資や建設工事の必要性が高まる一方で，急速な少子高齢化の進展に伴う若年労働者や熟練作業者の不足が深刻な課題として浮上してきているからである。実際に日本建設業連合会（日建連）が取りまとめた「再生と進化に向けて：建設業の長期ビジョン」によると，2025年に293万～315万人必要な労働需要に対し，確保可能な労働者数は216万人に止まるため，77万～99万人の労働者が不足すると試算している[123]。こうした若年労働力不足，熟練作業者の喪失等を克服するため，女性労働者の育成と共に，自動化やロボット化などのイノベーションが急務な課題としてクローズアップされてきている。

2015年，コマツは建設現場のスマート化を意味するスマート・コンストラクション（Smart Construction）を導入した。同社の自動化システムとは，デジタルカメラ，高感度センサー，通信システム，3次元データ処理等のデジタル技術を駆使しながら，建設作業の自動化を実現する画期的なビジネスモデルである。

「スマート・コンストラクション」の一連の仕組みは，図表8-3のとおりである。まず，施工作業の現場を高性能なデジタルカメラを搭載したドローンを飛ばして数百万カ所のポイントを上空から撮影して高精度測量する。測量されたデータは，同社のクラウドである「KomConnect」へ送信され，具体的に解析された後，3次元データ測量図面が作られる。また，工事を進めるにあたり，変動要因となりうる現場の土質・埋設物等について事前の調査・解析を実施する。次に，3次元データ測量図面と3次元データ施工完成図面を照合しながら，

123　www.nikkenren.com/sougou/vision2015/pdf/vision2015.pdf

図表8-3　スマート・コンストラクション

出所）http://smartconstruction.komatsu/index.html

その差異を導き出し，最適な施工プランを作成する。そして，生成された施工プランは，通信機能等が搭載されたICT建機へ3次元データとして送信される。ICT建機は，施工プランの指示に従い，掘削や整地作業等を行う。最後に，自動制御されたICT建機の作業データ等がKomConnectへ再送信され，情報やデータが蓄積される。

　コマツによる接続機能を持つスマート製品戦略の歴史は，2000年代まで遡ることができる。その当時，コマツでは，他社の追随を3年は許さない最新技術を搭載した機種を「ダントツ商品」と命名し，新製品の研究開発に取り組んだ。コマツによると，「ダントツ商品」の条件とは，①環境（排ガス，低燃費，

低騒音など），②安全，③ITであり，これら各項目で圧倒的な特長を持つ商品のように位置づけた。

2001年，世界中で稼働する建機がどこでどのように使用されているのかについて，GPSや携帯電話，インターネット等のICT技術を活用してリアルタイムに情報提供する車両管理システムである「KOMTRAX」を開始した。この「KOMTRAX」の実用化を通じて，ユーザー側に対しては，部品交換や修理，盗難への対応，稼動データに基づく省燃費運転の支援等のダントツ・サービスを提供し，ユーザー・パフォーマンスに貢献する一方，コマツ側でも，需要予測や生産計画など経営能力を向上させることができた。コマツによると，2016年1月時点における「KOMTRAX」を搭載した車両の累計台数は，世界約70ヵ国で約40万台が導入されている。

2008年，コマツは，世界で初めてエンジンと電気モータを併用するハイブリッド油圧ショベルを市場へ導入した。これは，ハイブリッド・カーと同じように，自家発電する油圧ショベルであり，具体的には，旋回減速時の運動エネルギーを電気エネルギーに変換してキャパシタ（蓄電池）に蓄える一方，蓄えられた電気エネルギーを今度は旋回モータの駆動等に利用する仕組みである。コマツによると，ハイブリッド油圧ショベルの導入実績は，2014年10月末時点で全世界合計3,000台の導入がなされている。

最後に，2015年，コマツは，別名「ダントツ・ソリューション」と銘打った「スマート・コンストラクション」を導入した。詳しい内容については，すでに述べたとおりだが，このシステムは，導入を開始して以来，すでに約1,000以上もの工事現場で導入されているという[124]。

8-4-2 GEのインダストリアル・インターネット

発明王として有名なトーマス・エジソン（Thomas Edison）が1879年に創設し，世界に約170の拠点と約30万人の社員が働く米国のGE（General Elec-

---

124 『週刊ダイヤモンド』2015年10月3日。

tric）は，ハード（モノづくり）のみならず，サービス（コトづくり）を通じて大きな収益化に成功している。図表8-4は，同社によるサービス収益化モデルの進化を示している。ハーバード・ビジネス・スクールのIansiti and Lakhani（2014）によると，1980年代における同社のサービス・モデルは，いわば取引（Transactional）ベースと呼べるものであった。これは，マシンが故障したら修理するものであり，取引内容に従い，部品の販売や修理サービスで対応する儲け方であった。ところが，1990年代後半に入ると，同社のサービス・モデルは，取引ベースから契約（Contractual）ベースへ進化を遂げた。これは，リスクの共有，顧客のトータルコストの削減など契約サービス合意（contract service agreements：CSAs）に則り，運転管理や保守メンテナンスによって儲けるやり方であり，これにより，2005年には，収益の75％が契約サービス合意による儲け方で占められるようになった。そして，2010年代における同社のサービス・モデルは，契約ベースから成果（Outcome）ベースへさらにシフトしている。これは，より広い顧客の成果を保証するアプローチであり，具体的には，意思決定支援サービスを提供するためデータやアナリティクスを利用し，顧客の資産やオペレーションを最適化することである。すなわち，成果ベースのサービス・モデルとは，顧客価値の最適化を図ることで，顧客が得た高い利益からGEが一部の利益を回収し，顧客と長期的な互恵関係の構築を可能するモデルである。

　サービスによる収益化モデルを展開するGEでは，2012年末以降，「インダストリアル・インターネット」と命名された全社戦略に力を入れている。インダストリアル・インターネット（Industrial Internet）は，産業機器，施設，車両等の「インテリジェント機器」と大容量で多様なデータを扱う仕組みである「ビッグデータ」，いつでもどこでもつながっている「人々」を連結するオープンでグローバルなネットワークである[125]。

　GEのインダストリアル・インターネットの全体像とは，「データの収集」

125　GEのHPから引用。

図表8-4　GEのサービス・モデルの進化

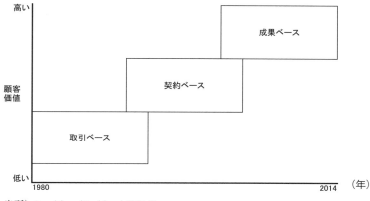

出所）Iansiti and Lakhani (2014)

→「データの蓄積」→「データの分析」→「データによる最適化」の4段階に区分される。その流れをかいつまんで説明すると，「データの収集」とは，センサーや通信機能を搭載したインテリジェント機器により現場情報の収集である。「データの蓄積」とは，収集された現場情報をビッグデータへ送信し，蓄える取り組みである。「データの分析」とは，膨大なデータを分析ソフトやフィルタリング機能等を用いてアナリティクスする行為である。最後に，「データによる最適化」とは，解析されたデータを各種機器や人々に送信し，コスト削減や効率化を高め，あるいは新たなサービスとして収益化する取り組みである。

　ここで，「インダストリアル・インターネット」の代表的な事例として，同社の事業のひとつである航空機エンジン事業を取り上げてみよう。GEの事業のなかでおおよそ2割の利益を稼ぎ出し，世界シェア5割以上（約25,000基）を誇る航空機エンジン（GE Aviation）向けインダストリアル・インターネットは，ボーイングやエアバスといった民間航空機メーカーの違いを飛び越えて，GE製エンジンを搭載する民間航空機を多数保有する世界の航空会社（エ

アライン）に対し，エンジンの修理・保全サービスを提供している[126]。同サービスは，まず，航空機に搭載されたエンジンの稼働状況やパイロットの操縦履歴等の膨大なデータを収集する。たとえば，ボーイング787に搭載されたエンジンには，26個のセンサーが取り付けられており，毎秒5,000種類のデータが取得できるという[127]。次に，こうして集められた大量のデータは，航空機エンジンのみならず，風力発電装置や医療機器等のGEが展開する事業の多様な機器と連結を可能にする「Predix」と名付けられた共通ソフトウエア基盤を用いて解析される。その結果，摩耗率や寿命の測定，オイル交換時期の把握，異常の事前検知，燃費を節約できるルート提示，天候悪化の際におけるフライト・スケジュールの組換え等の情報がエアライン側へ寄せられる。そして，GEからの総合的な提案サービスを通じてエアライン側では，燃費効率の大幅な改善，欠航便の抑制，顧客満足度の向上等を次々に達成し，今日，1社当たり，年間で10億円ものコストダウンを可能にしているという[128]。

　このようにGEでは，民間航空機用のエンジンを手掛ける際，複数のセンサーを取り付け，飛行中のエンジンの状態を遠隔監視し，得られたデータをGEとエアラインで共有しているが，それでは，何故，飛行中に得られるエンジンデータはそれほど希少価値が高いのだろうか。それは，航空機が飛行するエリアによってダメージや摩耗が大きく異なるからである。たとえば，中国上空をフライトする場合，煙を吸い込んでしまい，また，中東上空を飛行する場合には，砂を吸い込んでしまう等，飛行するエリアに応じてエンジンに加わるダメージや損傷等の主な原因は，それぞれ異なる。このため，事故を未然に回避するための対応策やどんな飛行環境にも適応可能な新製品の開発には，エンジンの稼働状況に関するデータを大量に収集し，緻密に解析することが何よりも重要であり，この点で同社のサービス収益化モデルは，非常に優れているの

126　『日経モノづくり』2014年12月。
127　『週刊ダイヤモンド』2015年10月3日。
128　『日経ビジネス』2014年12月22日。

である[129]。

8-4-3　パナソニックのスマート・ライフスタイル

　最後に，近未来における我々の新しいスマート・ライフスタイルの提案として，まだ，コンセプト段階に過ぎないが，パナソニックが思い描くワンダーライフ・ボックス（Wonder Life-BOX：WLB）を取り上げてみよう。総合家電メーカーのパナソニックでは，総合情報受発信拠点としてコーポレートショールーム「パナソニックセンター東京」を開設しているが，その中に「不思議な生活箱」と名付けられたWLBという展示コーナーがある。この展示施設は，スマート家電製品とスマート住宅設備が人工知能やインターネットでつながり，個々にデータを集め，その分析から最適なサービスを提供してくれる，近未来における我々のライフスタイルを提供するものである。

　まず，HPによると，この施設では，「あかりちゃん」と呼ばれる生活全体をサポートするパートナーまたはエージェントが存在する。「あかりちゃん」は人工知能であり，人が苦手なことや難しいことについて，必要な時に現れて人を助け，不要な時には，裏でデータの蓄積や整理を行い，いざと言う時に備えてくれる[130]。

　次に，この展示施設は，「Wonder Town」，「エントランス」，「キッチン＆リビング」，「サニタリー＆ベッドルーム」という主に4つのステージから構成されている。「Wonder Town」とは，店舗のショーウィンドウが通行人を検知して，高精細な映像を全面に映し出すデジタル・サイネージに変わる。この，デジタル・サイネージにスマートフォン端末をかざすと，店舗や商品情報が入手できる。「エントランス」では，外部から室内へウイルス物質の参入を防ぐため，高感度センサーが設置され，感染の拡大を未然に防止する。「キッチン＆リビング」では，冷蔵庫にある食材を組み合わせた簡単料理からプロ並みの

129　『週刊ダイヤモンド』2015年10月3日。
130　『日経BPムック』2015年10月12日。

クリエイティブな料理まで，人工知能の「あかりちゃん」がサポートしてくれる。最後に，「サニタリー＆ベッドルーム」では，ミリ波レーザーが備えられ，ヒトの心拍状態を測定して人工知能がリラックス度や健康状態をチェックしてくれる。一方，人工知能は，ヒトの気持ちもチェックしてくれる。たとえば，疲れている時は，人工知能がリラックスできるよう照明を切り替え，疲れた心をいやすようなBGMを流してくれる。起床時には，天気や街の情報を教えてくれるだけでなく，ドレッサーの前に立つと，本日のおすすめメイクが提案され，服と鞄のいろいろなコーディネートを試すことができるバーチャル・メイク＆バーチャル・フッティングが提供される。

　このようなパナソニックが提供するWLBは，決して夢物語ではない。なぜなら，現代のデジタル技術やIoTの飛躍的進歩から，WLBという近未来の生活スタイルの実現は不可能ではないからである。人工知能とネットワーク家電そしてスマートハウスの統合化は，我々に新しいライフスタイルを与え，生活の質（Quality of Life）を向上させてくれるユニークなイノベーションなのである。

第 9 章

雇用に与える影響

9-1 現代の雇用の変化

9-1-1 正規社員中心主義から非正規社員活用主義へ

　本節では，機械技術の飛躍的な進歩とそれによる人的失業の可能性や雇用創造に焦点を当てるが，その議論に入る前に，まず，近年における雇用の変化について，詳しく触れておきたい。図表9-1は，1985年から2015年までの30年間における正規社員数と非正規社員数の推移を表したものである[131]。

　これを見ると，正規社員数と非正規社員数の変遷がまさしく手に取るように分かる。まず，正規社員数の推移は，1985年の3,343万人から徐々に増加し，1997年には，対85年比469万人増に当たる3,812万人規模まで拡大した。しかし，その後は，緩やかな右肩下がりで低下を続け，2014年には，対97年比534万人減にあたる3,278万人まで縮小し，過去最低を記録した。これに対し，非正規社員数の推移は，年々，拡大の一途を辿っている。1985年当時の非正規社員数は，僅か656万人であったものが，その後，毎年，右肩上がりで増加を続け，2015年には，対85年比1,319万人増にあたる1,975万人まで拡大した。つまり，正規社員数は，近年，3,300万人前後でほとんど変わらず推移しているのに比べ，非正規社員数は，この30年間で約3倍も拡大しており，2,000万人の大台がもう目の前に迫っているのが現状である。

　次に，役員を除く雇用者計に占める正規社員と非正規社員の伸び率の変化

---

[131] 本データソースは，厚生労働省による「労働力調査」だが，1985年以前のデータは，どうやら統計が取られておらず，そのため，もっとも古いデータである1985年以降の数値を用いて作図した。

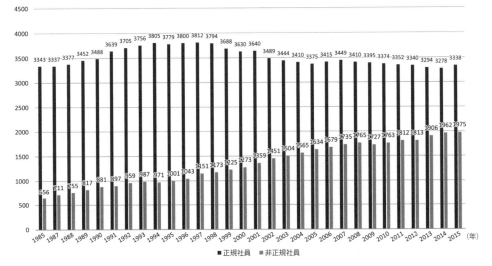

図表9-1　正規社員数・非正規社員数の推移（単位：万人）

出所）労働力調査特別調査及び労働力調査詳細結果

は，どうだろうか。図表9-2は，正規社員と非正規社員の伸び率を時系列に比較したものである。まず，1985年当時，83.6%を占めた正規社員の割合は，その後，緩やかに減少し，2014年には，21%減に相当する62.6%まで低下した。逆に，当時，16.4%に過ぎなかった非正規社員の割合は急激に増加しており，2014年の数字を見ると，21%増にあたる37.4%まで拡大している。

このように正規社員と非正規社員の割合の変化を見ると，明らかに非正規社員が増え，正規社員が減っている様子が見て取れるが，これは，自然現象のように発生したのではなく，むしろ，人為的に引き起こされた可能性が高い。それを証明するため，この30年間における経済状況と打ち出された雇用政策を5年単位に小分けしながら振り返ってみよう。

1980年代後半は，「プラザ合意」（1985年）が交わされて円高が進んだが，その後，景気が回復してバブル景気となった時代であった。当時の雇用政策は，女性労働者の地位や立場を認める「男女雇用機会均等法」（1986年）や設

第9章 雇用に与える影響 153

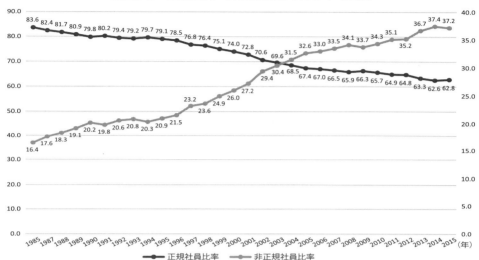

図表9-2 正規社員・非正規社員の伸び率の変化

出所）労働力調査特別調査及び労働力調査詳細結果

計業務など13業務について労働者派遣を解禁する「労働者派遣法」（1986年）が施行され、その結果、正規社員数、非正規社員（パート・アルバイト）数共に大幅に増加した。

1990年代前半になると、バブルの崩壊と円高に伴い、景気は大きく後退したが、この間、正規社員と非正規社員は、引き続き共に増加の一途を遂げた。一方、1995年に経団連（日本経営者連盟）が『新時代の「日本的経営」』を取りまとめて発表した。そこでは、従業員のタイプを「長期蓄積型」、「高度専門型」、「雇用柔軟型」という3つに分類する雇用のポートフォリオが打ち出された。

1990年代後半に入ると、相次いで金融機関が破たんした。たとえば、1997年、北海道拓殖銀行、1998年、日本長期信用銀行と日本債券信用銀行など、その他多くの地銀が債務超過に陥り、破たんした結果、日本経済は不況に陥った。また、1996年、「労働者派遣法」が一部改正し、派遣対象業務が26業務に拡大される一方で、1999年には、医療や製造業など5業務を除き、原則自

由化された。その影響によって正規社員数が減少する一方，非正規社員（パート・アルバイト）が大幅に増加した。

　2000年代前半となり，インターネット・バブル（ITバブル）の崩壊に伴い，不況が強まり雇用情勢は，悪化の一途を辿った。このため，正規社員の雇用は，大きく減少する一方で，非正規社員の雇用は，2004年，製造業への派遣労働が解禁された影響から，従来のパート・アルバイト以外の派遣社員そして契約社員が増加した。

　2000年代後半になると，正規社員の雇用は，2008年に起こったリーマン・ショックの影響により一気に悪化に転じたが，この5年間で比較して見ると，やや減少に止まった。これに対し，非正規社員の雇用は，相変わらず派遣社員や契約社員の雇用が増加し，その結果，より一層の拡大を示した。

　2010年代前半に入ると，2011年，東北地方を中心に東日本大震災が発生し，国土が壊滅的な打撃を受けた。そして，2012年，安倍政権が成立し，「大胆な金融政策」，「機動的な財政政策」，「民間投資を刺激する成長戦略」から構成された「アベノミクス」が実行された。こうした歴史的なアクシデントやデフレ経済を克服するために打ち出された政府の諸政策を通じて，全体の仕事量は拡大したものの，賃金の節約を願う経営者側の意向から，正規社員の雇用は，なるべく抑えられる一方で，経営者側にとって都合のよいパート・アルバイト，派遣社員そして契約社員は，高齢化社会に伴う豊富な高齢労働者の存在や仕事を求める女子労働者そして行き場を失った若年労働者にも助けられ，過去，最高の割合を占めるに至った。

　そして，2010年代後半を迎えた現在，2016年に九州の熊本で巨大地震が起こり，家屋の倒壊や土砂災害による死傷者を招いた。こうしたなか，2015年10月，派遣労働者の雇用の安定を守る目的から「改訂労働者派遣法」が施行された。これは，派遣社員の派遣できる期間（派遣可能期間）がこれまでの1年から3年へ延長されたこと，そして，派遣会社が無期雇用した社員の場合，派遣期間制限は設けないとする改訂である。

　このように日本における雇用の歴史とは，おおよそ次のように整理すること

が可能である。第1は，少なくとも1980年代後半から1990年代前半までは，好景気と不景気が繰り返し発生したり，「労働者派遣法」が施行されるなど，いくつかの出来事があったとはいえ，雇用政策の狙いは，「正規社員中心主義」であった。当時を振り返ると，1980年代に日本企業による日本的経営を礼賛する調査や主張が特にアメリカの識者から数多く発信された。

　たとえば，ハーバード大学のVogel（1979）は，日本がアメリカを追い越し追い抜き，名実ともに一番となったと論じた"Japan as Number One：Lessons for America"を執筆し，当時，ベストセラーとなった。また，ボストン・コンサルティング・グループのAbegglen and Stalk（1985）は，"Kaisha：The Japanese Corporation"を出版し，日本企業の経営方法や効率的な生産システムに関する詳細を浮き彫りにした。そして，マサチューセッツ工科大学（MIT）産業生産性調査委員会のDertouzosら（1989）は，"Made in America：Regaining the Productive Edge"を取りまとめ，日本的方法が成功を収め，逆にアメリカの産業競争力が衰退するなか，米日欧の産業比較調査を行い，自国の国際競争力低下の真因を探り出し，再び，繁栄するための処方箋を探り出す取組を明らかにした。さらに，国境を超えた国際自動車研究プログラム（IMVP）の中心メンバーであるマサチューセッツ工科大学のRoosとWomackそしてサセックス大学のJones（1990）は，"The Machine that Changed the World"を取りまとめた。それによると，ヘンリーフォードが生み出した米国流の大量生産方式に対し，日本的なシステムであるリーン（Lean）生産方式がこれに取って代わる優れたシステムであり，世界の自動車産業が目指すべき方向性であるとの見解をまとめた。

　これら日本的経営や日本型生産方式を手放しに称賛する議論に横たわる共通点とは，経営者のマネジメント能力よりも，むしろ，現場で働く勤勉な働き手に注目が寄せられたことであった。つまり，優秀な現場力が日本企業の強みであり，逆に外国企業の弱みであるという主張である。それでは，なぜ，日本では優れた現場力が生まれたのだろうか。それは，独自の雇用システムにあると言われている。日本企業は，終身（長期）雇用や年功序列賃金など日本的経営

を推進する一方，毎年，新卒者の大量一括採用が実施した。その主な目的とは，未経験な彼ら彼女らをOJT（On the Job Training）という手段を用いて，社内で戦力として育てあげることであった。そして，社内外で人脈ネットワークの構築，多種多様な知識や経験を研鑽するゼネラリストを養成するため，複数の部門や部署を定期的に異動する頻繁な配置転換（Job Rotation）が実施された。こうして豊富な人脈や経験，幅広い見識を身に着けた選りすぐりの内部昇進者の中から，将来の幹部候補者が選抜されたのである。つまり，このような手厚い人材育成政策の結果，企業に対する社員らの帰属意識や忠誠心が高まり，自己都合で辞める者を除くと，そのほとんどは定年を迎えるまで同一企業内に留まり働き続け，そして退職を迎えるスタイルがスタンダードとなり，このため，社員の定着率は安定したのである。また，付け加えるならば，当時の日本社会では，最初に入社した会社を途中で辞めたり，会社から会社へ渡り歩く発想や行動は決して望ましい行為とは見なされず，むしろ，タブー視する傾向が強かった。こうした根強いメンタリティーが強く作用した点も正規社員が温存される動機として働いたように考えられる。

　しかしながら，根強い正規社員中心主義は，他方において深刻な組織的弊害を生み出す元凶でもあったことを忘れてはならない。たとえば，職務能力の有無よりも単なる年齢の高さや上司または会社に対する歪んだ忠誠心（ゴマすり）等を通じて，重要な人事や昇進が決定される「ぬるま湯体質」という不健全化が生産され組織全体に蔓延した。また，軽率な行動から仕事で失敗しても，無罪放免に済まされる信賞必罰の不在や大きな失敗を回避するため，積極的な発言や行動を避け，只々，上司からの指示に従い続ける「指示待ち人間」を生み出したことも忘れてはならない。

　第2は，1990年代後半あたりから今日まで，徐々に正規社員中心主義がほころびを見せ始める一方で，非正規社員の活用が急速に台頭してきたことである。それまで日本企業は，松下幸之助の事例にもある通り，どんなに厳しい不況に陥っても，雇用には手を付けず，ひたすら赤字を耐え忍び，好景気が訪れるまで我慢する経営を繰り返し何とか歩んできた。そして，このような社員の

雇用を最優先する哲学こそ，日本企業が内包する美徳とされてきた。ところが，一向に不景気が回復せず，これが長期化してくると，経営者と社員がひたすら赤字を耐え忍び，不景気をやり過ごす対処療法は，もはや通用しなくなる。そこで，経営者は，いよいよ正規社員を対象としたダウン・サイジングや非正規社員の積極的採用の拡大など，抜本的な対策を講じる必要に迫られたのである。つまり，長引く経済不況，政府の規制緩和，法律の制定や改正，少子高齢化社会の到来，女性労働力の活用，正規社員の解雇規制の強さ，外国人持ち株比率の向上など，これら時代の流れや変化を受けて雇用の論理もまた転換を余儀なくされたのである。

さて，日本企業が働き手優先の時代から会社都合優先の時代へシフトした現在，「非正規社員活用主義」のメリットとデメリットには，どんな項目をあげることができるだろうか。まず，メリットとしては，人件費の節約と抑制があげられる。また，必要な時に調達し不要な時に切り取るような需給の変動に対する弾力的な対抗策としても利用できる。逆に，そのデメリットとしては，会社に対する忠誠心の欠如や一体感の喪失を生み出す危険性があげられる。また，当事者側から見ても，低賃金問題に加え，いつ雇用を打ち切られるのかわからず，不安定を余儀なくされる精神的ストレスをあげることができる。

9-1-2 機械中心主義の到来

周知のとおり，日本企業の雇用は，過去，正規社員が議論の中心であった。ところが，現在では，非正規社員の戦略的活用に焦点が移っている。このため，雇用保障が手厚い正規社員とそれがリーズナブルな非正規社員との間で格差をなくすこと，そして，コストの高い正規社員を抑制しコストを抑えられる非正規社員の割合を拡大することに注目が集まっている。このように従来までの雇用問題の主役とは，正規社員か，非正規社員かというヒト（人間）がその大きな対象であった。

ところが，これからは，必ずしも人間だけが雇用問題の主役とは限らない。むしろ，将来的には，雇用の関心がヒトから機械へ移行し，その主役がヒトか

ら機械へ取って代わられる可能性や危険性に関する議論が次第に高まりつつあるのが現状だ。もちろん，ヒトの仕事が機械に代替されたことは，これまでも製造業のモノづくりで頻繁に起こってきた。たとえば，自動車の溶接や塗装の各工程は，当初，ブルーカラーと呼ばれるヒトの手で作業がなされてきた。ところが，あまりにも過酷で危険なため，今では，専用のロボットが導入され，自動化されている。同じく，組立工程でも，ブルーカラーの作業者が効率的に作業しやすいよう，足・腰をサポートする支援型ロボットや組み立てロボットが活躍している。

　一方，これから機械がヒトの雇用を奪うその対象は，従来までのブルーカラーではなく，ホワイトカラーであるという指摘がなされるようになってきた。過去，ヒト（人間）が独占してきたホワイトカラーの仕事のうち，比較的マニュアル化に近いオフィスワークやルーチンワークについて急速な機械化の波が押し寄せてきているのである。但し，こうした展開は，所詮，機械がヒトの下請けとして機能するだけに過ぎず，その意味では，機械による真のヒトの代替とは言えるものではない。

　しかし，2045年頃には，ロボットや人工知能そして自動化等の各種テクノロジーが飛躍的な進化を遂げることが予想されている。これは，「シンギュラリティ」と呼ばれる現象であり，人工知能の精度やソフトウエアの性能が格段に向上し，その結果，機械が主体的に考え，行動できる時代がやってくるという未来予想である。そして，機械がヒトに追いつき，それ以上の存在になると，今度はヒトが機械の下請けとして機能する時代が到来する。そうなると，単純労働のみならず熟練労働もまた機械や自動化の餌食となり，労働者はかつてないほどのプレッシャーに晒されることが予想され，いよいよテクノロジー失業が深刻な社会問題を巻き起こすことになるのである[132]。

　次に，テクノロジー失業について，テクノロジーの代替がすでに進んでいる仕事とこれから進む可能性の高い仕事に分け，思いつくまま綴ってみよう。ま

132　Bryniolfsson and McAfee (2014).

ず、今日、すでにテクノロジーの代替が進んでいる主な仕事とは何か。交通機関を対象にした場合、たとえば、駅の改札切符切りは、自動改札機に代替され、今ではほとんどいなくなってしまった。路線バスの車掌は、自動音声案内装置に取って代わられ、今日の運行バスはワンマンカーが主流である。大型旅客機のエンジンや機体、燃料系統を点検し、安全なフライトを確保する航空機関士の仕事は、すでに精巧なコンピュータ・システムに置き換えられており、現在は、機長と副操縦士による2人体制が主流となっている[133]。また、それ以外にも、温泉地に行くと良くいたマッサージ師の仕事は、高機能なマッサージ・マシンの導入により減少の一途を辿っている。回転寿司店では、お米の炊きだしから巻きや握りそしてカットまでを自動的で行う寿司ロボットが開発されたことで、未経験なパート・アルバイトでも簡単にお寿司を作れるようになり、寿司職人をすっかり代替してしまった。日本のガソリン・スタンドでは、もともと給油作業中に給油員が窓ふきや車両の点検などを無料でサービスしてくれた。ところが、今では、人件費を削減して値段を安くするという理由から、ドライバー自らが給油作業を行うセルフ・スタンドがあっという間に普及し、給油員らの仕事が奪われるだけでなく、有人スタンドの数もまた年々減少の一途を辿っている。今後、全自動給油装置等が開発され、オートマチック・スタンドが登場すれば、給油員の必要性は全く不要となり、既存の給油スタンドは、もはや消滅してしまうことも考えられる。家庭の（専業）主婦の仕事もまた、アイロボット社がお掃除ロボット「ルンバ」を開発したことで、お掃除の負荷から解放され、その分を余暇の充実に回すことができるようになった。接客の仕事では、たとえば、東京三菱UFJ銀行が特定の店舗に対し、ヒトの代わりにAIを搭載したヒューマノイド・ロボット「NAO」を導入して人間の仕事を減らしている。このロボットは、単なる接客案内をするだけでなく、たとえば、フランス語で問われたらフランス語で返答するなど、19か国語の言葉にも対応できるように作られているという。ソフトバンク・ロボティ

---

133 『日経プラスワン』2014年3月15日。

クスが開発したヒューマノイド・ロボット「Pepper」もまた，相手の声や表情から感情を認識できるAI機能を持ち，顧客との対話や商品提案などの仕事をこなすことが可能な知的ロボットとして，店舗の案内や接客の仕事を奪い取ろうとしている。最後に，薬剤師の仕事で病院内に薬剤を運ぶような業務は，すでに松下記念病院で地下の薬剤部から各病棟そして救急外来に薬剤を無人搬送する病院内自律搬送ロボット「ホスピー」が稼働し，院内業務の効率化に加え，ヒトの作業を代替している。

一方，これからテクノロジーによる代替が進むだろう主な仕事とは何か。たとえば，美容師の洗髪の仕事は，パナソニックによる頭皮ケア機能が充実した洗髪ロボット「ヘッドケアロボット」が試行運用されており，将来的には，代替されるかもしれない。警備員の仕事は，最近，綜合警備保障（ALSOK）がセンサーとクラウドを連携させた自立走行型警備・案内ロボットを開発した結果，近い将来，完全にロボットへ代替されてしまう可能性が高くなった。熟練技術を必要とする大工の仕事も近い将来，機械に代替されるのかもしれない。愛知県の宮川工機は，「匠の技」を再現する加工機を開発し，世間から注目を集めている。そして，AIの飛躍的な進歩により，あと数十年すると，自動翻訳・自動通訳が実現するとも言われている。もしそうなると，通訳の仕事が機械に取って代わられる一方で，言語障壁が取り除かれるため，日本企業のグローバル化は格段に加速すると共に，事業の立ち上げ段階から世界市場を狙うボーン・グローバル・カンパニーもまた拡大するかもしれない。

このように，幅広い領域において，ヒトからマシンへの代替がすでに進んでいる。我々は，テクノロジー失業について，今まで以上に真剣な議論を交わすべき時代が到来したことを強く認識する必要がある。

9-2　機械化を巡る日本と西洋の違い

9-2-1　抵抗感の低い日本

西洋に比べ，日本は機械化に対する抵抗感が低いと言われる。よくロボットのケースが取り上げられるが，それもそのはずで，日本は2014年末現在，世

界の産業用ロボット稼働台数（マニピュレーティング・ロボットのみ）のうち約20%を占めるロボット大国である[134]。また，世界に先駆けて二足歩行型ロボットを開発したのは，自動車メーカーのホンダである。そして，ペット型ロボットとして犬型ロボットを開発し実用化させたのは，AVメーカーのソニーである。さらに，世界初のサイボーグ型ロボット「HAL®」を開発したのは，筑波大学発ベンチャー企業であるサイバーダインである。

　日本は，ロボットの分野で世界最高の技術水準と輝かしいロボット開発を成し遂げてきた国であるが，それでは，なぜ，日本が世界有数のロボット大国になれたのだろうか。それは，オタクなど若者文化を意味するサブカルチャーの影響が大きいと指摘する論者は多い。つまり，幼少期におけるサブカルチャーの影響がロボットに対する親近感を高め，ロボットの開発を促進する原動力となっているのである。たとえば，日本人技術者にロボット研究のモチベーションについて聞いて見ると，一様に子供の頃見たマンガのキャラクターを再現するためだと答えるそうだ[135]。日本人は，子供の頃から大人になるまで漫画やアニメ，ゲームやアイドルに関心を持ち，そこで登場するキャラクターに強い影響を受けるのである。それでは，年代別に人気を博した代表的キャラクターをあげて見よう。

　まず，1950年代は「鉄腕アトム」，「ゴジラ」が登場した。1960年代は，「ジャングル大帝」，「ウルトラマン」，「明日のジョー」，「天才バカボン」，「ゲゲゲの鬼太郎」，「巨人の星」そして「ドラえもん」が人気を得た。1970年代に入ると，「マジンガーZ」，「宇宙戦艦ヤマト」，「銀河鉄道999」，「ルパン3世」が登場した。1980年代は，「機動戦士ガンダム」，「キャプテン翼」が一世を風靡した。1990年代になると，「新世紀エヴァンゲリオン」，「ポケットモンスター」，「もののけ姫」が注目された。2000年代は，「千と千尋の神隠し」，「初音ミク」に人気が集まった。日本人は，幼少期の段階からこうしたキャラ

134　IFR (2015).
135　Kaplan (2011).

クターに親しみながら成長するため，現実を離れて夢や空想にひたる傾向が強く，こうしたロマンチシズムによって機械やロボットに対する愛着（Attachment）が人一倍高くなるのである。

次に，日本が機械やロボットに対する愛着の強さを証明する調査とその実態について触れてみよう。ある調査によると，日本人の生活者を対象に「暮らしでロボットをもっと使いたいか」と聞くと，47％の人がイエスと回答している[136]。つまり，日本人の2人に1人がロボットと一緒に暮らすことに抵抗感を抱いていないことになる。また，日本では，相手が機械だと分かっていても，意外にも古風な名前をつけて大事にする傾向が強い。乗用四輪駆動雑草刈り機に「草刈機まさお」，乗用四輪駆動芝刈り機に「芝耕作」と名前をつけて販売するなど，その独特な感性は他に例を見ないものがある。

それでは，日本人がアニメや漫画に親しみ，仕事に使用するマシンにも愛らしい名前をつけて大切にするそのメンタリティーの奥底には，いったいどんな理由が隠されているか考えてみよう。アーサー・D・リトルの川口（2007）によると，日本人の機械やロボットに対する愛着の深さは，道具や製品に情が移りやすく，擬人化を好むためであると分析している。つまり，日本では，ひとつの道具を長く使っているうちに情が起こり，魂を込めるという精神文化がある[137]。そして，生き物や機械まであらゆるモノをヒトと重ね合わせ擬人化してしまう。さらに，日本には女性的な細やかさと子供のような好奇心，ファンタジー的な世界観がその下地にあると指摘している。図表9-3は，機械化の背後にある気質について国際比較したものである[138]。

---

136 『日本経済新聞』2015年2月8日。
137 日本人のスポーツ選手や職人の世界では，道具を体の一部として大切に扱う考え方がある。
138 本田（2014）によると，日本は，大学の研究室から企業へ入社するパターンが多く，企業へ入社後も同じ研究室出身の技術者がその枠を超えて横につながるケースが多い（Closed Innovation）。しかし，同じ研究文化を共有しているため，突出したアイデアに乏しく，画期的なものが生まれにくい。一方，海外は，ワールドワイドに人材をかき集めてくるので異質性が高く，このため，革新的なアイデアが生起されやすい（Open Innovation）。

図表9-3　機械化の背後にある気質の国際比較

	子供っぽい （感性）	大人っぽい （理性）
男性的 （競争）	アメリカ （パワー） （ムスタング）	ドイツ （質実剛健） （ベンツ、BMW）
女性的 （協調）	日　本 （カワイイ） （プリウス）	フランス・イタリア （エレガント） （フェラーリ）

資料）川口（2007）に基づき作成

　川口によると，日本人は，女性的で子供っぽいカワイイ気質を備え，協調的で感性を大切にする精神風土が根付いている。こうした気質こそがどんなロボットやマシンにもヒトの名前をつけ，あたかも人間と同じように大切に扱う日本人の振る舞いの背景に隠れている理由である。また，鉄腕アトムのようなヒューマノイド・ロボットやハイブリッド・カーのプリウスが人気を博している理由についても，これらが子供っぽくて何だかカワイイ要素を多分に含んでいるからである[139]。これに対し，ドイツは，男性的で大人っぽい質実剛健な気質を好み，競争的で理性を大切にする精神風土がある。たとえば，ドライバーにとってはステータス・シンボルであるベンツやBMWがハイエンド（高級車）なクルマ作りを愚直に追求することがその典型である。一方，アメリカは，男性的で子供っぽい気質とされ，競争的で感性を大切にする精神風土をもっている。つまり，競争好きのパワー志向であり，自動車で言うと，排気量が大きいムスタングがアメリカの気質そのものを表現している。最後に，フラ

---

[139] 櫻井（2010）によると，日本のアニメの特徴として，①手書きなこと，②週刊マンガ誌という世界にはない強固な原作を生み出す母体があること，③脚本やキャラクターの設定が深く，先のストーリーが読めないこと，④制作上のタブーが少ないこと，⑤アニメは子供が見るものという世界の常識を無視して作られていることをあげている。

ンス，イタリアは，女性的だが大人っぽいラテン気質を持ち，協調的で理性を大切にする精神風土を有している。たとえば，フェラーリのようなエレガントなクルマは，これらの国の気質を象徴している。

9-2-2　抵抗感の高い西洋

　西洋では，「ロボットは怪物である」という特有の恐怖観が存在する。たとえば，アメリカの俳優シュワルツネガーが主演した人気映画「ターミネーター」に登場するヒューマノイド・ロボットは，未来からやってきた殺し屋を演じているが，西洋では，機械化のような科学技術に対する警戒心がひと際強い。というのも，西洋の宗教では，ヒトは神によって創造されたという宗教上の影響から，人間の創造物は，生みの親に対抗する意味となるため，自然の秩序に挑戦を挑んだ罰を受けることになると考えたからである[140]。

　また，1960年代，アメリカは世界で初めて産業用ロボットを開発した国である（1961年，Unimation 社がユニメートの開発に成功した）にもかかわらず，労働機会が失われると強く主張する労働組合との軋轢が解消されなかったことも，国内市場における普及が延々として進まなかった理由にあげられる[141]。

　ここで，ヒト型ロボットに対する西洋の抵抗感を物語る有名なエピソードを2つ紹介しよう。1つは，チェコの作家であるカレル・チャペック（Karel Capek）が書いた戯曲『R.U.R.（Rossum's Universal Robots：ロッサム万能ロボット会社）』である。この戯曲は，人間より安価で効率的に労働する人造人間を生産する工場で生み出されたロボットがやがて団結して反乱を起こし，最後は，ロボットを作り出した人類そのものを抹殺してしまう話しであり，ロボットが人間に近づくほど，人間そのものを脅かす危険な存在となることを如実に示す西洋特有の考え方である。

　もう1つは，自動車メーカーのホンダが二足歩行型ヒューマノイド・ロボッ

140　Kaplan (2011).
141　楠田（2004）。

トを公開する際，ホンダの幹部がキリスト教の指導的立場にあるバチカンのローマ教皇庁を訪問し，その是非を問うた話である。キリスト教社会である欧米では，人間は神が創造されたものであり，このため，ヒト型ロボットの開発は神への冒瀆につながる懸念があった。そこで，ホンダはバチカンを訪れ，お伺いを立てたところ，バチカンの反応は「ヒト型ロボットが作られたことは神がせしめたこと。それもまた神の行為の1つ」という好意的なものであった。こうしてホンダは，ローマ教皇庁からお墨付きを頂くことができ，その後，ヒト型ロボットの開発は，急ピッチで進展したのである。

9-3 テクノロジーによる雇用崩壊
9-3-1 3つの波

歴史を紐解くと，テクノロジーの進歩を通じてヒトの雇用が失われていく現象は，少なくともこれまで3度ほど観察されている（図表9-4）。まず，第1の波は，18世紀後半から19世紀前半にかけて起こった産業革命である。イギリスで起こった産業革命から織物機械や脱穀機械など数々の自動化機械が発明され，その結果，ヒトの仕事が機械に奪われ，深刻な失業問題に発展した。1811年，職人や労働者は，機械に仕事を奪われるとして立ち上がり，これらの機械を破壊するラッダイト運動（Luddite movement）が世間を騒がしたことは，あまりにも有名である。

その一方で，産業革命ではヒト以外にも失業したものが存在する。それは労役を担う馬である。イギリスにおける役馬の数は，1901年の段階では325万頭いたものが，1924年には，200万頭を下回るまで減少した[142]。これは，馬による長距離輸送力が列車に代わり，駆動力が蒸気機関に代替されたことに加え，船の牽引，炭鉱の力仕事，戦場への武器の運搬等が内燃機関に取って代わられたからであり，役馬という労働力が急速な機械化の犠牲になったのである[143]。

---

142 Thompson (1976).
143 Clark (2007).

図表9-4　テクノロジー失業の3つの波

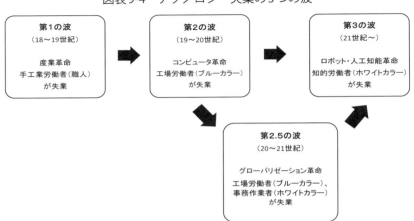

　第2の波は，20世紀に起こったコンピュータ革命である。とりわけ，企業の生産現場で産業用ロボットや工作機械が導入され，自動化が進んだ。産業用ロボットは，主に自動車の塗装・溶接工程，家電の組立工程や搬送工程そして半導体のウエハ搬送や基板実装のクリーン工程等で導入が進んだ。また，工作機械でも，マシンをコンピュータで制御するCNC装置が開発され，これらコンピュータの普及と発展から現場の作業者（ブルーカラー層）レベルの失業が深刻な問題となった。

　ところで，同時代，ヒトから雇用を奪い取る重要な原動力として，グローバリゼーション革命が起こったことも付け加えなければならない。これは，第2の波に対し，第2.5の波と呼ばれるものである。具体的には，インドや中国を対象としたオフショアリング（海外業務委託），国内外の受託業者へのアウトソーシング（外部委託）そして台湾のフォックスコン・テクノロジーグループ（鴻海科技集団 / 富士康科技集団）を代表とするEMS（Electronics Manufacturing Service：電子機器の受託生産を行うサービス）の台頭から，グローバリゼーションが拡大し，その結果，国内の単純作業者の仕事や会社のバックオフィスを担う事務作業者（ホワイトカラー）の仕事が次々に海外へ流れ出し，

彼らの失業問題が顕在化したことである。

　このように，第1の波では，機械の進歩が職人たちの雇用を奪った。第2の波では，コンピュータの発達が主に工場作業者たちの雇用を奪った。併せて，第2.5の波では，グローバリゼーションが工場の単純作業者とバックオフィス業務を担う事務作業者たちの雇用を奪い取る原動力として作用した。それでは，これから到来する第3の波とは，いったいどんなものだろうか。それは，近年，国内外で盛んに指摘がなされているロボットや人工知能の革命である。すなわち，ロボットや人工知能に加え，ナノテクや遺伝子などの先端的テクノロジーが飛躍的に進歩を遂げる結果，そう遠くない未来，画期的な自動化技術が開発され，職人や単純作業者のみならず，知的労働者レベルの仕事でさえ，機械に置き換わってしまう危険性が広く語られるようになった。たとえば，弁護士や放射線医師という高度な知的労働者ほど，機械化のターゲットになりやすいとの指摘もなされている。未来学者のFord（2009）によると，膨大な知識をアルゴリズムとして数値データ化したり，データベースに蓄積する作業は，それほど途方もなく難しいことではない。加えて，これらの職業は，設備投資が不要なため，相対的に自動化しやすいことに加え，機械化して人件費を削減するインセンティブが非常に高いと指摘している。このように第3の波といううねりは，従来とは異なる抜本的な変質を意味するものである。マサチューセッツ工科大学のBrynjolfsson and McAfee（2011）の言葉を借りれば，我々は，今，大再構築（Great Restructuring）に直面しているのである。

　このように，歴史的に見ると，テクノロジーの進歩は，ラッダイト運動に象徴されるとおり，ヒトの雇用を破壊するトリガーである危険性が高いとの見方がどうやら一般的のようである。現に，将来的にも，重要な意思決定を担う知的労働者レベルの雇用についても，進化するテクノロジーの手によって奪われてしまうとする意見が大勢を占めている。それでは，次に，テクノロジーによる失業の危険性を主張するその主な論者たちの意見を取り上げてみよう。

9-3-2 テクノロジー失業に関する見解

　ロボットや人工知能など機械技術の進化は，「テクノロジー失業」という深刻な問題を引き起こす可能性が高い。このような主張をいち早く打ち出した人物は，おそらく，イギリスの著名な経済学者であるRicardoにちがいない。Ricardo（1821）は，その著書『経済学および課税の原理（On the Principles of Political Economy, and Taxation）』第3版のチャプター31に該当する「機械について（On Machinery）」の中で，次のような言葉を残している。「機械を人間労働に代用することが労働階級の利益にとって極めて有害である」。また，「労働階級は，機械の使用が彼らの不利であるという意見を抱いているが，この意見は，偏見や誤りに基づくものではなく，経済学の正しい原理に合致する」とも論じており，技術革新によって失業が発生する可能性を示唆している。

　同じく，イギリスの，世界的な経済学者として有名なKeynes（1930）は，「我々の孫のための経済的可能性（Economic possibilities for our grandchildren）」と題するエッセイのなかで，次のような記述を残している。「私たちは，新しい病に苦しめられようとしている。それは，多くの読者が名前さえ聞いたことがないことだが，数年後にはすごい勢いで聞かれるようになるだろう。すなわち，それは技術的失業（Technological Unemployment）である」。

　こうしたリカードの見解やケインズの予言以降，今日に至るまでテクノロジー失業を巡る問題は，著名な数学者，物理学者，工学者，経済学者そして発明家や未来技術ジャーナリスト，さらに民間または公的なシンクタンクまでが挙ってこれを取り上げ，繰り返し議論がなされてきた。そこで，下記では，過去から現在に至るまでの代表的な論者の指摘を紹介しよう。果たして，機械技術の進歩によってヒトの仕事は奪われてしまうのか。

　まず，ノーベル経済学賞を受賞した経済学者のLeontief（1983）は，次のように論じている。「生産の最も重要な要素としての人間の役割は，減少する運命にある。それは，ちょうど農業の生産において，役馬の役割が最初に減少され，そして，それからトラクターの導入によって排除されたように」と指摘

し，労働者の仕事が機械に取って代わられる可能性を示唆している。

　日本のルポライターでジャーナリストでもある鎌田（1983）は，生産性の向上や労働環境の改善を目的として，工場の作業現場へ自動化ロボットが次々に導入されたり，なかにはファナックのように完全無人化工場まで出現する現状を踏まえ，こうした変化は，労働者を駆逐または排除する何物でもないと指摘し，「ロボット絶望工場」とは，すなわち「人間絶滅工場」であるという批判的な見解を示している。

　世界的にも有名な文明評論家であり，1980年代に『エントロピーの法則』を執筆して反響をよんだRifkin（1995）は，テクノロジーの導入に積極的な論者の意見は，総じて「トリクルダウン効果」が得られるからだと指摘している。「トリクルダウン効果」とは，テクノロジーの進歩と導入によって生産性が向上した結果，商品価格が下がり，購買力が上昇して雇用を拡大するシナリオである。また，テクノロジーの積極的な導入によって大規模な雇用削減が一時的に発生しても，別の産業や新たに生まれた産業が余剰労働力を吸収するため，テクノロジー失業は，いずれ終息に向かうだろうと信じられてきたが，実際には，あらゆる産業部門で機械が人間に取って代わり，リストラや自動化の餌食になってしまっていると主張している。

　さて，今世紀に入り，テクノロジー失業と雇用を巡る検討は，ますます本格化する様相を強めている。というのも，不況が世界中を駆け巡り，どの国でも失業問題が深刻な命題として持ち上がり，その結果，その本質的な理由を解明する必要性が強まったからである。たとえば，マサチューセッツ工科大学のLevyとハーバード大学のMurnane（2004）は，簡単にコンピュータへ取って代わられることのない仕事や人材として，身体知や経験から学んだ専門的な思考（Expert Thinking）と微妙なニュアンスを読み取り伝える複雑なコミュニケーション（Complex Communication）を具備した人材と職業だけが将来有望であると論じている。

　マーケット・スペース社のRayport and Jaworski（2005）によれば，今日の企業のバックオフィス部門（製造活動や販売活動，そして，管理，人事，財務

など，製造や販売を支える機能）では，急速なグローバル化の波が押し寄せているのに対し，企業のフロントオフィス部門（マーケティング，営業，販売チャネル，技術管理，顧客サービスなど）では，急速な機械化（自動化）の波が押し寄せてきており，これを「フロントオフィスのリエンジニアリング」と命名している。そして，フロントオフィス革命の構成要素のタイプに，営業・サービススタッフなど人間が主体となる「人間特化型」，ATMや自動販売機など機械が主体となる「機械特化型」，そして旅行代理店の予約システムなど人間と機械の双方が主体となる「混成型」という3つのアプローチがあると説明している。

ロンドン・ビジネススクールで組織行動を教えるGratton（2011）は，2025年の働き方を形成する要因として，①テクノロジーの進化，②グローバル化の進展，③人口構成の変化と長寿化，④社会の変化，⑤エネルギー・環境問題の深刻化を取り上げ，なかでも，「テクノロジーの進化」が人間の仕事を代替し始めたこと強調している。そして，このようなテクノロジーが発達する世界において仕事を得るためには，高いレベルの専門技能が必要であり，具体的には，①知的資本（知識と知的思考力），②人間関係資本（人的ネットワーク），③情緒的資本という3つの専門技能を強化する重要性を指摘している。

国立情報学研究所の数学者である新井（2010）は，今後，コンピュータが得意とするスキルをヒトが身に着けても，職業として活かせる可能性は低いため，これからは，コンピュータは不得意だけど，ヒトは身に着けることができるスキルを獲得するのが大切であると主張している。また，併せて，コンピュータは，何が得意で何が不得意なのかをきちんと把握することが肝要であると論じている。

クリントン政権で労働長官を務め，今はカリフォルニア大学バークレー校で教鞭をとるReish（2010）は，アメリカ経済が生み出した利益のうち，95％は上位1％の富裕層が手に入れているとおり，富の集中に伴い，格差の拡大が深刻化しているが，その主因として，テクノロジー革新の可能性が高いと論じている。つまり，企業は，ヒトを雇用する代わりに生産拠点の海外移転（グロー

バル化）と共に，生産ラインの自動化を積極的に進めた結果，失業問題が顕在化したと結論付けている。

　先述したマサチューセッツ工科大学のBryniolfsson and McAfee（2011）は，今日のアメリカにおける失業問題の理由として，①景気循環（不況）によるもの，②アウトソーシングやオフショアリングといったグローバル化による影響，③画期的なイノベーションの不在等が考えられるが，しかし，ここで見逃されている大きな理由は，テクノロジーの加速と高度化であると論じている。つまり，アメリカの失業問題とは，イノベーションのスピードが鈍化したからではなく，それを上回る速さでテクノロジーが飛躍的に進歩しているため，ヒトの仕事が機械に奪われてしまったのである。そして，機械とヒトが競争してヒトが機械に負け始めると，高い専門的スキルを持ったヒト，あるいは機械化が難しい仕事に従事するヒトには有利となり，汎用的なスキルを持つヒト，反復的な仕事に携わるヒトは，ますます，仕事を機械に奪われる危険性が高くなると言及している。

　ジョージ・メイソン大学で経済学を教えるCowen（2013）は，テクノロジーの進歩が我々の所得を決め，中間層を縮小させて「平均の終焉」をもたらし，労働の現場や市場に大きな影響を及ぼすようになったと論じている。そして，これからは，サイエンス，テクノロジー，エンジニアリング，数学などを身に着け，機械技術を使いこなせる人が高い所得と地位を獲得できるものと主張している。

　MITテクノロジー・レビューの編集者であるRotman（2013）は，テクノロジー失業について，その信憑性を疑う意見も存在するが，しかし，テクノロジーに精通するものとそうではないものとの間で，所得格差が広がっていると

指摘する人々の警告を無視することはできないと論じている[144]。

次に，テクノロジーの進化によって，おおよそどれだけの雇用が失われると予測されるのか。そして，将来的に機械化されてしまう仕事や職種とは，具体的にどのようなものがあげられるのだろうか。

未来学者のFord（2009）は，今後，テクノロジーの進歩によって，少なくとも4分の3に相当する雇用が機械に取って代わられる（つまり，失業率75％）と主張し，問題の深刻さに警鐘を鳴らしている。

日経ビジネス（2013）によると，今後とも機械化されず，人間の手に残る仕事とは，第1に，職人や工芸家，お笑いタレント，宮大工，落語家など，ロボットによる代替が難しい仕事であり，その主な理由として，①経験に裏打ちされた勘を持ち合わせていない，②環境の変化に柔軟に対応できない，③規格が非統一の素材やパーツを扱えない，④微妙な力加減を調整できない，⑤人間の感情を読めないことがあげられる。第2に，冒険家，力士，政治家，プロスポーツ選手など，もともと自動化のニーズがない仕事である。第3に，コンピュータやロボットの技術者・研究員のような機械化社会の維持に必要な仕事である。第4に，医師，美容師，保育士，臨床心理士，ケア・マネジャーのようなロボットにはやってもらいたくない仕事をあげている。

ダビンチ・インスティチュートの創業者で未来学者であるFrey（2013）は，さらに刺激的な主張をしている。それは，2030年までに地球上のすべての職業のざっと50％，20億人以上の仕事が消滅するだろうと指摘している。

他方，オックスフォード大学マーチンスクールのFrey and Osborne（2013）

144　Rotman（2013）は，Brynjolfsson and McAfeeが強調したアメリカの生産性と雇用者数の推移を引き合いに出してこれを説明した。それによると，1947年の値を100した場合，近年までの生産性と雇用の指数は，共に手を取り合うように伸長してきた。つまり，端的に言えば，生産性が高まると雇用者もまた増加してきたのである。ところが，2000年当たりから，状況が一変した。それは，生産性が向上しても，雇用者数は横ばいかそれとも減少するようになったことである。雇用の伸びが突然緩やかになる一方で，生産性は堅調に成長を続けた2000年から2011年までの間に起きたこのような隔たりをBrynjolfsson and McAfeeは，大断絶（Great Decoupling）と命名し，その主な理由として，テクノロジーの進歩が雇用を奪い取る可能性を示唆した。

は,「雇用の未来」と銘打った調査結果の中で,今後20年で,アメリカにおける雇用者の47％の仕事がコンピュータに取って代わられる(つまり,2人に1人は失業者となる)危険性が高いと指摘している。彼らはまた,コンピュータに代替される可能性の高い職種と低い職種そしてその確率をアメリカ労働省が分類する702職業について,指先の器用さ,オリジナリティ,交渉力,社会的知覚,説得力など,コンピュータ化を妨げる(Bottleneck)計9つの変数から,これを明らかにしている。まず,コンピュータ化のリスクが低いベスト20の職種は,図表9-5の通りである。ここで取り上げられた職種は,今後とも機械化や自動化される可能性が少なく,よって,将来的にもヒトが担うべき仕事として残る可能性が高い。逆に,コンピュータ化のリスクが高いワースト20の職種もまた,図表9-5に示した通りである。これらの職種は,今後,機械化や自動化が可能であり,ヒトの仕事が奪われる可能性が高いものである。

　アメリカのシンクタンクであるPew Research Center (2014)は,近年,「AI, Robotics, and the Future of Jobs」と題する調査レポートを取りまとめた。それによると,2025年にネットワーク,自動化,人口知能そしてロボットの進化によって,ブルーカラー,ホワイトカラー両方の仕事がこれに取って代わられる割合は,全体の48％,技術によってヒトの仕事が代替されない割合は,全体の52％であることを明らかにし,おおよそ2人に1人の仕事が奪われる危険性について,これを明らかにした。

　世界的な会計監査法人のDeloitte (2014)は,イギリスのオックスフォード大学マーチンスクールのFrey and Osborneと協力して,イギリスにおける自動化のリスクと題した調査報告書をまとめた。それによると,次の20年間で,新しいコンピュータやロボット技術によってイギリス人の仕事が取って代わられるリスクは,35％(ロンドンに限ると30％)であるのに対し,取って代わられるリスクが低いかそれともリスクはないと回答した割合は,43％(ロンドンの場合は51％)であると発表した。

図表9-5 コンピュータ化のリスクが低い職種,高い職種

コンピュータ化のリスクが低いベスト20の職種

1位	レクエーション・セラピスト(Recreational Therapists)
2位	機械の整備や修理をする第一線監督者(First-Line Supervisors of Mechanics, Installers, and Repairer)
3位	危機管理責任者(Emergency Management Directors)
4位	メンタルヘルス・薬物関連ソーシャルワーカー(Mental Health and Substance Abuse Social Workers)
5位	聴覚訓練士(Audiologists)
6位	作業療法士(Occupational therapists)
7位	歯科矯正士・義歯技工士(Orthotists and prosthetists)
8位	医療ソーシャルワーカー(Healthcare social workers)
9位	口腔外科医(Oral and maxillofacial surgeons)
10位	消防・防災の第一線監督者(First-line supervisors of fire-fighting and prevention workers)
11位	栄養士(Dietiticians and nutritionists)
12位	宿泊施設の支配人(Lodging managers)
13位	振付師(Choreographers)
14位	セールス・エンジニア(Sales engineers)
15位	内科医・外科医(Physicians and surgeons)
16位	教員コーディネーター(Instructional coordinators)
17位	心理学者(Psychologists)
18位	警察・刑事の第一線監督者(First-line supervisors of police and detectives)
19位	歯医者(Dentists (general))
20位	小学校教師(Elementary school teachers (except special education))

コンピュータ化のリスクが高いワースト20の職種

680位	調達係(Procurement Clerks)
681位	包装機・充填機のオペレーター(Packaging and Filling Machine Operators and Tenders)
682位	エッチング・彫刻業者(Etchers and Engravers)
683位	銀行の窓口係(Tellers)
684位	スポーツの審判員(Umpires, referees and other sports officials)
685位	自動車保険鑑定人(Insurance appraisers, auto damage)
686位	融資担当者(Loan officers)
687位	受注係(Order clerks)
688位	証券会社の一般事務員(Brokerage clerks)
689位	保険金請求・保険契約代行者(Insurance claims processing and policy clerks)
690位	時計の組立・調整工(Timing device assemblers and adjusters)
691位	データ入力作業員(Data entry keyers)
692位	図書館司書の補助員(Library technicians)
693位	新規口座開設担当者(New accounts clerks)
694位	フィルム写真の現像技術者(Photographic process workers and processing machine operators)
695位	税務申告代行人(Tax preparers)
696位	貨物・積荷取扱人(Cargo and freight agents)
697位	時計修理工(Watch repairers)
698位	保険業者(Insurance Underwriters)
699位	データ・テクニシャン(Mathematical Technicians)
700位	手縫いの仕立て屋(Sewers, Hand)
701位	権利証書の審査官・調査官(Title Examiners, Abstractors, and Searchers)
702位	テレマーケター(Telemarketers)

出所) Frey and Osborne (2013)

さて、アメリカでは労働者全体の2人に1人[145]、イギリスでは3人に1人の仕事が今後、自動化によって奪われてしまうとするショッキングな調査結果が欧米から発表されているのに対し、日本では、この種の実証研究がこれまで実施されてこなかった。おそらく、その理由は、日本では、ロボットや人工知能の進化より非正規雇用の問題がひと際クローズアップされてきたこと、そして、産業用ロボットの導入や利用において日本は、すでに世界トップクラスを誇り、しかも、ヒトと機械のインターフェイスがすでによく機能しているため、今更、機械がヒトの仕事を奪う等という命題をことさら取り上げる必要性はないとする楽観的な見方がその背後に潜んでいたと考えられる。ところが、最近、大手シンクタンクの野村総合研究所は、イギリスのオックスフォード大学マーチンスクールのFrey and Osborneと共同研究を実施し、その結果、国内の601種類の職業に関する人工知能やロボット等で代替される確率を試算した結果を発表した。それによると、10〜20年後には、日本の労働人口の約49%に相当する職業が代替される可能性が高いという驚くべき結果が得られる一方で、日本は、英国（35%）や米国（47%）の割合に比べ、もっとも高い代替率となっており、国際的にも、テクノロジー失業の問題がより深刻な課題であることが浮き彫りにされている（図表9-6）。

9-3-3　U字曲線モデル

前項で触れた各論者の見解を踏まえながら、労働（仕事）タイプ別に見たテクノロジー失業の危険性について検討してみよう。図表9-7は、ヒトの仕事を、①肉体労働など低次（ローエンド）なスキルが求められる仕事、②最終的な意思決定を行う高次（ハイエンド）なスキルが要求される仕事、③高次でも低次でもない中程度（ミドルレンジ）なスキルが求められる仕事に大きく区別し、これらの仕事のなかでテクノロジーの進歩に伴い、機械（コンピュータ）化の

---

[145] 近年、2025年には、米国で1億人分の職がロボットに取って替わられるというショッキングな指摘もなされている（Davidow and Malone, 2014）。

図表9-6　人工知能やロボット等による代替可能性が高い職業，低い職業

人工知能やロボット等による代替可能性が高い100種の職業

IC生産オペレーター	こん包工	電子計算機保守員（IT保守員）
一般事務員	サッシエ	電子部品製造工
鋳物工	産業廃棄物収集運搬作業員	電車運転士
医療事務員	紙器製造工	道路パトロール隊員
受付係	自動車組立工	日用品修理ショップ店員
AV・通信機器組立・修理工	自動車塗装工	バイク便配達員
駅務員	出荷・発送係員	発電員
NC研削盤工	じんかい収集作業員	非破壊検査員
NC旋盤工	人事係事務員	ビル施設管理技術者
会計監査係員	新聞配達員	ビル清掃員
加工紙製造工	診療情報管理士	物品購買事務員
貸付係事務員	水産ねり製品製造工	プラスチック製品成形工
学校事務員	スーパー店員	プロセス製版オペレーター
カメラ組立工	生産現場事務員	ボイラーオペレーター
機械木工	製パン工	貿易事務員
寄宿舎・寮・マンション管理人	製粉工	包装作業員
CADオペレーター	製本作業員	保管・管理係員
給食調理人	清涼飲料ルートセールス員	保険事務員
教育・研修事務員	石油精製オペレーター	ホテル客室係
行政事務員（国）	セメント生産オペレーター	マシニングセンター・オペレーター
行政事務員（県市町村）	繊維製品検査工	ミシン縫製工
銀行窓口係	倉庫作業員	めっき工
金属加工・金属製品検査工	惣菜製造工	めん類製造工
金属研磨工	測量士	郵便外務員
金属材料製造検査工	宝くじ販売人	郵便事務員
金属熱処理工	タクシー運転者	有料道路料金収受員
金属プレス工	宅配便配達員	レジ係
クリーニング取次店員	鍛造工	列車清掃員
計器組立工	駐車場管理人	レンタカー営業所員
警備員	通関士	路線バス運転者
経理事務員	通信販売受付事務員	
検収・検品係員	積卸作業員	
検針員	データ入力係	
建設作業員	電気通信技術者	
ゴム製品成形工（タイヤ成形を除く）	電算写植オペレーター	

人工知能やロボット等による代替可能性が低い100種の職業

アートディレクター	児童厚生員	バーテンダー
アウトドアインストラクター	シナリオライター	俳優
アナウンサー	社会学研究者	はり師・きゅう師
アロマセラピスト	社会教育主事	美容師
犬訓練士	社会福祉施設介護職員	評論家
医療ソーシャルワーカー	社会福祉施設指導員	ファッションデザイナー
インテリアコーディネーター	獣医師	フードコーディネーター
インテリアデザイナー	柔道整復師	舞台演出家

映画カメラマン	ジュエリーデザイナー	舞台美術家
映画監督	小学校教員	フラワーデザイナー
エコノミスト	商業カメラマン	フリーライター
音楽教室講師	小児科医	プロデューサー
学芸員	商品開発部員	ペンション経営者
学校カウンセラー	助産師	保育士
観光バスガイド	心理学研究者	放送記者
教育カウンセラー	人類学者	放送ディレクター
クラシック演奏家	スタイリスト	報道カメラマン
グラフィックデザイナー	スポーツインストラクター	法務教官
ケアマネージャー	スポーツライター	マーケティング・リサーチャー
経営コンサルタント	声楽家	マンガ家
芸能マネージャー	精神科医	ミュージシャン
ゲームクリエーター	ソムリエ	メイクアップアーティスト
外科医	大学・短期大学教員	盲・ろう・養護学校教員
言語聴覚士	中学校教員	幼稚園教員
工業デザイナー	中小企業診断士	理学療法士
広告ディレクター	ツアーコンダクター	料理研究家
国際協力専門家	ディスクジョッキー	旅行会社カウンター係
コピーライター	ディスプレイデザイナー	レコードプロデューサー
作業療法士	デスク	レストラン支配人
作詞家	テレビカメラマン	録音エンジニア
作曲家	テレビタレント	
雑誌編集者	図書編集者	
産業カウンセラー	内科医	
産婦人科医	日本語教師	
歯科医師	ネイル・アーティスト	

出所）野村総合研究所（2015）

　方向へ押し潰される可能性の高い仕事について，トレースしたものである。すると，今後ともヒトに残される仕事は，「ハイエンドな仕事」と「ローエンドな仕事」である一方，機械に取って代わられる危険性が高い仕事とは，「ミドルレンジの仕事」がその対象であることが分かる[146]。

　このU字曲線モデルが示す実に興味深い知見とは，低次な仕事ほど機械化されにくい点である。というのも，コンピュータは，膨大なデータを活用して高度な計算と暗記，パターン認識や推論は得意だが，生物が有する運動能力や感覚的スキルなど身体性を伴うことは，たとえ5歳児レベルだとしても難しいからである。この考え方は，カーネギーメロン大学ロボット工学研究所の

146　Cowen（2013）もまた同様な指摘をしている。

図表9-7　仕事別に見たテクノロジー失業の危険性

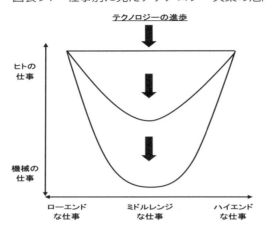

Moravecが提唱した「モラベック・パラドックス」と呼ばれている。これは，五感（見る，聞く，嗅ぐ，味わう，触れる）を使った情報処理や組み合わせ，文脈理解やモデルの構築，コミュニケーションそして状況判断や常識的判断は，たとえヒトには容易でも，コンピュータにとっては苦手な行為のため，機械化されにくいというものである[147]。もう1つ，低次な仕事が機械化されにくいのは，ヒトが機械の下請けとして働くような場合があげられる。経済学者でカリフォルニア大学のClark（2007）によると，ファストフードで肉を焼く作業やパンの上にのせる仕事，庭の草取り，スーパーマーケットの陳列やレジ打ちそして袋詰めなど，頭を使わない単純作業や器用さが求められる仕事等は，機械が苦手なため最後までヒトに残されると主張している[148]。また，数学者の新井（2010）によると，たとえば，郵便番号の手書き数字の読み取りでは，

147　Bernstein（1996）によると，人間の身体能力には，「力強さ」，「スピード」，「持久力」，「巧みさ」という4つの概念があり，なかでも，制御の機能である巧みさ（Dexterity）を発達させたことが人間の重要な特徴であると分析している。
148　但し，機械の下請け労働も安全ではなくなってきている。たとえば，一部のスーパーやアパレルの店舗では，買い物籠を置くだけで一括精算可能な省力機械が導入され始めており，今後とも，ヒトが担う単純作業の自動化は普及する可能性が高いと思われる。

機械を使うと約9割は認識できるものの，機械がどうしても認識できない郵便物については，賃金の安い非正規社員が読み取り作業をしているという。これらの指摘からも明らかなのは，コンピュータの精度は着実に向上してきているものの，未だ完璧ではない。このため，機械やコンピュータでは処理しきれない仕事や技能等について，ヒトが介在する余地が残されているのである。

このように労働（仕事）タイプ別に見たテクノロジー失業を考えると，徐々に機械へ置き換えられる可能性の高い仕事は，低次でも高次でもないいわゆるほどほどの仕事（たとえば，ルーチンワークに従事する事務作業者など）がターゲットになりやすい。そして，これからもヒトに残される仕事の性質とは，ヒトが持っている能力でしかできない仕事であり，具体的には「きわめて高度な知的労働」か，それとも「身体性を伴う肉体労働」そして「機械の下請けとしての低賃金労働」であると結論づけられるだろう。

9-3-4 テクノロジー失業の未来

最後に，テクノロジーによる雇用崩壊について総括してみよう。まず，テクノロジー失業とは，ある期間における単発な課題ではなく，産業革命以降，それぞれの時代の英知を結集し，生み出した技術革新が起こるたびに，繰り返し持ち上がった懸案事項であり，こうした現象は，未来においても基本的には変わらない。つまり，人間が生み出す技術革新やグローバリゼーションとは，いわば，ヒトの仕事を機械に置き換え，自分から他人へ仕事を移すことに他ならず，人間自身が自らの雇用を破壊している行為であると言い換えられるものである。過去から現在そして未来に至るまで，我々は，自分たちの手で自分たちの仕事を奪い取り，失業問題を自作してきたのである。

しかしながら，テクノロジーの進歩は，即失業につながるというものではない。仕事の難易度から低い順に「低次な作業（肉体労働）」，「中次な作業（事務作業）」，「高次な作業（意思決定作業）」という3タイプに分けた場合，中次な作業ほど機械化を余儀なくされる可能性が高い一方で，「低次な作業」や「高次な作業」については，逆に，人間化が強まる余地もまた残される。なぜ

なら，中次な作業（事務作業）の多くは，機械が得意とする計算や暗記そしてパターン認識など多くの点で符合するため，機械へ代替がしやすいからである。一方，低次な作業（肉体労働）とは，瞬発力のような身体能力や高い運動能力が求められ，機械がもっとも不得意な分野であると共に，高次な作業（意思決定作業）は，経営や事業等における重要な意思決定を行わなければならず，こうした人間関係や状況判断を伴うような仕事は，機械がもっとも嫌う弱点であり，今のところ，ヒトの能力には及ばないからである。但し，意思決定作業を意味する高次な作業についても，将来的に機械へ代替される可能性は少なくない。というのも，すでに一部の先端企業では，経営判断用AIの開発に取り組んでおり，もしこの技術が完成すれば，どうしても先入観や思い込みが避けられない経営者の代わりに，私情や思惑を排除してコンピュータがもっとも合理的な意思決定を即断即決することも可能になるのである[149]。

9-4　テクノロジーによる雇用創造

9-4-1　雇用創造のしくみ

これまでテクノロジーの進歩がヒトの雇用を奪い取る強力なトリガーであるとの見解を述べてきた。しかし，テクノロジーの進歩は，ヒトの雇用を奪い取るマイナス要因だけではない。逆に，新しい労働需要を生み出しヒトの雇用を増やすエンジンでもあるというプラスの側面を見逃してはならない。たとえば，第3章であげたFA最大手のファナックの創業者である稲葉（1982）は，次のように書いている。「これまでモーター工場では，50台のロボットと80名の作業員が働いていたが，新モーター工場では，101台のロボットを導入するため，作業員は30名に激減する。それでは，50名の作業員はどうなったのか。実は，設計やファクトリー・エンジニア，セールス・エンジニアなど，より質の高い仕事に転換しており，これは労働組合も了解しているなど，労使の

---

[149] また，米国のNPO調査研究機関であるIFTF（Institute For The Future）では，ハイレベル・マネジメントの仕事を自動化するソフトウエアの開発を意味する「iCEO」に取り組んでいる。詳しくは，Fidler（2015）を参照のこと。

図表9-8 テクノロジーの進化と雇用創造のしくみ

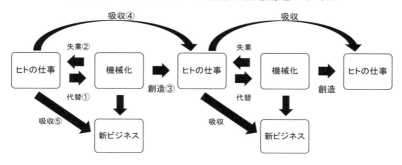

利益は完全に一致している（本文から一部抜粋）」。そこで，本節では，テクノロジー雇用について議論してみたい。

最初に，テクノロジー雇用創造のしくみから触れてみよう。図表9-8は，テクノロジーの進歩からヒトの仕事がどう変質し，そのなかで労働移動がどう展開されるのかを示した一般図である。

それによると，テクノロジーの進歩を通じて，これまでヒトが担ってきたある仕事が機械に置き換わる（①）。すると，ヒトの仕事が機械へ代替され，失業が発生する（②）。ところが，仕事が機械化されることで，保守やメンテナンスなどを含む新たにヒトが担うべき仕事が創造される（③）。そして，新たに創造された仕事の担い手として，一旦は機械に代替されたものの，当該業務に習熟した作業者らが再任・吸収される（④）。また，機械化することで生産性が高まると，そこで得られたキャッシュでもって，新たなビジネスのための投資が期待される一方，そのような新ビジネスが，すでに機械に取って代わられてしまったヒトを吸収する母体として働く（⑤）。このように①〜⑤が次々に連動すれば，テクノロジーの進歩が雇用を生み出し続けるそのエンジンの役割を果たし得るのは，明白である。それでは，次に，テクノロジー雇用の簡単な事例を紹介しよう。たとえば，交通機関を例に取り上げると，江戸時代は飛脚と呼ばれる人力であった。しかし，その後，飛脚の仕事は役馬に代替を余儀なくされた。馬の方がパワーの点でヒトより優れているし，費用の面でも負担

が少なかったからである。そのため，飛脚というヒトの仕事は急速に減少し，失業者が増えた。ところが，役馬はまさに馬力の点でヒトを圧倒したものの，目的地までの近道や回り道の探索など，主体的に考え行動することはできない。そこで，これらの経験や知識を有する飛脚らが今度は，役馬や馬車をガイドしたり，その運行をサポートする仕事に採用されたのである。一方，飛脚の仕事が役馬等に代替されると，これまで手紙や書類など軽量な物の配送に制限されてきたものが，今度は，かなりの重い荷役を運搬できたり，あるいは，人間まで運べるようになるなど，これが新たなビジネスを生み出す原動力として作用したのである。

　このようにテクノロジー雇用を巡る議論は，あまりにも技術革新の進歩がヒトの仕事を奪う刺激的な面ばかりに注目が集まり，その副次的効果として新たな雇用創造が起こるメカニズム等については，十分な議論がなされてこなかった。しかし，最近になって，その論調は，大きく変わりつつあるのが現状のようだ。たとえば，2011年にヒトが機械と競争を繰り広げる（Racing Against Machines）様を主張したBrynjolfsson and McAfeeは，2015年に行われたインタビューの中で，ヒトと機械が一緒になって競争する（Racing With Machines）意義について触れている。また，バブソン大学のDavenportとハーバード・ビジネス・レビューのエディターであるKirby（2015）は，自動化とは，ヒトの仕事を減らし機械に置き換える脅威としてではなく，機械がヒトを支援し，仕事の機会を広げるとして捉えるべきであり，自動化が雇用の可能性を増やす発想を拡張（Augmentation）と命名している。そして，拡張時代において，ヒトには5つの働き方の選択肢があると説明している。1つは，経営者や事業責任者など大局的かつ高度な判定が必要な「ステップ・アップ」である。2つ目は，教育者やクリエイターなど高度な対人能力やセンスが求められる「ステップ・アサイド」である。3つ目は，機械やコンピュータを理解し，監視や調整を担う「ステップ・イン」である。4つ目は，自動化は可能だが，経済的には効果がないようなニッチ領域を指す「ステップ・ナロウリー」である。5つ目は，次世代の新システムやテクノロジーを開発する「ステップ・

フォワード」である。

9-4-2 テクノロジー雇用に関する国別比較

次に，テクノロジー雇用に関する国別比較として，ここでは，産業用ロボットの台数と失業率の関係から雇用創造について国際ロボット連盟が取りまとめた調査レポートの内容を紹介しよう。国際ロボット連盟（International Federation of Robotics：IFR）が取りまとめた「雇用における産業用ロボットの好影響（Positive Impact of Industrial Robots on Employment）」に関する報告書によると，「ブラジル」，「中国」，「韓国」，「日本」，「ドイツ」，「米国」のうち，「米国」と「日本」以外の国々は，ロボット台数の拡大に伴い失業率が減少しているが，それは，自動化によって仕事量の増加や新たな仕事が生み出された可能性が高いと分析している。調査レポートの中で「失業率対ロボットの稼働台数」と題したデータからは，2000年から2010年にかけて，各国のロボット台数と失業率の相関関係の変化が描き出されている。それによると，「ブラジル」では，ロボット台数が約1,000から7,000まで増加する一方で，逆に，失業率は，13％台から5％台まで下がっている。これは，航空機や乗用車など好調な製造業がロボットの導入を拡大するのみならず，ヒトの雇用もまた吸収したからだと考えられる。

「中国」では，ロボット台数がほぼ0から一気に80,000台弱まで増えたにもかかわらず，失業率は，4％台で推移している。これは，製造業が持続的拡大してきた結果，ロボットの導入が急増したにもかかわらず，雇用に与える影響は，ほとんどなかったことを示している。

「韓国」では，ロボット台数が40,000から130,000台近くまで一気に増えたのに対し，失業率は，4％台から3％台まで下がっている。これは，その当時，サムスン，LGそして現代などの財閥系メーカーが国際競争力のある自動車や家電を生み出すため，ロボット台数を大幅に増強したからであり，また，こうした韓国製造業の急成長が雇用を吸収し，失業率の低下につながったと解釈できるだろう。

「ドイツ」でも，ロボットの導入が約90,000から160,000台まで拡大しているのに比べ，失業率は，約7%から6%台まで下がっている。これは，①国内企業数の99.5%を占める中小企業群の付加価値額が大企業並みに伸びているため，雇用が安定している。②多くのドイツ企業が開発・生産拠点を国内に温存して革新に努めた結果，製造業が成長して雇用を下支えただけでなく，貿易収支も黒字が拡大した。③ドイツのモノづくりでは，プレス，溶接，塗装のような工程は100%自動化が進む一方，エンジンの製造や組立工程は，自動化と人間が協調する生産ラインが構築されている。④さらに，産学官が一体となってモノやサービスそして工場をクラウドにつなげて，新しいサービスやビジネスモデルを創造する「インダストリー4.0」と呼ばれる国家プロジェクトが力強く推進されている影響が大きいと考えられる。

これに対し，「米国」は，ロボット台数が約90,000から160,000台まで増えている一方，失業率もまた，4%台から約9%まで上がっている。これは，雇用なき成長（Jobless Recovery）とも呼ばれ，その背景には，デジタル・テクノロジーが指数関数的（加速度的）に進歩したため，生産性が著しく向上した。その結果，上位1%の一部の労働者が多くの分け前を独り占めして，それ以外の大多数の労働者は失業するか，それとも低賃金に喘ぐような状況に陥ったからである。つまり，米国では，ヒトの仕事が機械に奪われてしまったと考えられるのである。

さて，これらの国々の中で「日本」の状況は，やや特異な傾向を示している。ここで触れたすべての国々がロボット台数を増やしているのに比べ，ロボット大国とも揶揄される「日本」では，約400,000から約300,000まで大幅に減少している一方で，失業率は，おおよそ4%台の横ばいで推移している。これは，生産現場で沢山の専用機で構成される大量生産システムから複数の工程を一人の熟練者が受け持つセル生産システムへ作業方法が変化した影響が考えられる。つまり，市場の成熟化に伴い，大量の生産設備によって構成された量産体制から，多品種少量生産を実現するセル生産体制へ移行した結果，工場の製造ラインから生産設備が大量に除外された影響をあげることができる。ま

た，長引くデフレ不況からモノやサービスが売れず，その対策として，企業が余剰な生産能力を廃棄または縮小した可能性もまた指摘されるだろう。

これまでの議論を整理すると，下記のようになる。①「日本」以外の国々では，ロボット稼働台数が拡大している。これは，各国が産業用ロボットの導入と活用にアクセルを踏んでいるからである。②それにも関わらず，失業率が下がっている国としては「ブラジル」，「ドイツ」，「韓国」があげられる。これは，これらの国々の製造業が活発化しているため，ロボットの導入が増えているにも関わらず，雇用もまた拡大している様子を示唆している。③失業率が横ばいである国は「中国」が該当する。これもまた，ロボットの導入が急拡大しても，製造業の成長から雇用には影響が及んでいないことが考えられる。④逆に，失業率が上がっている国は「米国」であり，急速なロボットの導入に伴い，ヒトの雇用が奪われている可能性を示唆している。⑤「日本」は，ロボットの導入台数が低下する一方で，失業率は横ばいで推移している。これは，セル生産システムの定着化に加え，非正規雇用の拡大がその理由にあげられる。

最後に，これらの国々の今後のゆくえについて触れておこう。2015年に発表されたボストン・コンサルティング・グループによる「産業用ロボット導入の急拡大が世界の製造業に与える影響（The Shifting Economics of Global Manufacturing How a Takeoff in Advanced Robotics Will Power the Next Productivity Surge）」によると，ロボット導入の急拡大により人件費は，2014年から2025年にかけて主要輸出国25か国の平均で16％低下することが予想されている。そして，もっとも人件費の削減率が高い国は，韓国（33％）であり，次いで平均値（16％）を上回る国は，日本（25％），カナダ（24％），アメリカと台湾（22％），イギリスとドイツ（21％），オーストラリア（20％），中国とチェコ（18％）が続いている。逆に，平均値を下回る国では，ブラジル（7％）があげられた。つまり，ブラジルを除くそれ以外の国々では，産業用ロボットの導入・拡大に伴い人件費削減率が上昇するため，失業のリスクが高まり，雇用問題が深刻化する恐れがあることをこれは物語っている。

9-4-3　テクノロジー雇用のための条件

　テクノロジー失業に関する研究に比べ，テクノロジー雇用に関する研究は，これまで十分になされてこなかった。技術革新は，いわば，ヒトの仕事を容易にし，あるいは代替する技術の進歩であり，ヒトの仕事を増やすことを本意としてこなかったからである。しかしながら，技術革新の結果，ヒトの雇用が機械に奪われる反面，間接的に何かしらの新たな雇用が生み出されることは，歴史を振り返ってもすでに明らかである。たとえば，簡単な例をあげると，手書きの数字の認識という単純な仕事は，人間がやるより機械で行う方が確かに効果的である。ところが，手書きの多くは，書き手の癖や誤字・脱字が含まれるため，そうした時，機械で読み取ることができず，人間が介在してこれを判読しなければならない。

　このように技術革新とは，ヒトの雇用を奪う側面がある一方で，ヒトの雇用を新たに生み出す可能性という両面を併せ持つ。つまり，ロボットやAIそしてコンピュータ等の先端技術は，仕事の破壊者（Job Destroyer）であると同時に，仕事の創造者（Job Creator）でもある。よって，これからは，テクノロジー雇用に必要な条件を明らかにすることが大切であり，なかでも「教育」，とりわけ「STEM」と呼ばれる能力を向上させる取り組みが重要だと言われている。

　「STEM」とは，科学（Science），技術（Technology），工学（Engineering），数学（Mathematics）の頭文字を合成したものであり，近年，理系離れや数学離れが目立ち始めた我が国においては，頭の痛い課題のひとつである。この点について，たとえば，数学者でありコンピュータにも詳しい新井（2010）は，次のように述べている。

　「単に流暢な英会話ができたとしても，国際社会を生き抜けるわけではありません。実は，それで語られているのは，数学をベースにした科学技術言語なのです。そのことを日本人はもっと自覚すべきでしょう（p.60から抜粋）」。また，「学校数学を勉強する必要はありません。とりあえず，数学の筋が分かればよいのです。言葉としての数学はどう成り立っているか。変化をとらえる

ために関数をどのように使えばよいか。不確実性を表現するため，確率や統計をどのように使えばよいか。言葉としての数学が話せる能力を獲得することが大切なのです（p.193から抜粋）」

このように，ヒトの仕事が機械に置き換えられる前後または置き換えられた段階で浮き彫りとなる仕事，たとえば，機械技術の設計や開発，機械操作やサービス・メンテナンス等のような仕事は，まさしくヒトが担うべきである。そして，これらの業務を担うためには，教育によって創造性やハイ・スキルな仕事にも従事できるような能力を身に着けること，具体的には，STEM教育の充実と普及が最優先課題なのである。

それでは，どのようにSTEM人材を養成する教育をするべきだろうか。ただでさえ，抽象的な数式や法則を理解するのは，子供から大人まで苦手であり，これが理系離れに拍車をかける真因と考えられるが，それでは，どうすればよいのだろうか。ひとつの解決策として，いつか必要になるだろう知識の学習（Just in Case）は，知識獲得の定着率が悪いため避けるべきであるのに対し，今，まさに必要だから学習する（On Demand）やり方は，自ずと勉強意欲が高まり，知識の定着率も良くなるため，望ましいことである。つまり，前者は，盲目的に計算や暗記などの学習に努めるやり方なため，集中力が切れやすく，途中で諦めてしまう傾向が強いのに比べ，後者は，自分で考え出したアイデアや作りたい物をまずハッキリさせ，それを実現するにはSTEMを学習しなければならないというアプローチであり，こうしたやり方に転換できれば，子供から大人まで苦手意識が薄れ，学習意欲の向上も期待できるかもしれない。

このようにSTEM能力の獲得には，単純に無目的に計算や暗記に取り組むのではなく，まず，ゴールを明確にしてから，それを現実化するために必要な数式や法則の理解に努める方がより効果的であることを十分に認識する必要がある。その典型的なケースとして，現在，世界中で過熱するコンピュータのプログラミング教育があげられる。しかしながら，転職や仕事そして起業を目的にプログラミング教育を学ぶ人材ならともかく，小学生の段階から必修科目と

して義務づける取り組みがすでに実施がなされていることは，まさに知識の学習そのものであり，行き過ぎたプログラミング教育は改善した方が良いと考えられる。

9-5　テクノロジーによる失業と雇用のバランス

　最後に，本章の結論を述べてみたい。まず，テクノロジーが失業問題を引き起こす原動力となるからと言ってその進歩を止めるべきではない。なぜなら，テクノロジーとは，新たな雇用を生み出す源泉でもあるからである。そこで，肝要なのは，テクノロジー失業と雇用のバランスである。つまり，テクノロジーの進化によって，失業者が雇用者を著しく上回るような場合，「少しの勝者（雇用される人間）と無数の敗者（雇用されない人間）がいる」事態となり[150]，その結果，深刻な格差や貧困の問題が発生する悪いパターンに陥ってしまう。反対に，テクノロジーの進化を通じて生み出されるだろう雇用者が失業者の数を上回るような場合（換言すると，テクノロジーが進歩するスピードに比べ，人間が得意とする能力の向上スピードがそれを上回るような場合），雇用は安定して経済成長も実現される理想的なパターンを産み出すことができる。

　それでは，テクノロジー失業に対し，テクノロジー雇用が常にそれを上回る状況を作り出すためには，どんな課題があげられるだろうか。1つは，テクノロジー失業のゆくえを正しく見極めることである。たとえば，現在，ロボットやオートメーションの進化は，これまでヒトが担ってきた単純作業に取って代わり，ディープ・ラーニングや人工知能の発達は，知的作業に従事してきたナレッジ・ワーカーの仕事を奪い取るといわれるが，こうした技術革新の将来性を正しく把握しながら，人間の仕事とは何かを注意深く見極める必要がある。加えて，ロボティクスや人工知能を専門とする理系の科学者と雇用や労働経済を専門とする文系の学者らのモノの見方や考え方の違いについても，十分配慮

150　Rotman (2013).

する必要がある。

　2つ目は，テクノロジー雇用創出のメカニズムを明らかにすることが大切である。テクノロジー失業に関する研究の蓄積に比べ，テクノロジー雇用の研究は，これまで漠然と論じられてきただけで雇用創造のしくみの解明等に関する知見や考察は，決して十分であると言えない。技術革新がヒトの雇用にどうプラスの効果を与えるのか，その具体的な雇用創造のしくみとは何か，そして，技術革新に伴う雇用創出を持続的に展開するための秘訣とは何かなど，当該分野を巡る検証課題は山積している。

　3つ目は，どんなにテクノロジーが進歩しても，人間の方が優れている技能またはスキルを常に向上させる取り組みが極めて重要である。テクノロジーの進歩が人間に与える恐怖とは，技術革新がヒトの仕事を奪うことではなく，ヒトが機械に置き換えられるリスクがあることを無視して，これまで通り，人間が仕事の担い手であると思い込み，思考が停止することである。テクノロジーの進歩は，我々の生活の質を高める貢献者である一方で，人間の仕事を奪い取る強力なライバルともなり得る。よって，我々は，常に人間が有する能力を磨きあげ，決して機械に置き換えられない努力を怠ってはならないのである。つまり，機械との競争において我々は，人間が有する希少な能力とは何か，そして，人間固有の優れたスキルの開発に持続的に努めることが大切なのである。

　最後に，機械に雇用が奪われない視点も大切だが，それよりもヒトと機械の協調システムをどう構築すべきか考えることの方がより重要である。たとえば，最先端の生産現場では，ヒトと機械が仕事の取り合いを繰り広げているよりも，作業者と機械が互いに協調したモノづくりが実現され，生産性の向上に大きく貢献している。このような成功事例からも，ヒトと機械が対立する考え方からは，マイナス・シナジー（負の相乗効果）しか生み出されず，適切ではない。むしろ，ヒトと機械が相互に優れた力を発揮し，これを連結させ，プラスの相乗効果を生起するやり方を研究する方が明らかに価値のある考え方と言えるのである。

第10章 テクノロジー経営の現状と可能性

10-1　デジタル技術とIoT

　最終章では，各章で繰り広げた議論について順を追いながら整理してみよう。本書は，人工知能，ロボティクス，3Dプリンターのようなデジタル工作機械等のテクノロジーとモノのインターネットとも呼ばれるIoTの進化が今日的企業にどんな影響と変革をもたらしているかについて，文献サーベイや事例研究等からその実態の解明を試みたものである。まず，最初に，第1章から第5章までは，「人工知能」，「3Dプリンター」，「ロボティクス」そして「IoT」の飛躍的な進化について考察した。

　第1章では，デジタル時代のイノベーションについて触れた。周知の通り，近年ほど，デジタル技術の進歩が注目される時代はない。デジタル技術の飛躍的進歩が大きなブレークスルーをもたらすことは，すでに未来学者，国際的機関，先端的研究所，優良企業がこぞって興味・関心を示し，多額の予算を割いて研究に取り組んでいる。特に，人工知能，3Dプリンター，ロボティクス，自動運転については，今後，有望なデジタル技術として取り上げられている。また，グーグルやシーメンスのようなグローバル企業は，これら新しいデジタル技術を効率的に獲得するため，近年，目覚ましいクロスボーダーM&Aを活発に展開している。

　一方，新しい経済のしくみでは，近年，シェアリング・エコノミーが声高に叫ばれるようになった。たとえば，世界的なシェアリング・エコノミー企業として，AirbnbやUberのビジネスモデルが注目を集めている。シェアリング・エコノミー・サービスは，仲介を担う運営会社が提供者と利用者をマッチング

させて収益化を図るビジネスモデルであり，戦略論の世界では，「ツーサイド・プラットフォーム」あるいは「マルチサイド・プラットフォーム」とも呼ばれている。シェアリング・エコノミー・サービスは，成熟した国家やモノ余り時代を強く反映したビジネスモデルであり，どちらかと言えば，新興国市場より先進国市場を対象に普及と拡大が見込まれている。とりわけ，2020年に開催予定の東京オリンピックや外国から訪れる観光客によるインバウンド消費で盛り上がる我が国では，同ビジネスモデルの可能性は高く評価され，将来的にも有望と言われている。但し，シェアリング・エコノミー・サービスは，いまだ多くの課題を抱えている。それは，規制緩和等の法律問題や安全性の担保，共有文化の確立という厚い壁であり，このような諸課題を乗り越えない限り，その普及と拡大は難しいだろう。

さて，今日のデジタル技術は，直線的ではなく指数関数的な進歩を遂げていると言われている。これは，「ムーアの法則」や「シンギュラリティ」とも呼ばれ，デジタル技術やIoT革命を支持する論者たちの強力な理論的裏付けとされている。すなわち，デジタル技術は，1年ごとに倍のペースで進展する直線的な進歩ではなく，1年ごとに倍増して進展する指数関数的な進歩を遂げる。このため，数年後，数十年後には，これまで不可能と見なされてきた技術，製品やサービスそしてビジネスモデルが出現する可能性が高いことである。確かに，近年の半導体技術や人工知能技術の飛躍的な進化は，これをまさに裏付けるものであると言ってもよい。

最後に，これまで数々の画期的なイノベーションを生み出してきたDARPAと呼ばれるユニークな研究開発機関について触れた。米国の国防総省の傘下にあるDARPA（国防高等研究計画局）は，軍民両用研究を通じて沢山の画期的な技術を生み出してきた。たとえば，GPS，インターネットそしてドローン等の世界的な革新技術である。DARPAは，民間企業が手を出せないハイリスク・ハイリターンの性格を帯びた非連続イノベーションを生起するため，ユニークな組織構造を形成している。まず，ライン構造は，極めてフラットな階層構造を有している。具体的には，局長-室長-PM（プロジェクト・マネジャー）と

いう低階層組織だが，これは，DARPAが創発を目標に掲げる研究開発組織だからである。また，実際の研究開発を担う組織は，PMマネジャー制を敷いている。これは，責任と権限が与えられたプロジェクト・マネジャーが強いイニシアチブを発揮して専門チームを統率しながら，画期的なイノベーションに取り組む体制である。最後に，DARPAの技術開発の手法は，エンドゲーム・アプローチを採用している。これは，具体的な目標から逆算してニーズや技術を見極め，開発を進めるやり方であり，非連続イノベーションを生み出す重要な秘訣とされている。

第2章では，人工知能研究の流れやその開発の実態等について触れた。まず，人工知能の歴史を見ると，現在，第3次人工知能ブームの波が押し寄せている。その背景として，ディープ・ラーニングがもたらした可能性が指摘されている。また，世界中で様々な人工知能プロジェクトが立ち上がっている。たとえば，IBMでは，「ワトソン・プロジェクト」と称する取り組みを実施している。グーグルでは，あらゆるゲームのうち，もっとも難しいと言われる囲碁のディープ・ラーニングソフトウエアを開発し，賞金を巡ってプロ棋士と対戦させる企画を展開している。国立情報学研究所は，「人工知能は東大に入れるか」プロジェクトを進めており，すでに有名私立大学へ合格するレベルにまで達している。それによると，2015年度のセンター試験模試8科目において偏差値57.8を記録し，なかでも，数学と世界史では偏差値64以上を達成したと発表されている[151]。

人工知能を搭載するプロジェクトのなかでもっとも大規模なものとして，自動運転車の開発があげられる。世界中の自動車メーカーや自動車部品メーカーに加え，アップルやグーグルのような異業種企業も参入するなど，開発を巡るメガ・コンペティション（大競争）が繰り広げられている。その一方で，人工知能がもたらす恐怖についても指摘がなされている。たとえば，人工知能が雇用を奪ったり，テロや犯罪に利用されたり，さらには，SF映画のように人工

151　国立情報学研究所（2015）。

知能が意思を持ち，人間に敵対するなど，従来では，夢幻だと一蹴された話が，いよいよ現実味を帯びてきたのである。

　第3章では，ロボティクスについて触れた。まず，我が国は，現在，世界一の産業用ロボットの稼働大国である。国内には，産業用ロボットを使用する先である自動車や家電など優れた企業が多数存在し，各社の工場内では，塗装や溶接ロボットそしてマテハンや組み立てロボット等が複数台導入されている。ところが，これを時系列に示して見ると，世界の産業用ロボットの稼働台数に占める我が国の割合は，年々，右肩下がりで減少し，衰退の一途を辿っている。たとえば，1985年当時，世界の約7割の産業用ロボットが日本国内で稼働していたものが，直近（2014年）では，20%まで低下している。逆に，世界シェアを急速に伸ばしているのは中国であり，2000年当時の世界シェアは，わずか0.1%であったものが，2014年には，12.8%まで伸長し，2018年の予測では26.4%まで拡大が予想されている。このように世界の産業用ロボットの情勢が大きく変化するなか，産業用ロボットの新たな革新として，人間と共生するロボット，双腕型ロボットが登場し，次第に顕在化しつつある。たとえば，ファナックやKUKAでは，ヒトと協調して仕事をするロボットの開発に取り組んでいる。また，リシング・ロボティクスや安川電機では，人間の上半身をまねた2つの腕を持つ双腕型ロボットの開発に成功し，すでに実用化されている。

　一方，最近では，サービスロボットが次々に開発され，大きな評判を呼んでいる。日本では，自動車メーカーのホンダが世界初の二足歩行型ロボットを開発して以降，ソニーが犬型ロボットを市場でヒットさせ，ロボットが運営する「変なホテル」がオープンして巷の話題を呼ぶなど，サービスロボットの分野でも，優れた製品開発力を発揮し，存在感を示している。将来的に深刻な労働力不足と超高齢化現象に直面することが確実な我が国にとって，サービスロボットの研究と開発は，これらの社会問題の改善を図る重要な解決策を提供するものである。このため，今後とも産官学が連携を強化し，ロボット・イノベーションに取り組む必要があるだろう。

第4章では，3Dプリンターについて触れた。まず，3Dプリンターとは，使い手であるユーザーが自ら作り手になることを可能にする技術である。つまり，ユーザーが生み出した自分のアイデアを3Dプリンターによって実物を造り出す技術であり，換言すると，これは，生産と消費の統合を可能にする技術とも言える。生産と消費の統合については，これまでも多くの識者が多面的な議論を展開してきた。たとえば，未来学者のTofflerによる「プロシューマー」，MITのvon Hippelによる「ユーザー・イノベーション」，ミシガン大学のPrahalad and Ramaswamyによる「価値共創」，実業家であるAndersonによる「メイカーズ」等である。

3Dプリンターの開発と普及では，3Dプリンター技術の原点となる光造形法の原理を日本人が発見したにもかかわらず，特許出願の関係から，皮肉にもライセンスが米国技術者の手に渡ってしまった経緯があり，その影響のせいで今日の3Dプリンター市場の中心は，米国（企業）が他国を圧倒する構図ができてしまった。3Dプリンターの実用性については，破壊的イノベーションと称賛する見解と同時に，もはや幻滅期に差し掛かっている技術と主張する主に2つの意見があるなど，実に様々な議論がなされている。3Dプリンターの特徴では，従来の切削加工とは異なる点が数多く観察される。たとえば，加工法においては前者が加算式であるのに対し，後者は減算式という違いがあげられる。また，工具については，前者は不要であるのに比べ，後者は必要であるなど，その違いは，多岐にわたっている。最後に，3Dプリンターの造形法には，価格帯や利用者そして性能の違いから，「粉末焼結法」，「光造形法」，「インクジェット法」，「シート積層法」，「押出法」等に分類することができる。

最後に，3Dプリンターを導入し，プリンティッドカーやプリントハウスそしてプリントブリッジなど，小規模から大規模までなんでもプリントしてしまう試みが世界中で巻き起こっているが，このような3Dプリンターを導入する意義としては，「モノづくりの民主化」と「マス・カスタマイゼーション」があげられる。これまでのモノづくりは，いわば，大企業による巨大な工場がその舞台であった。ところが，3Dプリンターを導入すると個人製造が可能とな

るため，モノづくりが我々の手の中に戻ってくる（つまり，民主化が可能になる）。また，3Dプリンターや3Dスキャナーなど，デジタル工作機械を導入すると，個別最適生産が可能になる。すなわち，1人ひとりのニーズに合った製品を低コストとハイ・スピードで開発できることであり，これこそが，3Dプリンターを活用する最大のダイナミズムである。

　第5章では，IoTについて触れた。まず，IoTの定義については，今日，数多くの指摘がなされている。通常，IoTは「モノのインターネット」と訳されているが，それでは，従来の機器間通信（M2M）とほとんど変わらない。そこで，ここでは，IoTの定義をヒトやモノそして機械等からデータを収集し，これをビッグデータへ送ってアナリティクス・エンジンを活用して解析し，再び，ヒト，モノ，機械へ解析データを送信して現場で利活用する一連のしくみであると定義している。

　近年，IoTが注目される背景では，まず，インターネットに接続可能なデバイスの増大があげられる。今後，デバイスの数は，爆発的に増大することが見込まれており，その総数は，250億個や500億個になるとも言われている。また，機械に組み込まれるセンサーも飛躍的に拡大することが予測されている。調査によると，2023年には，世界における年間のセンサー生産は，何と1兆個（トリリオン）時代を迎えることが予想されており，こうしたセンサーの急速な普及と拡大がIoTの進展を後押しする原動力ともなっている。

　その一方で，IoTの認知度やデータ活用の重要性については，いまだ多くの日本人が理解していないようだ。民間の意識調査によると，調査対象の約7割がIoTに関する知識や理解が不十分であることがすでに分かっている。また，データ活用に関する国際比較を見ても，日本は他国と比べ，データ活用に関する意識がきわめて低いという結果がすでに得られている。何故，日本では，IoTやデータの戦略的活用に関する意識が乏しいのか。それは，極端なモノづくり信仰が与える影響が考えられる。従来の日本企業は，品質や機能に優れた良い製品（ハードウエア）を作ることがライバルとの競争に勝利するやり方であった。しかしながら，モノ余りの時代，低成長期を迎えた現在，時間とお金

を費やし，たとえ良い製品を生み出すことができたとしても，売れる保障はなくなった。というのも，今日の消費者が求めているのは，必ずしも良い製品ではない。むしろ，良い情報，良いサービス，良いソリューションに大きな価値を見出すように変化してきているからである。このような消費者側の価値転換に即応して対処する能力は，長年，愚直にモノづくり重視，情報やサービス軽視でやってきた日本企業がもっとも不得意とする部分であり，これがIoTやデータの利活用を鈍らせている主要な要因とも考えられる。したがって，これからの日本企業は，「ハード」から「ソフト」へ，「モノ」から「サービス」または「ソリューション」へと稼ぎ方のスイッチを切り替えていく必要があるだろう。

　最後に，日本企業がIoTやデータの利活用へ邁進することを拒むもうひとつの壁としては，セキュリティの問題があげられる。つまり，インターネットの世界は，サイバー攻撃やハッキングそしてプライバシィの侵害等が多発しており，こうした安全性や脆弱性に関する課題が山積しているのが実態だ。インターネットが地球上を巡っている以上，世界的な規制やルールの設置や不正行為に対する万全な対抗策を講じられない限り，IoTへの取り組みは，一寸先は闇であることを肝に銘じる必要がある。

10-2　企業経営に与えるインパクト

　第6章から第9章までは，デジタル・テクノロジーの劇的な進歩やIoTという新しい概念が企業経営に及ぼす影響を「マネジメント問題」，「モノづくり問題」，「ビジネス（製品）問題」，「雇用問題」という4つの視点から詳しく考察を行った。

　まず，第6章では，テクノロジーとIoTが「マネジメント」に与える影響について検討したが，この際，バブソン大学のDavenportによる一連の研究成果を拠りどころに，ビッグデータとアナリティクスについて触れた。なぜなら，Davenportは，当該分野において優れた業績をあげている巨人（Guru）のような存在だからである。まず，ビッグデータについては，その特性や従来の

データ分析との違い，ビッグデータの活用に関する実態等を明らかにした。また，アナリティクスについては，必要な構成要素を明らかにしながら，アナリティクスの時代的変遷として，「アナリティクス1.0」，「アナリティクス2.0」そして「アナリティクス3.0」への転換に関する検討を行った。そのうえで，アナリティクスを武器に競争優位性を構築した新旧ふたつの企業事例として，小売業のセブン＆アイ・ホールディングス（セブン-イレブン）と老舗酒造メーカーである旭酒造を取り上げ，データ活用を駆使して高い精度の意思決定支援，新製品・新サービスの開発，優れたビジネスモデルの構築等について，具体的に触れた。一方，アナリティクスの導入事例として，スポーツの世界もまた取り上げた。最初は，大リーグのオークランド・アスレチックスが導入したマネーボール理論について詳しく検証した。また，日本女子バレーボールの活躍の背後にあるデータバレーのしくみについても触れた。さらに，2015年のワールドカップで，世界から称賛されたラグビー日本代表を取り上げ，その躍進の背後にデータ分析の有効的活用が存在したことを明らかにした。最後に，データ分析の担い手としてデータ・サイエンティストを取り上げながら，その育成と活用に成功した事例として，大阪ガスの取り組みを紹介した。そして，これらの事例研究を通して，日本は，世界に比べてデータ・サイエンティストの数が圧倒的に不足しており，しかもその育成のための取り組みも遅れているため，早急なる対応が求められることが明らかにされた。

　ここで，第6章のポイントについて，私見を交えながら整理してみよう。まず，近年の企業経営では，伝統的な直観や経験を拠りどころとするアプローチから，ビッグデータを効果的に活用し，アナリティクスを通じた意思決定支援や新製品・新サービスへつなげるというアプローチが主流を占めるようになってきた。というのも，高度成長時代やモノ不足の時代は，容易に将来予測ができたため，直観や経験に頼るマネジメントでも有効に機能した。ところが，低成長時代やモノ余り時代に突入すると，未来の見通しを立てることが難しくなるため，直観や経験に頼らず，むしろ，科学的にデータを分析し，統計上の裏付けを取りながら，意思決定していくやり方がもっとも効果的となる。ま

た，このようなデータ分析戦略を考えるうえで，データ分析に不可欠なリテラシーの発達は見逃せない。そして，ビッグデータの登場は，データ分析を武器にする企業を生み出すのに大きな原動力となった。ビッグデータとは，その名の通り，膨大で多種多様なデータをリアルタイムに収集できるリテラシーとされ，この技術が登場したことでデータ分析の精度が向上し，IoTの実現に大きな貢献を果たしたのである。

さて，Davenportによると，データの分析力を意味するアナリティクスは，現在，第3段階に差掛っている。それは，分析の対象が従来の意思決定支援から新製品や新サービスの開発という戦略的イノベーションの生起に変わったことである。また，データ認識のパターンについても，従来までの文章に加え，画像や音声まで広がってきており，分析力は，ますます向上してきている。一方，Davenportは，アナリティクスで競争する企業について，5つの発展段階を提示している。そして，第5段階に到達した企業の特徴として，①組織にデータ分析が定着している，②事実に基づき意思決定を行う企業文化が隅々まで浸透している，③経営幹部がアナリティクス戦略を十分理解し積極的であるという点をあげている。

このようなアナリティクス戦略を武器に戦う企業にとり，データ・サイエンティストと呼ばれる専門家の育成とその効果的活用は，最重要な課題だと言える。これがデータ・サイエンティストは，21世紀における最高にセクシーな仕事と呼ばれる所以である。データ・サイエンティストは，データの収集，加工，分析そして伝達までを担当し，これらの知見を引き出し得る人材だと定義され，今日，その育成と活用が強く求められている。

第7章では，テクノロジーとIoTが「モノづくり」に与える影響について触れた。最初に，ドイツが主導し日本や米国でも注目されている「インダストリー4.0」を取り上げ，その背景や内容等を検討した。その結果，「インダストリー4.0」は，「第4次産業革命」とも言われるほど，21世紀の製造業における革命的な出来事であることが分かった。また，今日の世界の製造業は，ドイツが掲げたこの青写真を手掛かりに，「つながる工場」，「考える工場」の実

現を通じて，競争優位性の構築を目指していることも示された。しかしながら，「インダストリー4.0」の導入と適応には，必ずしも手放しに喜べない課題が山積していることも分かった。たとえば，インターネットの脆弱性や標準化等という重要な課題である。周知のとおり，インターネットの世界は，未だ多くの危険が潜んでおり，100％安全とは言えない。サイバー攻撃やハッキングさらに誤作動や誤操作などのシステム・トラブル等の発生リスクが伴い，大袈裟に表現すると，何でもありのびっくり箱のような状態である。また，ウチとソトの生産設備や工場をネットワークするために不可欠な通信方式やデータ形式等の標準化において，我が国は，欧米に比べて共通化が遅れていると言わざるを得ず，これでは，ネットワークでつなげることすらできない。

　こうした点からみて「インダストリー4.0」を取り入れる評価は，冷静に考えると，プラス面とマイナスの面が混在しており，よって，その実現に向けて突き進むことに手放しで賛成することはできない。中沢・藤本・新宅（2016）は，最近，出版された対談本のなかで，日本企業による「インダストリー4.0」熱の高まりについて，些か過剰気味な反応であり，その本質をもっと理解すべきであると警鐘を鳴らしている。たとえば，共著者の一人である東京大学の藤本は，次のような辛口のコメントを寄せている。「いくらなんでも第4次産業革命は大袈裟すぎる（p.129）」。「インダストリー3.5くらいではないか（p.129）」。「日本の企業は概して目先の変化に即応する能力は高いが，超長期の大ビジョンを考え抜くのは苦手。ドイツは逆に，鈍重なかわりに，将来を見通す科学的思考にすぐれているのではないか（p.133）」。

　このように多くの課題や疑問が残されるなか，世界中で「インダストリー4.0」熱が一向に冷めないのは，おそらく，発信国であるドイツの気合の入った取り組みだけに止まらず，実は，もっと別の理由が隠されているのかもしれない。それは，AIやコンピュータそしてロボティクスのような先端技術が進化するスピードが予想を上回るペースで進んでいる現実である。たとえば，半導体の集積密度は18〜24ヶ月で倍増するという「ムーアの法則」が与えた影響は，きわめて大きいように思われる。同じく，コンピュータ技術が指数関数

的に進化を続ける結果，将来的にコンピュータが人類を超えるのは2045年であり，これを特異点は近い（The Singularity is Near）と表現した未来学者のレイ・カーツワイルによる予言は，近未来に人類が直面する大転換として，世界が前向きに評価している可能性が高いと考えられる。

　ここで，第7章のポイントについて私見を述べてみよう。端的に言うと，日本企業の選択肢には，伝統的な「石橋を叩いて渡るのか」それとも「積極的に先手をとるのか」という2つのスタンスのうち，どちらかひとつを選ぶしかあるまい。「インダストリー4.0」は，確かに飛躍する可能性を秘めているが，同時にまた，リスクや危険性も少なくない。このため，諸外国の動向や先発企業の動きに目を凝らしながら，そのうえで打つ手を考える慎重的な行動をとるべきか，それとも，リスクや不完全性はあるものの，それを承知の上で積極的に動き，勝機を見出す挑戦的な行動に出るかのどちらかしかないが，とはいえ，その答えは市場の要求に従い決定がなされるべきだろう。つまり，「インダストリー4.0」がもたらす最大の果実である「マス・カスタマイゼーション」や「サービタイゼーション」を顧客が評価するか否かにかかっている。少し極端な例を挙げると，A社が開発した自動車の車内にB社の座席を組み入れたいとする顧客側のニーズが果たして多数発生するか否かである。もし顧客の個客化が進むとしたら，企業はオーダーメイドやカスタマイズによって対応せねばならないだろう。但し，ここで深慮すべきは，カスタマイズと価格とのバランスである。果たして顧客は，カスタマイズから生じる価格の上昇分を納得して支払ってくれるのか。先の事例で言うと，A社が開発したクルマの車内にB社の座席を組み入れたいと顧客が希望した際，たとえそれが高価格化を招くとしても，本当に納得してお金を支払ってくれるのか。たとえカスタマイズを望んでも，顧客が許容できない高い価格となってしまったら，お金の支払いを躊躇してしまうのではないか。もし，そうだとしたら「インダストリー4.0」が生み出す果実そのものの価値が空振りとなってしまい，革新的な挑戦自体が意義のないものになってしまうことも危惧される。このように「インダストリー4.0」の成否のカギを握るのは，これを構築する側の意欲や能力というより，

それを享受する側にある市場や顧客の認識または出方にかかっていると結論付けられるのである。

　第8章では，テクノロジーとIoTが「ビジネス（製品）」に与える影響について検討した。まず，今日の製品は，「物理的製品」から「スマートな接続可能な製品」という相互連結性の高い製品化への動きが加速している。たとえば，ウエラブル端末，コネクティッドカー，スマートホーム等である。そして，これからもスマートな接続可能な製品の拡大が続くとすれば，次のようなパラダイムシフトが発生すると予想される。それは，あらゆるスマートな接続可能な製品は，もはや個人の所有物と狭く捉えるのではなく，むしろ，万人の共有物のように広く定義すべき点である。この考え方は，「システム・オブ・システムズ」とも呼ばれ，個々の製品の性能や能力にフォーカスするのではなく，その他の製品とのつながりのなかで製品の性能や能力に着目するアプローチである。また，スマートな接続可能な製品が今後とも拡大すると，既存のような組織では，もはや対応できなくなり，新たな組織設計が必要となる。Porter and Heppelmann（2015）は，「スマートな接続可能な製品」時代の新しい組織構造として，「統合されたデータ組織」，「開発オペレーション」，「カスタマー・サクセス・マネジメント」と命名した新機能部門の設置を声高に提唱している。

　それでは，第8章のポイントについて私見を述べよう。まず，スマートな接続可能な製品というプロダクト・イノベーションとIoTというしくみが相互に触発された結果，きわめてユニークなビジネスモデルの構築に結実する可能性を指摘しておきたい。基本的なビジネスモデルとは，スマートな接続可能な製品に取り付けられた複数のセンサーからリアルタイムに膨大なデータが収集され，そして，ネットワークへ発信されて解析される。その後，解析されたデータは再び，スマートな接続可能な製品に送信され，有効利用されるか，それとも，新製品や新サービスの開発に活かされる。本章では，アナリティクスを武器に競争する企業が創造したユニークなビジネスモデルとして，コマツによる「スマート・コンストラクション」とGEによる「インダストリアル・インタ

―ネット」を取り上げたが，これらの事例研究からも，スマートな接続可能な製品とIoTを活用するビジネスモデルの構築は，あらゆる企業にとって競争優位性の重要なカギであり，これを表現するには，新しい組織デザインを設計し，対応することが求められる。

　第9章では，テクノロジーとIoTが「雇用」に与える影響について触れた。まず，現代の雇用変化の実態について述べた。今日の雇用は，正規社員の緩やかな減少と非正規社員の急速な拡大が進んでいる。2015年現在，正規社員は約6割まで低下し，非正規社員は約4割まで拡大してきているのが現状だ。非正規社員の戦略的活用が進むなか，同時にまた，ロボットや人工知能などの機械を使ってヒトの仕事を代替させる取り組みも進展している。特に，日本は，機械化に対する抵抗感が少なく，従来よりその活用や導入が進んでいるが，その背景には，幼少期におけるマンガやアニメへの親しみが影響していると言われている。逆に，西欧では，宗教上の影響から機械化に対する抵抗感が大きく，これまでヒト型ロボットの研究や実用化への取り組みは遅れてきた。

　次に，テクノロジーによる雇用破壊について詳しく触れた。これは「テクノロジー失業」と呼ばれ，現在は，第3の波に直面していると言われている。また，「テクノロジー失業」については，約300年前から今日まで様々な議論がなされているが，最近の研究によると，「テクノロジー失業」の割合は，英国で35％，米国で47％に対し，日本はどの国よりも高い49％になるという調査結果が提示されている。

　一方，人工知能やロボット等の機械化によって新たな雇用が生み出される「テクノロジー雇用」についても議論した。「テクノロジー雇用」の基本的なメカニズムとは，次の通りである。①テクノロジーの進歩からヒトの仕事が機械に代替される。②その結果，「テクノロジー失業」が生まれる。③しかし，機械化に伴い保守・メンテナンス等の新たな仕事が生まれる。④新たに生み出された仕事について，機械化で仕事を失った作業者が吸収される。⑤また，機械化して生産性が高まり儲けたキャッシュを利用して新ビジネスが立ち上がり，そこで新たな雇用が生まれる。このような「テクノロジー雇用」を実現するた

め，我々が身に着けなければならないスキル・ノウハウとして，STEM教育の重要性にも触れた。これは，科学・技術・工学・数学を指すものであり，機械化の拡大に伴い，コンピュータやプログラミングの知識が何よりも不可欠となるため，学校教育の段階から，STEM教育に力を入れるべきであることが指摘された。

最後に，第9章のポイントについて私見を述べてみよう。従来から雇用を巡る問題は，ヒトが人の仕事を奪う視点から議論されてきた。正社員の仕事が非正規社員によって奪われる雇用問題が良い例だろう。ところが，これからの新しい雇用を巡る課題として，ヒトがヒトの仕事を奪い取るアプローチではなく，ロボットやコンピュータがヒトの仕事を奪い取る（あるいは，逆に仕事を作り出す）アプローチに注目や関心が集まるにちがいない。なぜなら，テクノロジーの進歩は，我々の想像以上のスピードで進展しているからである。

これまでのテクノロジーと雇用に関する議論を総括すると，テクノロジーの進歩によってある階層レベルの雇用が急速に破壊される一方で，逆に，革新的なテクノロジーが新たな雇用を創造する原動力にもなると結論づけられるだろう。我々は，テクノロジーの進歩が一部の人間たちの仕事を奪い取る面ばかり，気にしてクローズアップしがちである。というのも，歴史を振り返っても，新しいテクノロジーの台頭が人間の仕事を駆逐してきたからである。しかし，こうした負の側面ばかり注視すべきではない。なぜなら，新しいテクノロジーの登場からヒトの仕事が機械に置き換えられるたびに，本来，人間がすべき仕事が改めて浮き彫りとなり，そこから新たな雇用の芽が生まれるからである。つまり，我々は，テクノロジーの進歩を反面教師とすることで，人間がすべき仕事とは何か，そして，自らの潜在能力とは何か，さらに人間とは何なのかを深く知ることができるのである。

すでに述べたとおり，テクノロジーの進歩は，人間を破壊するのみならず，人間の生活の質を高めてくれる側面を併せ持つ。我々は，日常の生活の中で，身の回りでテクノロジーと共存共栄を実現している。筆者は，お掃除ロボット「ルンバ」を所有しているが，ある日，リビングの掃除をルンバで行いながら，

キッチンで調理をしていた時，何か得体のしれない一体感を覚えた経験がある。それは，人間とロボットが協力して家事を行う行為を通じて，お掃除ロボットに対する愛着と信頼関係のような気持ちが芽生えたことである。それは，人間と機械によって生み出された相乗効果（Synergy Effect）であり，真のマン・マシン・インターフェイスの意味だと実感した瞬間であった。テクノロジーの進歩は，仕事の破壊と新たな雇用を生み出す。よって，人間は，テクノロジー失業の危機に只怯え続けるのではなく，むしろ，技術進歩のゆくえや方向性をよく見極めながら，人間固有の能力や相対的な強みを浮き彫りにし，それを伸長させる努力を怠らない方がより生産的な考え方ではなかろうか。

10-3　テクノロジー経営の未来

　デジタル技術の進歩とIoT時代の到来が企業経営や既存の経済活動を根本から変えてしまうという主張は，誤解を恐れずに言うと，科学者や技術者等，どちらかと言えば，ビジネスや市場の理解に乏しい理系の有識者から発信される場合が多い。そして，彼らの主張の根拠とは，2045年，人工知能やコンピュータが人間の知能に追いつき，追い越すことを予言した「シンギュラリティ」がその原動力となっている可能性が高い。

　その一方で，デジタル技術の進歩やIoTのしくみは，確かに見逃せない動きだが，しかし，これは一時のブームに過ぎず，あまりにも世間が過剰反応し過ぎていると主張するのは，特に，経済学者のような，ビジネスには造詣が深いが，技術等に関する知識に乏しい文系の識者から指摘がなされているようだ。そして，彼らによると，こうした新しい知見の多くは，未来志向の科学者が作り上げた話に過ぎず，現実を直視すれば，いささか，大げさすぎると考えている傾向が強い。

　それでは，どちらの見解が正しいのか。今のところ，即座に判断を下すことは難しい。しかし，はっきりしていることは，急速な技術進歩や新しいしくみの台頭に頭から蓋をして，やり過ごすことだけはしてはならないのは確かだ。なぜなら，我が国には，過去，苦い経験が刻まれているからである。それは，

1990年代に到来したIT（Information Technology）革命の際，欧米では，国家や企業が真っ先に未知なるものを積極的に受け入れ，新製品の開発やビジネスモデルの構築に邁進した。その結果，インテルやマイクロソフトのような世界標準企業が生まれ，現在でも持続的な競争優位性を発揮している。その一方で，我が国は，バブル不況の最中であったことに加え，もともと新しいもの対し疑ってかかる保守的な一面を多分に内包する日本人の国民性が強く影響したせいか，インターネットを含むIT投資を疎かにしてしまい，結果として，すでに先行していた欧米に大きな溝を開けられ，気が付けば取り返しのつかないほど持続的な競争劣位（Sustaineble Competitive Disadvantage）に立たされたという苦い経験を味わっている。

このような今日の技術革新や新たなしくみの台頭に対し，我々は，過去と同じ及び腰な態度をとるべきではない。むしろ，未知なるものへ果敢に挑戦する積極的な対応を取るべき必要がある。なぜなら，IT革命の頃とは異なり，今回のデジタル革命は，ロボットや工作機械そして自動車やセンシングなど，どれも日本が高い国際競争力を有する得意分野を対象としたイノベーションだからである。そのせいか，今日の日本政府の対応や日本企業の行動は，幸いにも，極めて積極的な対応や施策が打ち出されており[152]，今回は，過去と同じような轍を踏む可能性は極めて低いと考えられる。

最後に，デジタル技術とIoTの進化が企業経営に与える影響の課題について触れ，本書の結びとしたい。日本企業は，最先端のデジタル技術とIoTの進化を吸収し，それを消化するまでは，かなり容易に実行できるはずである。というのも，日本企業は，モノづくりに関する技術蓄積と学習能力そして国際競争力の高い製品や部品を生み出す力をすでに内包しているからである。しかし，これらは，特筆すべき問題ではない。本当の課題とは，特定の技術や能力を吸

---

[152] 2016年5月，政府の産業競争力会議は成長戦略の柱にロボットやAIを駆使した「第4次産業革命」を挙げた。自動運転車やIT（情報技術）で生産管理するスマート工場，小型無人飛行機「ドローン」などの最新技術を実用化し，2020年までに30兆円市場の開発を目標に掲げている。詳しくは，日本経済新聞「AI・ロボで生産性向上，GDP600兆円へ成長戦略素案，外国人受け入れ拡大」2016年5月20日を参照のこと。

収し消化することではなく，これらの知見を総動員しながら，画期的な新製品や新サービスそして新ソリューションを新たに創造するまで到達できるかどうかであり，この点において日本企業は，必ずしも優れているとは言えず，むしろ，欧米企業に後れを取っている感も否めない。たとえば，人工知能やIoT革命は，現在，欧米企業が先行し，日本企業は後追いのような状況である。アップルやグーグルなど異業種企業による自動車ビジネスへの参入，お掃除ロボット「ルンバ」を開発して大ヒットさせたアイロボット，家電の分野でこれまでにない発想と独自のテクノロジーで挑むダイソン，人工知能コンピュータ「ワトソン」を完成させたIBMなど，実用化に関する欧米企業の取り組みは，日本に比べ，より早くそしてダイナミックである。もちろん，日本企業のすべてがデジタル技術やIoTのしくみの実践に劣っている訳ではない。ロボット・スーツの開発では，サイバーダイン社の「HAL」がすでに販売され，ヒット商品となっているし，ソフトバンクが開発した感情を持つコミュニケーションロボットの「ペッパー」もまた，発売後，すぐに売り切れてしまうほどの人気である。しかし，だからと言って，全体を見渡した時，日本企業は，世界的なアドバンテージを握っているともはや断言できないのが実態である。

　それでは，どうすればデジタル技術やIoTのしくみを用いて日本企業は，画期的なイノベーションや収益化モデルの創造を達成できるのだろうか。おそらく，その答えは3つあげられる。ひとつは，新たな顧客ニーズをいち早く見つけ出し，デジタル技術やIoTのしくみを活用して解決を図ることである。ふたつ目は，産業間を跨いで国内外の企業と連携し，数多くの企業が抱えている懸案事項等を探し出してこれをデジタル技術やIoTのしくみによって対応し，解決を図ることである。最後に，少子化や高齢化など今日の社会問題を取り上げ，これをデジタル技術やIoTのしくみによって対応し，解決することである。

　モノという「有形財」がお金を生み出す時代から，情報（データ）やサービスなど「無形財」がお金を生む時代を迎えた現在，デジタル技術やIoTを企業経営に活用し，実用化できた企業だけが生き残り，できなかった企業は選別または淘汰される時代がいよいよやってきたことを，我々は肝に銘じる必要がある。

参考文献

【外国語文献】

Abegglen, J.C. and G. Stalk Jr. (1985), "*Kaisha : The Japanese Corporation,*" Basic Books.（植山周一郎訳『カイシャ』講談社，1990年）

Anderson, C. (2012), "*MAKERS : The New Industrial Revolution,*" Crown Business.（関美和訳『MAKERS―21世紀の産業革命が始まる』NHK出版，2012年）

Asimov, I. (1999), "*I, Robot,*" Spectra.（小尾芙佐訳『われはロボット（ハヤカワ文庫）』早川書房，1983年）

Atkinson, R.D. (2013), "Stop Saying Robots Are Destroying Jobs-They Aren't,"*MIT Technology Review*, Sep, 3.
http://www.technologyreview.com/view/519016/stop-saying-robots-are-destroying-jobs-they-arent/

Bahga, A. and V. Madisetti (2014), "*Internet of Things : A Hands-On Approach,*" Vijay Madisetti.

Baker, S. (2011), "*Final Jeopardy : Man vs. Machine and the Quest to Know Everything,*" Houghton Mifflin Harcourt.（土屋政雄訳『IBM 奇跡のワトソンプロジェクト：人工知能はクイズ王の夢を見る』早川書房，2011年）

Barnatt, C. (2013), "*3D Printing : The Next Industrial Revolution,*" Explainingthefuture.com.（小林啓倫訳『3Dプリンターが創る未来』日経BP社，2013年）

Barrat, J. (2013), "*Our Final Invention : Artificial Intelligence and the End of the Human Era,*" Thomas Dunne Books.（水谷淳訳『人工知能：人類最悪にして最後の発明』ダイヤモンド社，2015年）

Bernstein, N.A. (1996), "*Dexterity and Its Development,*" Psychology Press.（工藤和俊・佐々木正人訳『デクステリティ 巧みさとその発達』金子書房，2003年）

Birkinshaw, J. (2016), "Beyond Big Data," *London Business School Review*, Issue1, pp.8-11.

Botsman, R. and R. Rogers (2010), "*What's Mine is Yours : The Rise of Collaborative Consumption,*" HarperBusiness.（関美和訳『シェア：＜共有＞からビジネスを生みだす新戦略』NHK出版，2010年）

Bryniolfsson, E. and A. McAfee (2011), "*Race Against The Machine : How the Digital Revolution Is Accelerating Innovation, Driving Productivity, and Irreversibly Transforming Employment and the Economy,*" Digital Frontier Press.（村井章子訳『機

械との競争』日経BP社,2013年)

Bryniolfsson, E. and A. McAfee (2014), "*The Second Machine Age : Work, Progress, and Prosperity in a Time of Brilliant Technologies,*" W W Norton.

Bryniolfsson, E. and A. McAfee (2015), "The Great Decoupling," *Harvard Business Review,* Jun, pp.66-74.
https://hbr.org/2015/06/the-great-decoupling?cm_sp=Article-_-Links-_-Text%20Size(編集部訳「機械は我々を幸福にするのか」『Diamond ハーバード・ビジネス・レビュー』Nov, pp.30-41, 2015年)

Capek, K. (1920), "*R.U.R.*"(千野栄一訳『ロボット』岩波書店, 2003年)

Carr, N. (2014), "*The Glass Cage : Where Automation Is Taking Us,*" Bodley Head.(篠儀直子訳『オートメーション・バカ:先端技術がわたしたちにしていること』青土社, 2014年)

Clark, G. (2007), "*A Farewell to Alms : A Brief Economic History of the World,*" Princeton University Press.(久保恵美子訳『10万年の世界経済史 下巻』日経BP社, 2009年)

Cowen, T. (2013), "*Average is Over : Powering America Beyond the Age of the Great Stagnation,*" Dutton.(池村千秋訳『大格差:機械の知能は仕事と所得をどう変えるか』NTT出版, 2014年)

Davidow, W.H. and M.S. Malone (2014), "What Happens to Society When Robots Replace Workers?," *Economics & Society.*
https://hbr.org/2014/12/what-happens-to-society-when-robots-replace-workers

D'Aveni, R. (2015), "The 3-D Printing Revolution," *Harvard Business Review*, May, pp.40-48.
https://hbr.org/2015/05/the-3-d-printing-revolution

Davenport, T.H. and J.G. Harris (2007), "*Competing on Analytics : The New Science of Winning,*" Harvard Business School Press.(村井章子訳『分析力を武器とする企業:強さを支える新しい戦略の科学』日経BP社, 2008年)

Davenport, T.H., J.G. Harris and R. Morrison (2010), "*Analytics at Work : Smarter Decisions, Better Results,*" Harvard Business School Press.(村井章子訳『分析力を駆使する企業:発展の五段階』日経BP社, 2011年)

Davenport, T.H. and D.J. Patil (2012), "Data Scientist : The Sexiest Job of the 21st Century," *Harvard Business Review*, 90, No.10, October, pp.70-76.

Davenport, T.H. (2013), "Analytics 3.0,"*Harvard Business Review*, Dec, pp.65-72.(飯

野由美子訳「アナリティクス3.0」『Diamondハーバード・ビジネス・レビュー』May, pp.30-842, 2014年）

Davenport, T.H. (2014), "*Big Data at Work : Dispelling the Myths, Uncovering the Opportunities*, Harvard Business School Press.（小林啓倫訳『データ・アナリティクス3.0：ビッグデータ超先進企業の挑戦』日経BP社, 2014年）

Davenport, T.H. and J. Kirby (2015), "Beyond Automation," *Harvard Business Review*, Jun, pp.58-65.
https://hbr.org/2015/06/beyond-automation（辻仁子訳「オーグメンテーション：人工知能と共存する方法」『Diamondハーバード・ビジネス・レビュー』Nov, pp.70-81, 2015年）

Davenport, T.H. and J. Kirby (2016), "*Only Humans Need Apply : Winners & Losers in the Age of Smart Machines*," Harper Collins.

Dertouzos, M.L., R.M. Solow and R.K. Lester（1989), "*Made in America : Regaining the Productive Edge*," The MIT Press.（依田直也訳『Made in America：アメリカ再生のための米日欧産業比較』草思社, 1990年）

Dubois, L.H. (2003), "DARPA's Approach to Innovation and Its Reflection in Industry," in National Research Council, *Reducing the Time from Basic Research to Innovation in the Chemical Sciences*, National Academies Press.
http://www.ncbi.nlm.nih.gov/books/NBK36339/

Dugan, R.E. and K.J. Gabriel (2013), "Special Forces Innovation : How DARPA Attacks Problems," *Harvard Business Review*, Oct, pp.74-84.（編集部訳「DARPAの全貌：世界的技術はいかに生まれたか」『Diamondハーバード・ビジネス・レビュー』July, pp.88-101, 2014年）

Economist (2012), "*The Economist : Megachange : The World in 2050*," Economist Books.（東江一紀訳『2050年の世界：英エコノミスト誌は予測する』文藝春秋, 2012年）

Evans, P.C. and M. Annunziata (2012), "*Industrial Internet : Pushing the Boundaries of Minds and Machines*,"
http://www.ge.com/jp/sites/www.ge.com.jp/files/Industrial_Internet_Japan_WhitePaper_0517_2s.pdf

Fidler, D. (2015), "Here's How Managers Can Be Replaced by Software,"*Harvrad Business Review*, Apr, 21.
https://hbr.org/2015/04/heres-how-managers-can-be-replaced-by-software

Ford, M. (2009), "*The Lights in the Tunnel : Automation*," *Accelerating Technology and the Economy of the Future*, Acculant Publishing.（秋山勝訳『テクノロジーが雇用の75％を奪う』朝日新聞出版，2015年）

Ford, M. (2015), "*Rise of the Robots : Technology and the Threat of a Jobless Future*," Basic Books.

Frey, C.B. and M.A. Osborne (2013), "*The Future of Employment : How Susceptible are Jobs to Computerisation?*,"
http://www.oxfordmartin.ox.ac.uk/downloads/academic/The_Future_of_Employment.pdf/

Frey, T. (2013), "Two Billion Jobs to Disappear by 2030,"
http://www.wfs.org/futurist/2013-issues-futurist/september-october-2013-vol-47-no-5/top-10-disappearing-futures/disap-2

Fuchs, E.R.H. (2010), "Rethinking the Role of the State in Technology Development : DARPA and the Case for Embedded Network Governance," *Research Policy*, Vol. 39, pp. 1133-1147.

Gershenfeld, N. (2005), "*FAB : The Coming Revolution on Your Desktop : from Personal Computers to Personal Fabrication*," Basic Books.（糸川洋訳『ものづくり革命：パーソナル・ファブリケーションの夜明け』ソフトバンククリエイティブ，2006年）

Gershenfeld, N. (2012), "How to Make Almost Anything : The Digital Fabrication Revolution," *Foreign Affairs*, Nov-Dec, pp.43-57.

Gratton, R. (2011), "*The Shift : The Future of Work is Already Here*," Harpercollins.（池村千秋訳『ワーク・シフト ― 孤独と貧困から自由になる働き方の未来図』プレジデント社，2012年）

Greengard, S. (2015), " *The Internet of Things*," The MIT Press.

Harvard Business Review (2015), "Smarter, Smaller, Safer Robots," *Harvard Business Review*, Nov, pp.28-30.
https://hbr.org/2015/11/smarter-smaller-safer-robots（ハーバード・ビジネス・レビュー編集部訳「より賢く，より小さく，より安全なロボットが製造現場を変える」『Diamondハーバード・ビジネス・レビュー』Jau，pp.5-9，2016年）

Iansiti, M. and K.R. Lakhani (2014), "Digital Ubiquity : How Connections, Sensors, and Data are Revolutionizing Business," *Harvard Business Review*, Nov, pp.91-99.

https://hbr.org/2014/11/digital-ubiquity-how-connections-sensors-and-data-are-revolutionizing-business（辻仁子訳「GEが目指すインダストリアル・インターネット」『Diamondダイヤモンド・ハーバードビジネス・レビュー』April, pp.72-88，2015年）

Jeroen P.J., De Jong and E.D.Bruijn (2013), "Innovation Lessons From 3-D Printing," *Sloan Management Review*, Winter, Vol.54, No.2. sloanreview.mit.edu/files/2012/12/819a3bcb5e.pdf

Kaku, M. (2011), *"Physics of The Future : How Science will Shape Human Destiny and Our Daily Lives by The Year 2100,"* Doubleday.（斉藤隆央訳『2100年の科学ライフ』NHK出版，2012年）

Kaplan, F. (2005), *"Les Machines apprivoisées : Comprendre les robots de loisir,"* Vuibert.（西兼志訳『ロボットは友だちになれるか：日本人と機械の不思議な関係』NTT出版，2011年）

Keisner, C.A., J. Raffo and S. W-Vincent (2015), "Breakthrough Technologies : Robotics, Innovation and Intellectual Property," *Economic Research Working Paper*, No.30, pp.1-39.

Keynes, J.M. (1930), *"Economic possibilities for our grandchildren,"*
http://www.econ.yale.edu/smith/econ116a/keynes1.pdf

Kodama, H. (1981), "Automatic method for fabricating a three dimensional plastic model with photo-hardening polymer," *Review of Scientific Instruments*, Vol.52, No.11, pp.1770-1773.

Kotler, P. (2015), *"Confronting Capitalism : Real Solutions for a Troubled Economic System,"* Amacom Books.

Kurzweil, R. (2005), *"The Singularity Is Near : When Humans Transcend Biology,"* Viking Adult.（井上健監訳『ポスト・ヒューマン誕生：コンピュータが人類の知性を超えるとき』NHK出版，2007年）

Laseter, T. and J.H. Krupat (2013), "A Skeptic's Guide to 3D Printing, *Strategy+Business*," Issue.73, Winter.
http://www.strategy-business.com/article/00219?gko=c82ad

Leontief, W. (1983), "National perspective : The definition of problem and opportunity," in : National Academies, *The Long-term Impact of Technology on Employment and Unemployment : A National Academy of Engineering Symposium*, June 30, pp.3-7.

Levy, F. and R.J. Murnane (2004), *"The New Division of Labor : How Computers Are Creating the Next Job Market,"* Princeton University Press.

Lewis, M. (2003), *"Moneyball : The Art of Winning an Unfair Game,"* W.W.Norton & Company.（中山宥訳『マネーボール：奇跡のチームをつくった男』ランダムハウス講談社，2004年）

Lipson, H. and M. Kurman (2013), *"Fabricated : The New World of 3D Printing,"* Wiley.（斉藤隆央訳『2040年の新世界：3Dプリンタの衝撃』東洋経済新報社，2014年）

Mazzucato, M. (2013), *"The Entrepreneurial State : Debunking Public vs. Private Myths in Risk and Innovation,"* Anthem Press.（大村昭人訳『企業家としての国家：イノベーション力で官は民に劣るという神話』薬事日報社，2015年）

McAfee, A. and E. Brynjolfsson (2012), "The Management Revolution," *Harvard Business Review*, Oct, pp.59-68.

McInerney, P. and J.Goff (2013), "Big Data : What It Means for Japan Inc.,"（Diamondハーバード・ビジネス・レビュー編集部訳「ビッグデータが日本企業に迫るもの」『Diamondハーバード・ビジネス・レビュー』Feb，pp.72-83，2013年）

Mintzberg, H. (1987), "Crafting Strategy," *Harvard Business Review*, Jul-Aug, pp. 66-75.（「戦略クラフティング」『Diamondハーバード・ビジネス・レビュー』Jan，pp.78-92，2007年）

Mintzberg, H. (2005), *"Developing Managers Not MBA's,"* Financial Times Prentice Hall.（池村千秋訳『MBAが会社を滅ぼす：マネジャーの正しい育て方』日経BP社，2006年）

Porter, M.E. and J.E. Heppelmann (2014), "How Smart, Connected Products Are Transforming Competition," *Harvard Business Review*, Nov, 92, No.11, pp.64-88.（有賀裕子訳「接続機能を持つスマート製品が変えるIoT時代の競争戦略」『Diamondハーバード・ビジネス・レビュー』April，pp.38-69，2015年）

Porter, M.E and J.E. Heppelmann (2015), "How Smart, Connected Products Are Transforming Companies," *Harvard Business Review*, Oct, 93, No.10, pp.97-114.（有賀裕子訳「IoT時代の製造業」『Diamondハーバードビジネス・レビュー』January，pp.84-109，2015年）

Prahalad, C.K. and V. Ramaswamy (2004), *"The Future of Competition : Co-Creating Unique Value With Customers,"* Harvard Business School Press.（有賀裕子訳『価値共創の時代』ランダムハウス講談社，2004年）

Rayport, J.F. and B.J. Jaworski (2005), "*Best Face Forward : Why Companies must Improve their Service Interfaces with Customers*," Harvard Business School Press.（中瀬英樹訳『インターフェイス革命』ランダムハウス講談社，2006年）

Redman, T.C. (2008), "*Data Driven : Profiting from Your Most Important Business Asset*," Harvard Business School Press.（栗原潔訳『戦略的データマネジメント』翔泳社，2010年）

Reich, R. (2010), "*Aftershock : The Next Economy and America's Future*," Knopf.（雨宮寛・今井章子訳『余震（アフターショック）そして中間層がいなくなる』東洋経済新報社，2011年）

Ricardo, D. (1821), "*On the Principles of Political Economy, and Taxation*, third edition,"John Murray.（羽鳥卓也・吉澤芳樹訳『経済学および課税の原理 下巻』岩波文庫，1987年）

Rifkin, J. (1994), "*The End of Work : The Decline of Global Labor Force and the Drawn of the Post-Market Era*," Tarcher.（松浦雅之訳『大失業時代』阪急コミュニケーションズ，1996年）

Rifkin, J. (2014), "*The Zero Marginal Cost Society : The Internet of Things and The Rise of The Sharing Economy*," Palgrave Macmillan.（柴田裕之訳『限界費用ゼロ社会：モノのインターネットと共有型経済の台頭』NHK出版，2015年）

Roos, D., J.P. Womack and D. Jones（1990), "*The Machine that Changed the World*," Macmillan.（沢田博訳『リーン生産方式が世界の自動車産業をこう変える』経済界，1990年）

Ross, J.W., C.M. Beath and A. Quaadgras (2013), "You May Not Need Big Data After All," *Harvard Business Review*, Dec, pp.90-98.
https://hbr.org/2013/12/you-may-not-need-big-data-after-all（Diamondハーバード・ビジネス・レビュー編集部訳「つまるところビッグデータは不要かもしれない」『Diamondハーバード・ビジネス・レビュー』May，pp.66-76，2014年）

Rotman, D. (2013), "Technology is Destroying Jobs," *MIT Technology Review*, June, 12.
http://www.technologyreview.com/featuredstory/515926/how-technology-is-destroying-jobs/

Shanahan, M. (2015), "*The Technological Singularity*," The MIT Press.（ドミニク・チェン監訳『シンギュラリティ：人工知能から超知能へ』NTT出版，2016年）

Stokes, D.E. (1997), "*Pasteur's Quadrant : Basic Science and Technological Innovation," Brookings Institution Press.

Toffler, A. (1980), "*The Third Wave*," William Morrow.（徳山二郎監訳『第三の波』日本放送出版協会，1980年）

Thompson, F.M.L. (1976), "Nineteenth Century Horse Sense," *Economic History Review*, 29, pp.60-81.

Vogel, E. (1979), "*Japan as Number One : Lessons for America*," Harvard University Press.（広中和歌子・木本彰子訳『ジャパンアズナンバーワン―アメリカへの教訓』ティビーエス・ブリタニカ，1979年）

Von Hippel, E. (1988), "*The Sources of Innovation*," Oxford University Press.（榊原清則訳『イノベーションの源泉：真のイノベーターはだれか』ダイヤモンド社，1991年）

Von Hippel, E. (2005), "*Democratizing Innovation*," The MIT Press.（サイコム・インターナショナル訳『民主化するイノベーションの時代：メーカー主導からの脱皮』ファーストプレス社，2005年）

Williams, S. (2002), "*Arguing A.I. : The Battle for Twenty-First-Century Science*," At-Random.（本田成親訳『人工知能のパラドックス』工学図書，2004年）

【邦語文献】

安宅和人（2015）「人工知能はビジネスをどう変えるか」『Diamondハーバード・ビジネス・レビュー』Nov，pp.42-58.

新井紀子（2010）『コンピュータが仕事を奪う』日本経済新聞出版社。

新井紀子（2014）『ロボットは東大に入れるか』イースト・プレス。

米国国家情報会議（2013）『2030年 世界はこう変わる：アメリカ情報機関が分析した17年後の未来』講談社。

独立行政法人科学技術振興機構研究開発戦略センター（2014）「米国DARPA（国防高等研究計画局）の概要（ver.2)」Sep.
http://www.jst.go.jp/crds/pdf/2014/FU/US20140901.pdf

本田幸夫（2014）『ロボット革命：なぜグーグルとアマゾンが投資するのか』祥伝社新書。

稲葉清右衛門（1982）『ロボット時代を拓く：黄色い城からの挑戦』PHP研究所。

鎌田慧（1983）『ロボット絶望工場』徳間書店。

川口盛之助（2007）『オタクで女の子な国のモノづくり』講談社。

岸宣仁（2011）『ロボットが日本を救う』文春新書。
楠田喜宏（2004）「産業用ロボット技術的発展の系譜的調査」『技術系統化調査報告 第4集』国立科学博物館。
　　sts.kahaku.go.jp/diversity/document/system/pdf/012.pdf
河本薫（2013）『会社を変える分析の力』講談社現代新書。
北場林（2014）「米国DARPA（国防高等研究計画局）の概要（ver.2）」JST/CRDS 海外動向ユニット，Sep．
　　http://www.jst.go.jp/crds/pdf/2014/FU/US20140901.pdf
小林雅一（2013）『クラウドからAIへ：アップル，グーグル，フェイスブックの次なる主戦場』朝日新書。
小林雅一（2015）『AIの衝撃 人工知能は人類の敵か』講談社現代新書。
小玉秀男（1981）「3次元情報の表示法としての立体形状自動作成法」『電子通信学会論文誌』Vol.64，No.4，pp.237-241。
国領二郎（2013）『ソーシャルな資本主義：つながりの経営戦略』日本経済新聞出版社。
国友隆一（2013）『セブン-イレブンのおにぎりは，なぜ，1日400万個売れるのか』三笠書房。
桑津浩太郎（2015）『2030年のIoT』東洋経済新報社。
松田卓也（2012）『2045年問題 コンピュータが人類を超える日』廣済堂新書。
松本博文（2014）『ルポ 電王戦―人間 vs. コンピュータの真実』NHK出版新書。
眞鍋政義（2011）『精密力：日本再生のヒント』主婦の友新書。
松尾豊（2015a）『人工知能は人間を超えるか：ディープ・ラーニングの先にあるもの』角川EPUB選書。
松尾豊（2015b）「ディープ・ラーニングで日本のモノづくりは復権する」『Diamondハーバード・ビジネス・レビュー』Nov，pp.60-68．
松崎和久（2014）『サービス製造業の時代』税務経理協会。
三菱総合研究所編（2014）「第3の産業革命：メイカームーブメントが資本主義を変える。ものづくりを変える。あなたの働き方を変える。」『PHRONESIS』ダイヤモンド社。
三品和広・センサー研究会（2016）『モノ造りでもインターネットでも勝てない日本が，再び世界を驚かせる方法―センサーネット構想』東洋経済新報社
みずほ情報総研・みずほ銀行（2015）「IoT（Internet of Things）の現状と展望：IoTと人工知能に関する調査を踏まえて」『みずほ産業調査』Vol.51，No.3．

みずほ銀行・産業調査部（2014）「米国のイノベーション創出力」『みずほ産業調査』45, No.2, pp.134-143.
水野操（2012）『3Dプリンター革命』ジャムハウス。
宮﨑康二（2015）『シェアリング・エコノミー：Uber, Airbnbが変えた世界』日本経済新聞出版社。
桃田健史（2014）『アップル, グーグルが自動車産業を乗っとる日』洋泉社。
村井純（2015）「IoTという新たな産業革命」『Diamond ハーバード・ビジネス・レビュー』April, pp.28-37.
中山治（2000）『無節操な日本人』ちくま新書。
中沢孝夫・藤本隆宏・新宅純二郎（2016）『ものづくりの反撃』ちくま新書。
野村克也（2008）『野村の眼：弱者の戦い』KKベストセラーズ。
NHK取材班（2013）『メイド・イン・ジャパン逆襲のシナリオ：日の丸家電「失敗の本質」と復活への新機軸』宝島社。
小川和也（2014）『デジタルは人間を奪うのか』講談社現代新書。
桜井博志（2014）『逆境経営』ダイヤモンド社。
櫻井孝昌（2010）『ガラパゴス化のススメ』講談社。
柴谷晋（2015）『エディ・ジョーンズの言葉：世界で勝つための思想と戦略』ベースボール・マガジン社。
シスコシステムズ合同会社IoTインキュベーションラボ（2013）『Internet of Everythingの衝撃』インプレスR&D。
シーメンスPLMソフトウェア「Camstarを買収し,「ものづくりのデジタル化」におけるリーダーシップを強化」。
　https://www.plm.automation.siemens.com/
鈴木良介（2012）『ビッグデータ・ビジネス』日本経済新聞出版社。
鈴木敏文（2014）「データは構想に従う」『Diamondハーバードビジネスレビュー』May, pp.58-65.
高橋信一（2013）「DARPAと米国の情報技術戦略：両用技術概念に焦点を当てて」『立命館経営学』52, pp.135-160.
田中浩也（2014）『SFを実現する：3Dプリンタの想像力』講談社現代新書。
辰野勇（2014）『モンベル7つの決断：アウトドアビジネスの舞台裏』ヤマケイ新書。
渡辺啓太（2013）『データを武器にする：勝つための統計学』ダイヤモンド社。
山辺知毅・北川泰平・田中和佳（2015）「IoTを活用した端末・サービス基盤と業際ビジネス実現に向けた取り組み」『NEC技報』Vol.68, No.1, pp.68-73.

山田眞次郎（2003）『インクス流！：驚異のプロセス・テクノロジーのすべて』ダイヤモンド社。

【調査レポート等】
Boston Consulting Group「自動運転車市場の将来予測」2015年4月。
　　www.bcg.co.jp/documents/file197533.pdf
Boston Consulting Group (2015).
　　www.bcg.co.jp/documents/file182082.pdf
Business Intelligence「THE INTERNET OF EVERYTHING: 2015」.
　　http://www.soumu.go.jp/johotsusintokei/whitepaper/ja/h27/html/nc254110.html
CB Insights Data「The Google Acquisition Tracker」.
　　https://www.cbinsights.com/research-google-acquisitions
Deloitte (2014), "Agiletown: the relentless march of technology and London's response", Nov.
　　http://www2.deloitte.com/content/dam/Deloitte/uk/Documents/uk-futures/london-futures-agiletown.pdf
独立行政法人新エネルギー・産業技術総合開発機構（NEDO）「NEDOロボット白書2014」。
　　http://www.nedo.go.jp/content/100563895.pdf
EY総合研究所「人工知能が経営にもたらす創造と破壊」。
　　http://eyi.eyjapan.jp/knowledge/future-society-and-industry/pdf/2015-09-15.pdf
EY総合研究所（2015）「人工知能が経営にもたらす「創造」と「破壊」～市場規模は2030年に86兆9,600億円に拡大～」。
　　http://eyi.eyjapan.jp/knowledge/future-society-and-industry/pdf/2015-09-15.pdf
Gartner（2014）「日本におけるテクノロジーのハイプ・サイクル：2014年」。
　　http://www.gartner.co.jp/press/html/pr20141029-01.html
Gartner「ハイプ・サイクル」。
　　https://www.gartner.co.jp/research/methodologies/research_hype.php
Gartner (2014) Gartner Says 4.9 Billion Connected "Things" Will Be in Use in 2015.
　　http://www.gartner.com/newsroom/id/2905717
Gartner（2015）「日本におけるモノのインターネット（IoT）に関する調査」。
　　https://www.gartner.co.jp/press/html/pr20150511-01.html

Gartner「ビッグ・データに関する調査」。
https://www.gartner.co.jp/press/html/pr20150525-01.html

GEグローバル・イノベーション・バロメーター「2013年 世界の経営層の意識調査」。
http://www.ge.com/jp/docs/1362445692607_InnovationBarometer_20130305.pdf

GE Global Innovation Barometer 2016.
http://www.gereports.com/innovation-barometer/

国立情報学研究所（2015）「ロボットは東大に入れるか：Todai Robot Project」。
http://21robot.org/

高度情報通信ネットワーク社会推進戦略本部（2015）「官民ITS構想・ロードマップ2015～世界一安全で円滑な道路交通社会構築に向けた自動走行システムと交通データ利活用に係る戦略～」。
www.kantei.go.jp/jp/singi/it2/senmon_bunka/.../sankou1.pdf

IFR (2015) Industrial Robot Statistics.
http://www.ifr.org/industrial-robots/statistics/

Innovate UK (2014)「High-value manufacturing strategy 2012 to 2015」Policy paper.
https://www.gov.uk/government/uploads/system/uploads/attachment_data/file/362294/High_Value_Manufacturing_Strategy_2012-15.pdf

International Federation of Robotics (2013)「Positive Impact of Industrial Robots on Employment」.
http://www.bara.org.uk/pdf/2013/IFR_Update_Study_Robot_creates_Jobs_2013.pdf

一般社団法人 日本建設業連合会「再生と進化に向けて」。
www.nikkenren.com/sougou/vision2015/pdf/vision2015.pdf

一般社団法人 日本機械工業連合会「平成25年度 ロボット産業・技術の振興に関する調査研究報告書」平成26年3月。

一般社団法人 日本ロボット工業会「平成12年度 21世紀におけるロボット社会創造のための技術戦略調査報告書」平成13年5月。

一般社団法人 日本ロボット工業会「平成22年ロボット産業将来市場調査」。

一般社団法人 日本ロボット工業会「世界の産業用ロボット稼働台数」。

一般社団法人 コンピュータソフトウェア協会「コンピュータソフトウェア協会，データサイエンティストの定義を公表」。

www.csaj.jp/release/14/140512_csajrelease.pdf
一般財団法人 山口経済研究所「旭酒造株式会社」『やまぐち経済月報』2009年8月，pp.15-20.
一般社団法人 日本スポーツ・アナリスト協会「第5回スポーツアナリスト種目間勉強会レポート」。
http://jsaa.org/jsaa-blog-20141128/
一般社団法人 日本機械工業連合会「平成26年度 世界の製造業のパラダイムシフトへの対応調査研究」ものづくりパラダイムシフト対応調査専門部会報告書，平成27年3月。
一般社団法人 組込みシステム技術協会「第1回IOT技術研究会」。
www.jasa.or.jp/TOP/download/technical/IoTM2M-2_PTC.pdf
情報処理学会「コンピュータ将棋プロジェクトの終了宣言」。
http://www.ipsj.or.jp/50anv/shogi/20151011.html
JTB総合研究所「年別訪日外国人数の推移」。
http://www.tourism.jp/tourism-database/statistics/inbound/
経済産業省「海外事業活動基本調査」。
www.meti.go.jp/statistics/tyo/kaigaizi/
経済産業省・厚生労働省・文部科学省『ものづくり白書』2014年版。
経済産業省「3Dプリンタが生み出す付加価値と2つのものづくり：「データ統合力」と「ものづくりネットワーク」ものづくり研究会報告書，平成26年。
www.meti.go.jp/press/2013/02/.../20140221001-3.pdf
経済産業省・厚生労働省・文部科学省『ものづくり白書』2015年版。
国立研究開発法人情報通信研究機構。
http://www.nict.go.jp/
国立社会保障・人口問題研究所。
http://www.ipss.go.jp/site-ad/toppagedata/pyra.html
国立研究開発法人科学技術振興機構・研究開発戦略センター（2015）「中国製造2025の公布に関する国務院の通知全訳」2015年7月25日。
http://www.jst.go.jp/crds/pdf/2015/FU/CN20150725.pdf#search='made+in+china+2025'
McKinsey Global Institute「Big data : The next frontier for innovation, competition, and productivity」.
http://www.mckinsey.com/business-functions/business-technology/our-insights/

big-data-the-next-frontier-for-innovation

McKinsey and Company「*Disruptive technologies: Advances that will transform life, business, and the global economy*」McKinsey Global Institute, May 2013.

日本経済再生本部「ロボット新戦略 Japan's Robot Strategy：ビジョン・戦略・アクションプラン」2015年2月10日。

ニールセン「シェアリング・エコノミーの期待」2014年5月。
http://www.nielsen.com/content/dam/nielsenglobal/jp/docs/report/2014/JP

野村総合研究所（2015）「日本の労働人口の49％が人工知能やロボット等で代替可能に：601種の職業ごとに，コンピューター技術による代替確率を試算」。
https://www.nri.com/jp/news/2015/151202_1.aspx

Pew Research Center（2014）「AI, Robotics, and the Future of Jobs」.
http://www.pewinternet.org/files/2014/08/Future-of-AI-Robotics-and-Jobs.pdf

PwC「The sharing economy-sizing the revenue opportunity」.
http://www.pwc.co.uk/issues/megatrends/collisions/sharingeconomy/the-sharing-economy-sizing-the-revenue-opportunity.html

佐藤一郎「IoT時代のパーソナルデータの保護と利活用」。
https://www.ipa.go.jp/files/000046424.pdf

総務省統計局「労働力調査特別調査」。
http://www.stat.go.jp/data/roudou/sokuhou/nen/dt/

総務省「ICT先端技術に関する調査研究報告書」平成26年。
www.soumu.go.jp/johotsusintokei/.../h26_09_houkoku.pdf

総務省『情報通信白書』平成27年版。
http://www.soumu.go.jp/johotsusintokei/whitepaper/ja/h27/html/nc242120.html

総務省「「ファブ社会」の展望に関する検討会」報告書，平成26年。
http://www.soumu.go.jp/main_content/000299339.pdf

Symantec（2015）「2015年インターネットセキュリティ脅威レポート第20号」。
http://internet.watch.impress.co.jp/docs/news/20150414_697767.html

トレンドマイクロ株式会社「IoT時代のセキュリティ，プライバシーに関する意識調査」。
http://www.trendmicro.co.jp/jp/about-us/press-releases/articles/20150423011206.html

、

The Industrie 4.0 Working Group (2014) *Securing the future of German manufacturing industry Recommendations for implementing the strategic initiative INDUSTRIE 4.0,*

参考文献　　*221*

  Final report of the Industrie 4.0 Working Group, April 2014.
  www.platform-i40.de/sites/default/files/Report_Industrie%204.0_engl_1.pdf
VSN「IoT（Internet of Things）に関する意識調査」。
  http://www.vsn.co.jp/news/20151001.html
Wohlers Report (2013)
  wohlersassociates.com/2013report.htm
Wohlers Report (2014)
  wohlersassociates.com/2014report.htm
World Intellectual Property Organization (2015), "*World Intellectual Property Report: Breakthrough Innovation and Economic Growth*,"
  http://www.wipo.int/edocs/pubdocs/en/wipo_pub_944_2015.pdf
World Intellectual Property Organization（WIPO）「World Intellectual Property Report 2015」。
  http://www.wipo.int/econ_stat/en/economics/wipr/#full_report

【新聞記事】
日本経済新聞「3Dプリンター造形速度10倍，次世代機開発，産官学でIHI・産総研など5年で」2013年5月29日。
日経産業新聞「スマートファクトリー（1）匠の技術，3Dと融合」2013年8月23日。
日経産業新聞「研究所の研究：フラウンホーファー研究所」2015年1月6日。
日経産業新聞「家造る3Dプリンター」2016年3月25日。
日本経済新聞「コンピュータが仕事を奪う（上）人材教育の高度化カギに」2013年5月1日。
日本経済新聞「コンピュータが仕事を奪う（下）代替不能な能力こそ重要」2013年5月2日。
日本経済新聞「サーベイ　ロボット」2015年2月8日。
日本経済新聞「AI・ロボで生産性向上，GDP600兆円へ成長戦略素案，外国人受け入れ拡大」2016年5月20日。

【雑誌等】
AERA「AI（人工知能）に奪われる仕事」2015年6月15日。
エコノミスト「人工知能自動運転」2015年10月6日。

Forbes「3D Printing Stock Bubble? $10.8 Billion By 2021」Dec, 30, 2013.
Gigazine.
　　　http://gigazine.net/news/20141216-skype-realtime-translator/
情報処理「人類とICTの未来：シンギュラリティまでの30年？」Vol.56，No.1，通巻598号．
Newsweek「ロボット革命が切り開く人類の無限の未来」2014年4月29日＆5月6日。
日経アーキテクチャ「ロボットが接客　変なホテルの勝算」2015年8月25日。
日経コンピュータ「画像の内容を解読する人工知能を実現，米大手ベンダーや有力大学が火花」。
　　　http://itpro.nikkeibp.co.jp/atcl/column/14/346926/120100119/
日経コンピュータ「IoTに関心を示す経営者の真意：10年遅れの生産の見える化」2015年12月10日。
日経BPムック「データ・サイエンティスト最前線」2015年5月27日。
日経BPムック「人工知能ビジネス」2015年10月12日。
日経ビッグデータ「アナリティクス3.0」2014年5月。
日経ビジネス「シェアリングエコノミー」2015年12月21日。
日経ビジネス「自動運転の覇者コンチネンタル」2015年10月26日。
日経ビジネス「ビッグデータ：本当の破壊力」2013年9月30日。
日経ビジネス「号砲！3D生産競争」2014年9月1日。
日経ビジネス「日本を脅かす第4次産業革命」2015年1月5日。
日経ビジネス「日本の向上を襲う新型サイバー攻撃」2016年1月16日。
日経ビジネス「身近にあった！インダストリー4.0」2015年11月16日。
日経ビジネス「トヨタが下請けになる日」2015年1月5日。
日経ビジネス「GEの破壊力」2014年12月22日。
日経ビジネス「技術は常に雇用を破壊する」2013年4月15日。
日経ビジネス「30年後も食える仕事」2013年12月19日。
日経ビジネス「戦慄の人工知能：AIが企業を動かす日」2015年3月30日。
日経プラスワン「コンピュータが雇用奪う？」2014年3月15日。
日経パソコン「テレビ電話が通訳に　スカイプがリアルタイム翻訳機能」。
　　　http://www.nikkei.com/article/DGXMZO82389920W5A120C1000000/
日経情報ストラテジー「ロボットが現場を変革：製造ビッグデータの最前線に迫る」2015年6月。
日経情報ストラテジー「大阪ガス：ビジネスアナリシスセンターの躍進」2015年10

月。
日経情報ストラテジー「1000人受講，大阪ガス「ビッグデータ研修」を追体験」2014年8月。
日経ものづくり「世界のスゴい工場」2015年3月。
日経ものづくり「10年後の製造業」2015年2月。
日経ものづくり「製造装置3Dプリンターの実力」2014年6月。
日経ものづくり「ものづくりドイツの底力 製造立国，復活の条件」2015年3月。
日経ものづくり「米GE 飛行機の運航の効率化まで指南」2014年12月。
日経ロボティクス「ロボット導入の裏で工事のやり直しも変なホテルがはまった落とし穴」2015年10月。
日経ソフトウエア「デジファブの世界へようこそ」2015年1月。
Responce「ボッシュのスマート工場，少量多品種生産の効率化と共に狙うは「人材強化」。
　http://response.jp/article/2015/10/20/262401.html
週刊ダイヤモンド「ロボット・AI革命：待ち受けるのは競争か共生か」2014年6月14日。
週刊ダイヤモンド「IoTの全貌」2015年10月3日。
週刊東洋経済「メイカーズ革命」2013年1月12日。
週刊東洋経済「インダストリー4.0 グレートゲームが始まる」2015年9月19日。
The Economist「Immigrants from the Future」March, 29, 2014, pp.3-16.
The Economist「A third industrial revolution Special report : Manufacturing and innovation」Apr, 21, 2012.

【ホームページ】
notteco：http://notteco.jp/
ソフトバンクグループ：http://www.softbank.jp/corp/news/webcast/?wcid=r384o558
Qubena：https://www.makuake.com/project/qubena/
日立製作所：http://www.hitachi.co.jp/New/cnews/month/2015/09/0904.html
日本バイナリー：http://www.nihonbinary.co.jp/Products/Robot/baxter_factory.html
CISCO Systems：www.cisco.com/c/ja_jp/index.html
Fraunhofer-Gesellschaft：http://www.fraunhofer.de/en.html
ロボット革命イニシアチブ協議会：https://www.jmfrri.gr.jp/

インダストリアル・バリューチェーン・イニシアチブ：http://www.iv-i.org/
Adidas：http://www.adidas-group.com/en/magazine/stories/specialty/lose-control-gain-love-adidas-speedfactory/
GE：www.genewsroom.com/
ITS Japan：www.its-jp.org/
KOMATSU「SMART CONSTRUCTION」：http://smartconstruction.komatsu/index.html
特定非営利活動法人ITS Japan：www.its-jp.org/
PTC Japan：www.ja.ptc.com/
GE Japan：http://www.ge.com/jp/
一般社団法人 データ・サイエンティスト協会：www.datascientist.or.jp/

索　引

A～Z

Abegglen and Stalk（1985）	155
AIBO	54
Airbnb	9
Alpha GO	34
Anderson（2012）	63
ASIMO（Advanced Step in Innovative Mobility）	54
Barnatt（2013）	69
Baxter	50
Birkinshaw（2016）	32
Cowen（2013）	171
CPU（中央演算処理装置）	14
DARPA（Defense Advanced Research Projects Agency）	17
Davenport and Harris（2007）	105
Deloitte（2014）	173
DELTAモデル	102
Dertouzosら（1989）	155
DIY（Do it Yourself）	63
Dubois（2003）	21
Ford（2009）	172
Frey and Osborne（2013）	172
Gershenfeld（2012）	68
GNR	1
Gratton（2011）	170
Iansiti and Lakhani（2014）	146
Industrial Internet Consortium（IIC）	92
IoE（Internet of Everything）	85
IoT（Internet of Things）	85
IoT推進コンソーシアム	92
ITS（Intelligent Transport Systems）	139
Keynes（1930）	168
Kirby（2015）	182
KomConnect	143
KOMTRAX	145
Kurman（2013）	68
Kurzweil（2005）	1
Laseter and Hutchison-Krupat（2013）	68
Leontief（1983）	168
Mazzucato（2013）	17
McAfee and Brynjolfsson（2012）	99
Mintzberg（1987）	96
Murnane（2004）	169
NEXTAGE	52
Pew Research Center（2014）	173
PM（Program Manager）	18
Porter and Heppelmann（2014）	138
POS（Point of Sales）	108
Prahalad and Ramaswamy（2004）	62
Predix	148
Qubena	35
Rayport and Jaworski（2005）	169
Reish（2010）	170
Ricardo（1821）	168
Rifkin（1995）	169
Roomba	54
Rotman（2013）	171
Shanahan（2015）	16
STEM	186
Strati	79
Toffler（1980）	59
Uber	9
von Hippel（1988）	61

あ行

アクションデバイス	38
アクチュエーター	42
旭酒造株式会社	110
アタッキング・ラグビー	114
アナリティクス1.0	103

アナリティクス2.0　　　　　　　　103
アナリティクス3.0（Analytics 3.0）　103
アナリティクスで競争する企業（Analytical
　　Competitors）　　　　　　　　106
アナリティクスで競争する企業（Competing
　　of Analytics）　　　　　　　　105
アナリティクスに劣る企業（Analytically
　　Impaired）　　　　　　　　　　105
アナリティクスの活用が限定的な企業
　　（Localized Analytics）　　　　106
アナリティクスの組織的な強化に取り組む企
　　業（Analytical Aspirations）　106
アナリティクスはあるが決定打に至らない企
　　業（Analytical Companies）　106
新井（2010）　　　　　　　　　　170
一般社団法人日本スポーツ・アナリスト協
　　会（Japan Sports Analyst Association：
　　JSAA）　　　　　　　　　　　　111
インクジェット法（Ink Jet）　　　77
インダストリアル・インターネット　146
インダストリアル・バリューチェーン・イニ
　　シアチブ（IVI）　　　　　　　　92
インダストリー4.0　　　　　　　　124
インフォファクチャリング
　　（Information+Manufacturing）　83
エキスパートシステム　　　　　　　27
エジソン象限　　　　　　　　　　　23
エディ・ジョーンズ（Eddie Jones）　114
エンドゲーム（大詰め）・アプローチ　21
押出法（Fused Deposition Modeling：
　　FDM）　　　　　　　　　　　　76

か行

開発オペレーション（Development and
　　Operations：Dev Ops）　　　　142
革新的研究開発推進プログラム（Impulsing
　　Paradigm Change Through Disruptive
　　Technologies：ImPACT）　　　　20

カスタマー・サクセス・マネジメント
　　（Customer Success Management）　142
価値共創　　　　　　　　　　　　　62
鎌田（1983）　　　　　　　　　　169
カレル・チャペック（Karel Capek）　164
カワダロボティクス株式会社　　　　52
完全自動走行　　　　　　　　　　　38
機械学習（Machine Learning）　　　28
機器間通信（M2M）　　　　　　　195
企業家としての国家（Entrepreneurial State）
　　　　　　　　　　　　　　　　　17
技術助産師（Technology Midwife）　22
技術的失業（Technological Unemployment）
　　　　　　　　　　　　　　　　168
技術的特異点（Singularity）　　　　14
きまぐれ人工知能プロジェクト：作家ですの
　　よ　　　　　　　　　　　　　　35
教育七五三　　　　　　　　　　　　35
グローリー株式会社　　　　　　　　52
軍民両用研究（Dual Use Research）　18
経済産業省の新ものづくり研究会（2014）69
高価値製造業（High Value Manufacturing：
　　HVM）　　　　　　　　　　　132
光造形法（Stereo Lithography：STL）　75
国際ロボット連盟（International Federation
　　of Robotics：IFR）　　　　　　183
国立社会保障・問題研究所　　　　　56
個別最適生産　　　　　　　　　　　84
雇用なき成長（Jobless Recovery）　184
根拠に基づく意思決定（Evidence-based
　　Decision Making）　　　　　　100

さ行

最高データ責任者（Chief Data Officer：
　　CDO）　　　　　　　　　　　141
産業革命（Industrial Revolution）　121
産業用ロボット（Industrial Robot）　42
シート積層法（Sheet Lamination）　76

索引　227

シーメンス（Siemens）　126
シェアリング・エコノミー・サービス
　（Sharing Economy Service）　4
四季醸造　110
仕事の創造者（Job Creator）　186
仕事の破壊者（Job Destroyer）　186
システム・オブ・システムズ（System of
　Systems：SoS）　139
システムの高度化　38
システムの複合化　38
自動運転車（Driverless Car）　36
自動化技術（Factory Automation：FA）　49
少子高齢化問題　56
情報通信技術（Information, Communication
　and Technology：ICT）　105
情報提供型　37
情報の粘着性（Stickiness of Information）　61
除去製造技術（Subtractive Manufacturing）　71
ジョパティ　32
人工知能（Artificial Intelligence：AI）　25
新ハイテク戦略　124
スカイプ・トランスレーター　29
スマート・コネクティッド製品（Smart,
　Connected Products）　136
スマート・コンストラクション（Smart
　Construction）　143
スマート製品（Smart Products）　136
3D-CAD（3D-Computer Aided Design）　73
3Dプリンター（3 Dimensional Printer）　71
正規社員中心主義　155
セイバーメトリクス（Sabermetrics）　112
精密力　113
世界知的所有権機関（WIPO）　43
セブン−イレブン・ジャパン　107
センシングデバイス　38
先進製造業（Advanced Manufacturing）　132

全脳エミュレーション（Whole Brain
　Emulation）　16

た行

第2次産業革命　121
第3次産業革命　122
第4次産業革命　123
大再構築（Great Restructuring）　167
男女雇用機会均等法　152
単独型　37
ダントツ商品　144
知能ロボットが超えてはならない3つの基本
　原則（Isaac Asimov's Three Laws of
　Robotics）　39
中国製造2025（Made in China 2025）　135
直接デジタル製造方式（Direct Digital
　Manufacturing：DDM）　74
ディープ・ブルー　27
ディープ・ラーニング（Deep Learning）　28
データ・サイエンティスト　117
テクノロジーのハイプ・サイクル　70
デジタル・ファブリケーション　81
デジタル・ファブリケータ（デジタル工作機
　械）　81
電王戦　33
統合されたデータ組織（Unified Data
　Organization）　141
独立行政法人新エネルギー・産業技術総合開
　発機構（NEDO）　42
トヨタ・リサーチ・インスティテュート
　（Toyota Research Institute：TRI）　3
トリクルダウン効果　169

な行

日本版インダストリー4.0　133
ニューラル・ネットワーク（Neural
　Network）　28

脳のリバースエンジニアリング（Reverse Engineering the Brain） 16

は行

ハイテク戦略 124
ハイテク戦略2020 124
ハイルマイヤーの質問（Heilmeier Questions） 23
パスツール象限 23
非正規社員活用主義 157
ビッグデータ（Big Data） 99
ヒューマノイド・ロボット 54
フィンテック（Finance Technology） 123
付加製造技術（Additive Manufacturing） 71
物理的な製品（Physical Products） 136
プラザ合意 152
ブレイン・リバースエンジニアリング 16
プログラマブル・ロジック・コントローラー（Programmable Logic Controller：PLC） 122
プロシューマー（Prosumer） 59
粉末焼結法（Selective Laser Sintering：SLS） 76
変なホテル 54
ボーア象限 23

ま行

マス・カスタマイゼーション 83
マニピュレーター 42
マニュファクチャリング（Manufacturing） 83

マネーボール 111
マルチサイド・プラットフォーム（Multiside Platform） 8
ムーアの法則（Moore's law） 13
メイカームーブメント（Maker Movement） 63
メカトロニクス（Mechatronics） 45
モノづくりの民主化 82
モラベック・パラドックス 178

や行

安川電機 51
ユーザー・イノベーション 60
U字曲線モデル 177
ユビキタス・コンピューティング（Ubiquitous Computing） 85

ら行

ラッダイト運動（Luddite movement） 165
ラピットプロトタイピング（Rapid Prototyping） 75
リード・ユーザー（Lead User） 62
労働者派遣法 153
ロバート・ボッシュ（Robert Bosch） 127
ロボット（人工知能）は東大に入れるか 34

わ行

ワトソン（Watson） 32
ワンダーライフ・ボックス（Wonder Life-BOX：WLB） 149

【著者略歴】

松崎 和久（まつざき かずひさ）

1963年神奈川県生まれ。中央大学商学部会計学科卒業。住友建機株式会社，明治大学大学院経営学研究科修士課程修了，財団法人機械振興協会経済研究所を経て，高千穂商科大学商学部助教授。現在，高千穂大学経営学部教授。

専攻は，経営戦略論，国際経営論，クロスボーダー・イノベーション論

著作に，『トライアド経営の論理』（2005年，同文舘出版），『グループ経営論』（2013年，同文舘出版），『サービス製造業の時代』（2014年，税務経理協会），『会社学のススメ』（2015年，税務経理協会）他

2016年10月30日　第1刷発行

テクノロジー経営入門
―デジタル技術とIoTの進化が
　企業経営に与える影響とは何か―

　　　　　　　　　　　　　　Ⓒ著　者　松崎和久
　　　　　　　　　　　　　　　発行者　脇坂康弘

発行所　株式会社 同友館

〒113-0033 東京都文京区本郷 3-38-1
TEL.03(3813)3966
FAX.03(3818)2774
http://www.doyukan.co.jp/

落丁・乱丁本はお取り替えいたします。　　　三美印刷／松村製本所
ISBN 978-4-496-05243-9　　　　　　　　　　Printed in Japan

本書の内容を無断で複写・複製（コピー），引用することは，特定の場合を除き，著作者・出版者の権利侵害となります。